요한계시록 강해

1

요한계시록 강해 1

발행일	2012년 12월 10일 초판 1쇄
	2024년 3월 10일 초판 3쇄
지은이	김홍전
펴낸이	홍승민
펴낸곳	성약출판사

서울특별시 용산구 한강대로104길 14 (우04334)
전화 02-754-8319 팩스 02-775-4063
www.sybook.org

Expositions on Revelation Vol. 1
ⓒ Sungyak Press, Printed in Korea
ISBN 978-89-7040-087-7 04230
ISBN 978-89-7040-924-5 (세트)

성약 출판사는 역사적인 개혁 신앙과 그 신학을 오늘날 이어받고 전파하며 전수하는 일에 작은 도움이라도 되기 위하여 서적을 출판하고 있습니다.

요한계시록 강해

김홍전 지음

Expositions on Revelation

1

성약

일러두기

1. 이 책에서 성경 말씀을 인용할 때에는 주로 "개역 한글판 성경전서"(1961년 대한성서공회 발행)를 사용하였습니다. 그러나 설명의 편의를 위해서 구역(舊譯)을 인용하기도 하고, 낱말이나 구절을 다시 번역하거나 설명을 더하는 일을 제한하지 않았습니다.

2. 이 개역 한글판에 따르면 성삼위의 한 위(位)의 성호(聖號)인 '성신'(聖神)은 구약전서에만 보존되고 신약전서에서는 '성령'(聖靈)으로 바뀌었습니다. 이 책에서는 구역(舊譯)에 사용되었고 개역(改譯)의 구약전서에 보존되어 있으며 한국 교회에서 60년대까지 널리 사용되던 성호인 '성신'을 사용하였습니다. 이 성호가 신·구약의 성구나 설명문에 나올 때에 '성령'으로 고쳐 읽으시는 것은 독자의 자유입니다.

서문

저자는 성약교회에서 1971년 가을부터 72년 봄에 걸쳐 요한계시록을 강설하였습니다. 요한계시록 강해 첫 권을 펴내는 이때가 마침 올해가 저물고 내년을 기다리는 12월입니다. 연말이 되면 자연히 사람은 지나온 시간을 돌아보게 됩니다. 인생과 마찬가지로 교회도 시간 역사 안에서 책임 있게 전진해 나가려 한다면 과연 땅 위에서 제사장 나라와 복의 기관으로서 품격 있게 제 역할을 담당해 왔는지를 돌아보아야 할 것입니다.

저자는 주일 오전과 오후에 계시록 첫 부분에 나오는 일곱 교회에 보내는 편지를 18회에 걸쳐 강설하였습니다. 그리고 수요일 저녁에는 21회에 걸쳐 계시록 전체를 읽어 가면서 그 전모를 알 수 있도록 가르쳤습니다. 우선 수요일 저녁 강설 내용을 엮어서 두 권의 책으로 펴냅니다. 주일에 행해진 소아시아 일곱 교회에 관한 강설들은 따로 묶어서 곧 출판할 예정입니다.*

독자 여러분들께서도 요한계시록 강해를 통해 교회를 향하신 하나님의 뜻이 어디에 있는지 발견하실 수 있기를 바랍니다. 이 강설들이 40년 세월을 뛰어넘어서, 오늘날 바른 교회를 목표로 하고 전진해 나가는 이들에게도 큰 도움이 되리라 믿어 의심치 않습니다.

2012년 11월 28일
발행인

---

* 참조. 김홍전, 『일곱 교회에 보내는 그리스도의 편지』, 성약출판사, 2014년.

목차

일러두기 04
서문 05

제1강 계시록을 어떻게 읽어야 하는가

계시록의 독특한 표현 양식 13
계시의 양식들 17
계시의 양식과 성경 해석 18
요한에게 계시된 예수님의 모습 21
예수님의 영광의 단계 26
우리를 나라와 제사장으로 삼으심 31
중보자로서 오신 예수님 33
세대주의적 해석의 오류 34
계시록의 내용과 우리의 현실과의 관계 38
계시록을 배우는 이유 42
기도 44

제2강 아시아 일곱 교회에 보내는 편지 (1)
에베소 교회와 서머나 교회

아시아 일곱 교회에 보낸 서신 47
교회의 사자(使者)가 지는 책임 50
개인주의와 교회주의 54
누가 교회의 사자인가 55
교회의 예언자적 사명 57
교인 각자가 맡은 사자의 임무 60
서머나 교회에 임할 환난과 궁핍 63
기도 67

제3강 아시아 일곱 교회에 보내는 편지 (2)

버가모 교회와 두아디라 교회

계시록 2장에 나오는 네 교회	71
두아디라 교회와 버가모 교회의 문제점	72
교회가 타락하는 원인	74
하나님께로부터 나오는 사랑	78
그리스도 안의 참사랑	80
버가모 교회의 특색 - 발람의 교훈을 따르는 니골라당	83
두아디라 교회의 특색 - 이세벨의 종교	88
기도	90

제4강 아시아 일곱 교회에 보내는 편지 (3)

참된 교회의 실상(實相)

교회를 평가하는 표준	95
일곱 교회의 서신을 해석할 때 주의할 점	97
교회가 딴 길로 가게 되는 원인	103
원형의 교회에 대한 각성	107
교회는 시대적 사명을 감당해야 함	109
참교회의 자태는 어떻게 입증되는가	110
처음 사랑	115
기도	118

제5강 교회와 하나님의 나라

하나님의 자녀와 교회	123
교회와 하나님의 나라	126
본질적인 교회의 자태를 증시하는 교회가 필요함	128
우리 교회의 가는 길	131
실제적인 장소로서의 하늘	137
천국이라는 말의 두 가지 의미	138
벽옥과 홍보석	141
기도	143

제6강 계시록이 보여 주는 하나님의 영광과 엄위

계시의 목적	147
홍보석과 녹보석	149
계약의 상징인 무지개	152
하나님의 약속	153
이십사 장로와 네 생물의 찬송	157
이십사 장로	159
하나님의 엄위	161
원수에 대한 태도	164
역사 가운데 실현될 하나님의 구원과 심판	167
기도	168

제7강 계시록의 역사관

네 생물에 표현된 네 표상	173
네 기사(騎士)와 네 영물	176
계시록의 기록은 언제 발생할 사실인가	179
이 세상의 사관과 계시록의 역사철학	183
역사철학적 관점의 계시록 해석	185
전쟁과 복음	186
기도	189

제8강 역사의 종국에 임할 대환난

네 종류의 말과 네 사람의 기사 193
다섯째 인 – 하나님 나라를 박해한 자들에 대한 신원의 때 195
여섯째 인 – 불안정과 암매 198
오늘날 현실에 나타난 암매 200
역사의 종국에 임할 대환난 204
기도 209

제9강 땅과 바다에 임하는 심판

성도의 기도 213
주께 간절히 호소하며 사는 삶 215
정념주의 신앙의 위험성 218
예수님에 대한 사랑 219
오직 하나님만을 의지함 223
첫째 나팔 – 땅에 임한 심판 226
둘째 나팔 – 바다에 임한 심판 228
기도 229

제10강 일곱 나팔 (1)
무저갱에서 올라온 황충

무저갱에서 올라오는 연기 235
무저갱에서 올라온 황충 239
공포가 지배하는 세상 243
땅 위에 나타나는 저주의 현실 246
역사 위에 나타난 공포와 황충 249
하나님을 믿고 의지하는 자를 보호하심 250
기도 252

제11강 일곱 나팔 (2)

땅에 임하는 두 번째 재화(災禍)
여섯째 천사의 나팔 257
전쟁 양상의 변화 259
20세기 초에 유행한 종말론의 내용 263
계시록에 나타난 전쟁 양상의 특수성 266
불의 심판 270
무서운 심판에도 회개하지 않는 사람들 272
기도 273

제12강 마귀가 땅으로 내쫓김
계시록 12장의 장면들 277
용이 하늘에서 쫓겨남 278
마귀의 역할과 임무 279
하나님 나라의 역사 진행을 방해하는 마귀 282
마귀의 작해에 대한 하나님의 간섭 284
그리스도의 공효가 역사상의 사실로 실현된 결과 289
마귀가 땅 위에서 교회를 핍박함 291
마귀가 공중에서 큰 권위를 가지고 한 일 296
마귀가 하늘에서 쫓겨난 결과 298
땅 위에서 마귀가 활동하는 독특한 방식 301
기도 303

성구 색인 304

제1강

계시록을 어떻게 읽어야 하는가

요한계시록 1:1-20

요한계시록 1:1-20

[1]예수 그리스도의 계시라 이는 하나님이 그에게 주사 반드시 속히 될 일을 그 종들에게 보이시려고 그 천사를 그 종 요한에게 보내어 지시하신 것이라 [2]요한은 하나님의 말씀과 예수 그리스도의 증거 곧 자기의 본 것을 다 증거하였느니라 [3]이 예언의 말씀을 읽는 자와 듣는 자들과 그 가운데 기록한 것을 지키는 자들이 복이 있나니 때가 가까움이라 [4]요한은 아시아에 있는 일곱 교회에 편지하노니 이제도 계시고 전에도 계시고 장차 오실 이와 그 보좌 앞에 일곱 영과 [5]또 충성된 증인으로 죽은 자들 가운데서 먼저 나시고 땅의 임금들의 머리가 되신 예수 그리스도로 말미암아 은혜와 평강이 너희에게 있기를 원하노라 우리를 사랑하사 그의 피로 우리 죄에서 우리를 해방하시고 [6]그 아버지 하나님을 위하여 우리를 나라와 제사장으로 삼으신 그에게 영광과 능력이 세세토록 있기를 원하노라 아멘 [7]볼지어다 구름을 타고 오시리라 각인의 눈이 그를 보겠고 그를 찌른 자들도 볼 터이요 땅에 있는 모든 족속이 그를 인하여 애곡하리니 그러하리라 아멘 [8]주 하나님이 가라사대 나는 알파와 오메가라 이제도 있고 전에도 있었고 장차 올 자요 전능한 자라 하시더라 [9]나 요한은 너희 형제요 예수의 환난과 나라와 참음에 동참하는 자라 하나님의 말씀과 예수의 증거를 인하여 밧모라 하는 섬에 있었더니 [10]주의 날에 내가 성신에 감동하여 내 뒤에서 나는 나팔 소리 같은 큰 음성을 들으니 [11]가로되 너 보는 것을 책에 써서 에베소, 서머나, 버가모, 두아디라, 사데, 빌라델비아, 라오디게아 일곱 교회에 보내라 하시기로 [12]몸을 돌이켜 나더러 말한 음성을 알아보려고 하여 돌이킬 때에 일곱 금 촛대를 보았는데 [13]촛대 사이에 인자 같은 이가 발에 끌리는 옷을 입고 가슴에 금띠를 띠고 [14]그 머리와 털의 희기가 흰 양털 같고 눈 같으며 그의 눈은 불꽃 같고 [15]그의 발은 풀무에 단련한 빛난 주석 같고 그의 음성은 많은 물소리와 같으며 [16]그 오른손에 일곱 별이 있고 그 입에서 좌우에 날선 검이 나오고 그 얼굴은 해가 힘 있게 비치는 것 같더라 [17]내가 볼 때에 그 발 앞에 엎드러져 죽은 자같이 되매 그가 오른손을 내게 얹고 가라사대 두려워 말라 나는 처음이요 나중이니 [18]곧 산 자라 내가 전에 죽었었노라 볼지어다 이제 세세토록 살아 있어 사망과 음부의 열쇠를 가졌노니 [19]그러므로 네 본 것과 이제 있는 일과 장차 될 일을 기록하라 [20]네 본 것은 내 오른손에 일곱 별의 비밀과 일곱 금 촛대라 일곱 별은 일곱 교회의 사자요 일곱 촛대는 일곱 교회니라

제1강
계시록을 어떻게 읽어야 하는가

계시록의 독특한 표현 양식

 오늘 요한계시록 1장을 읽었는데 여기서 몇 가지 중요히 생각할 것이 있습니다. 먼저 계시록은 어떤 책인가 하는 문제입니다. 계시록은 어떤 환상을 보고 그 내용을 기록하는 스타일로 되어 있는데 실지로 이 세상에 있는 현실적인 명확한 사실과는 퍽 다른 환상적인 그림을 많이 그렸습니다. 가령 "그 입에서 좌우에 날선 검이 나오고"(16절) 하는 말씀이 있는데 입에서 검이 나온다는 것은 보통으로는 없는 일입니다. 무슨 이야기를 하면 '입에서 말이 나온다'고 해야 하는데 '양날이 서 있는 검이 나온다'는 말을 쓰고 있습니다. 그리고 예수 그리스도의 상(像)을 그리되 "그 머리와 털의 희기가 흰 양털 같고 눈 같으며 그의 눈은 불꽃 같고" 했으니까 '실제로 흰 양털 같은가 보다' 하고 얼른 생각하기 쉬울 것입니다. 그것을 유화(油畵)로 그린다면 머리털은 흰색으로 흰 양털같이 그릴 수 있다지만 눈은 어떻게 그릴 수 있겠습니까? 특별히 야광 도료(塗料) 같은 것을 물감에 넣어 가지고 불빛을 비춰서 반사를 시킨다든지 하기 전에는 불꽃 같은 눈을 그리기는 어려울 것입니다. 그러니까 그림을 그리더라도 세상에 없는 도료를 써야 할 것입니다. 그다음에 "그 발은 풀무에 단련한 빛난 주석(朱錫) 같고", 이것은 금당지(金唐紙)를 사다가 오려 붙이면 표시할 수 있을는지 모르겠지만 그것도 표시에 불과하지 실지로 그 빛난 주석 같은 발을 표현할 재주가 없습니다. 그리고 "그의 음성은 많은 물소리와 같으며", 이것이야말로 그림으로 표현할 길이 없습니다. 바닷가에 가서 이 소리 저 소리 다 녹음을 해다가 거기에 틀어 놓고서 계속 소리를 낸다면 모를까……. "오른손에 일곱 별이 있고", 오른손에 있다고 했으니까 별이 얼마만 할까요? 별 하나가 녹두알만 할지 그렇지 않으면 무슨 호두만 할지, 일곱 별을 쥐었다고 했지만 어떻게 쥐었는지 알 수가 없습니다. 그리고 "그 입에서 좌우에 날선 검이 나오고 그 얼굴은 해가 힘 있게 비치는 것 같더라"(14-16절). 이런 것은 실지로 화가가 그림으로 그리기 어려운 것입니다. 화가가 암만 환상적인 그림을 그리려고 하더라도 이와 근사한 것을, 가령 금띠를 둘렀으니까 금당지로 가져다가 띠를 만들어서 붙인다든지 하고, 얼굴에 해가 힘 있게 비치는 것 같다고 했으니까 몇 백 촉짜리 전구를 뒤에 붙여서 환히 빛나게 한다면 비슷한 모양을 낼 수 있을는지 모르겠습니다만 여기에 쓰여 있는 것을 그대로 재현해 놓기가 어려운 것입니다. 이런 식 표현이 계시록이 가지고 있는 한 가지 특색입니다.

  계시록은 어떤 책이냐 하면 "예수 그리스도의 계시"인데 "하나님께서 예수 그리스도에게 주셔서 반드시 속히 될 일을 종들에게 보이시려고 그 천사를 요한에게 보내어 지시하신 것"(1절)이라고 했습니다. '하나님이 예수 그리스도에게 주셨다'는 말이 흥미 있는 표현입니다.

'예수 그리스도는 하나님이신데 뭐 하나님이 따로 주고 말고 할 것이 있는가' 하겠지만 이것이야말로 예수 그리스도가 하나님께로부터 받는 관계, 즉 특수한 여수(與受) 관계 아래 있는 모습입니다. 예수께서 하나님께로부터 무엇을 받는다는 예를 하나 들면, 예수님이 하나님께로부터 무엇을 받았지요? 그가 돌아가시고 부활하신 다음에 무엇을 받았습니까? 예수님의 부활이라는 것도 '하나님께서 그를 죽은 자 가운데서 일으키셨다'(참조. 행 13:34)라고 했습니다. 당신 스스로가 벌떡 일어났다는 말보다는 하나님께서 일으키셨다는 말을 썼는데 그 다음에 예수님께 무엇을 주셨다고 했습니까? "예수께서 나아와 일러 가라사대 하늘과 땅의 모든 권세를 내게 주셨으니"(마 28:18). 하늘과 땅의 모든 권세를 주셨다고 말씀하셨습니다.

성자(聖子) 예수면, 아들이신 하나님이라면, 하나님과 동권 동위(同權同位), 즉 동일한 지위에 계시고 같은 권리를 다 가지시고 모든 점에서 다 동등하다고 할 때는 주고 말고 할 것 없습니다. 예수님은 원래 통치하시는 분 아닙니까? 창조주이시지요? 창조주니까 또한 다스리시지요? 그렇다면 예수님이 다 다스리고 계시는데 무엇 때문에 나라와 권세를 따로 주시겠습니까? 성경에는 '주신다' 하는 말씀으로 이러한 특수한 관계를 표시한 말씀이 여러 군데 나옵니다. 예수님께서 아버님께로부터 그 나라와 권세를 받으셨다고 했으니까 그것은 받는 때가 있다는 것을 의미하고, 받았다는 관계를 의미합니다. 그러니까 그것은 태초부터 가지고 있는 통치 대권, 예수님이 아들이신 하나님으로서 가지고 계신 근본적인 전능의 전권(全權)을 의미하는 것이 아니고 하나님께로부터 주어진 어떤 통치권을 의미하는 것입니다.

그런데 그 주어진 통치권이라는 것을 영구히 받아서 늘 가지고 계시느냐 하면 그것을 영영히 가지고 계시지 않는다는 것을 표시한 데가 있지요? "그 후에는 나중이니 저가 모든 정사와 모든 권세와 능력을 멸하시고 나라를 아버지 하나님께 바칠 때라"(고전 15:24) 하는 말씀입니다. 하나님께로부터 받은 것을 이번에는 하나님께 바친다고 하였습니다. 그러니까 받는 때가 있고 바치는 때가 있습니다. '때' 라는 것은 어떤 시간이라기보다 받아야 할 경위가 생기고 바쳐야 할 경위나 조건이 생긴다는 것입니다. 즉, 받으셔야 할 조건이 있어서 받으시고 바쳐야 할 조건이 구비되어서 바친다는 것인데 예수 그리스도께서 친히 자신을 그러한 위치에 두신 것입니다. 그리스도의 신비한 상태를 보면 그런 것들이 있습니다.

그런 의미에서 하나님께서 계시도 그에게 주셨고 그는 하나님께로부터 받은 이 계시를 그 종들에게 보이실 양으로 특별히 그중의 한 사람을 뽑았는데 그가 요한입니다. 요한이 밧모 섬에 있을 때에 그에게 거룩한 계시의 내용을 보이시고 '이것을 기록해서 네가 감독하고 있는 교회들한테 다 보내라' 이렇게 지시하신 것입니다. 이런 의미에서 계시록은 하나님께서 예수 그리스도에게 주셔서 그 종들에게 보이려고 하신 것입니다. 모든 성경이 하나님께서 예수 그리스도에게 주셔서, 주신 그것을 종들에게 전한다는 식으로 이루어진 것은 아닙니다. 특별히 이 계시록이 그렇습니다. 그런 의미에서 계시록은 성경 가운데에도 계시의 과정이 독특합니다. 그리고 하나님께서 예수 그리스도에게 주셔서 그것을 종들에게 보이셨다는 이 과정을 우리에게 명백하게 알려 주시는 데에는 까닭이 있습니다. 그런 면에서 이것은 다른 계시와 구별되는 독특한 성격을 가지고 있는 것입니다. 하나님께서 예수 그리스도에게 주셔서 그리스도께서 그 종들에게 보이신다는 절차와 과정을 밟아 보여 주신다면 벌써 그것이 어떠한 장르에 속한 계시인가를 상상하게 해 줍니다. 이런 점을 무시하고 성경을 해석하면 안 됩니다.

계시의 양식들

성경은 계시 양식(樣式)에 따라 벌써 성경 각각의 독특한 성격을 어느 정도만큼 보여 줍니다. 계시의 양식이라는 것을 보면, 성경이 하나님의 계시라고 할 때에는 어떠한 방법으로 계시됩니까? 성경은 우리의 신앙과 우리의 생활의 본분을 보여 주시지만 그 계시의 경과, 경로와 양식에 따라서 그것이 가지고 있는 성격이 자별(自別)하다는 것입니다. 가령 '율법'이라는 말을 하더라도 율법이라는 말이 한 가지로 끝나지 않고 율법 가운데 또 독특하게 표시하는 말이 있습니다. 어떤 것은 '계명'이라고 합니다. 모든 율법을 다 같이 계명이라고만 부를 때에는 퍽 일반적인 의미이지만, '계명'이라고 할 때는 독특하게 나타나는 것이 있습니다. 어떤 것은 '규례' 혹은 '율례'라는 말로도 표시했습니다. 한글 성경에는 그것이 한 다섯 가지로 나뉘어 쓰여 있는데 명확하게 구분되어 있지 않고 뒤섞여 있습니다. 그러나 히브리어로는 꼭 딱딱 나눠서 썼습니다. 규례, 율례, 법도 이런 말들을 써 가지고 나누는데, 글쎄 우리말은 번역하는 이들이 '그냥 뭐라고 할까' 생각하다가 '법도라고 하자' 그런 식으로 한 모양입니다.

그러나 예를 들어 '규례'라는 말은 미쉬파팀(מִשְׁפָּטִים)이라는 말인데, 그것은 같은 율법이지만 하나님께서 친히 '이것은 이것이니라' 하고 계시해서 명령으로 내리신 것이 아니고 판례(判例)로 보여 주신 것을 뜻합니다. 미쉬파팀은 재판한 판결(judgment)을 뜻합니다. 그것을 규례라고 한 것입니다. 법을 세울 때에 국회가 일일이 다 의논해 가지고서 성문(成文)을 해야 비로소 법적 효과를 내고 따라서 성문법에 의한 절차를 밟아야만 법적으로 권리를 보유한다는 것은 우리나라의 법

운용 방식입니다. 소위 유럽 대륙법 계통을 따른 것입니다. 그런데 불문법(不文法), 즉 관습법의 나라에 가면 법조문이 우리나라처럼 다 자세히 구비되어 있지 않습니다. 대강만을 세워 놓고 그 나머지 법조문에 비춰서 해석할 데가 없는 문제에 대해서는 관례(慣例)에 따라서 하고 관례도 아무것도 없다면 최고 재판소가 재판한 것에 따르는 것입니다. 최고 재판소에서 재판을 할 때에는 가장 우수한 인물들, 가장 존경을 받을 만한 사람들이 모두 지혜를 짜서 무엇이 자연법에 가장 맞는 것인가를 생각해서 재판을 하면 재판한 예가 생깁니다. 이것을 판례라고 하는데 그것을 두어뒀다가 그 후에 그것을 적용해야 할 만한 성격의 일이 발생하면 그 판례가 하나의 법이 되는 것입니다. 이것을 구약에서는 미쉬파팀, 즉 규례라고 했습니다. 율법이라는 말 가운데 있는 뜻 하나가 그것입니다.

계시의 양식과 성경 해석

갑자기 율법으로 말이 뛰었습니다만 이처럼 계시의 양식을 나눠 보더라도 몇 가지가 있다는 것입니다. 그 양식 자체로 그 계시는 어떤 것이고 사람에게 어떤 것을 요구하고 어떻게 해석하기를 요구하고 있는지 미리 보여 주시는 것입니다. 그런데 계시를 그런 식으로 생각하지 않고 모두가 똑같은 계시이고 똑같은 의미를 가진 것같이 다룬다면 하나님께서 그렇게 나누어서 주신 보람이 없는 것입니다. 성경을 해석할 때에는 항상 그런 것을 주의해야 합니다. 예를 들면 어떤 계시는 하나님이 명령으로 직접 계시하신 것이 있습니다. 십계명이 그런 예입니다. 그러나 모든 계시가 하나님의 직접 명령으로 된 것은 아닙니다. 어떤 계시는 사람의 마음 가운데 성신님이 유기적으로 감동하셔서 사람이 궁구(窮究)하고 생각해서 이것이 옳다고 생각하는 것을 써 놓은 것입니다. 사람에게 '이것을 해라, 이것을 해서는 안 된다' 그런 식으로 쓰는 것이 아니라 사람의 현실을 해석해서 '그러니 결과는 이럴 것 아니냐?' 하고 쓰는 것입니다. 요컨대 강한 인간적인 노력에 의해서 만들어지도록 하나님이 사람에게 힘도 주시고 그 마음 가운데 하고자 하는 마음도 주시고 지혜도 주시고 판단도 하게 하시고 선택도 하게 하신 것입니다. 사람의 안목으로 볼 때는 그것은 사람의 이야기인 것입니다. 그 사람이 깨달은 철리(哲理)를 이야기하는 것입니다.

예를 들어 전도서를 보면, 왕이 예루살렘에 가만히 앉아서 사람의 생활을 살피고 연구한 결과 '인간을 그냥 놓고 볼 때는 이것이 다 헛된 것이다' 하고 시작해서 전도서에 그 많은 풍요한 지혜를 이야기했습니다. 또 잠언을 볼지라도 그것은 실질상 처세술입니다. '이렇게 해라, 저렇게 해야 한다. 이렇게 하면 이렇게 된다.' 그러니까 그것은 지혜 있는 사람, 즉 나이를 많이 먹고 경험을 많이 쌓고 인간 세상사를 많이 지나온 사람의 이야기입니다. 그렇지만 동시에 하나님의 계시의 권위를 거기에 준 것입니다. 이사야서는 이사야가 가만히 앉아서 '이사야야, 너는 가서 이 말을 해라' 한 것만 죽 받아서 쓴 것이 아닙니다. 자기가 가만히 앉아서 열심히 살핀 내용입니다.

이스라엘 사람들은 성경을 크게 토라, 느비임, 케투빔 세 부분으로 나눕니다. 토라는 율법, 느비임은 선지자들, 케투빔은 기록들이라는 말입니다. 이렇게 나누고 그중에 느비임에는 오늘날 우리가 말하는 예언서가 아닌 글들이 포함되어 있습니다. 히브리 사람들은 구약 39권을 세 부분으로 나눠서 한가운데 부분을 '선지서들'이라고 했는데 그 가운데 오늘날 예언서라고 분류하는 것에는 포함되어 있지 않은 책들이 그 속에 있는데 그것이 무엇인가요? 선지자들의 글을 세분하면 전선지서, 후선지서로 나누는데 그중에 전선지서들이 오늘날 예언서 부분에 속하지 않는 것들입니다. 그것이 어떤 책인지 다시 한번 이야기하겠습니다. 소위 선지자들의 제일 처음에 있는 책은 여호수아입니다. 여호수아가 역사 이야기입니까, 예언서입니까? 칠십인역(Septuagint)에서는 예언서가 이사야부터 시작합니다. 이사야, 예레미야, 에스겔, 다니엘 그다음에는 애가, 이것을 대선지라고 하고 그다음에는 12소선지 이렇게 나누었습니다.

그런데 히브리 성경에서는 여호수아가 선지서들에 속해 있습니다. 그다음에 사사기도 예언서 속에 들어 있습니다. 그다음에 사무엘상·하도 전부 합해서 그 속에 넣고, 열왕기상·하 역시 합해서 예언서 속에 넣었습니다. 이것을 전선지서들이라고 부릅니다. 그리고 그 나머지가 후선지서들입니다. 이사야, 예레미야, 에스겔 그러고 나머지 선지자 열두 사람을 한 권으로 해서 넣었습니다. 오늘날 우리가 소선지서라고 부르는 열두 권, 호세아, 요엘, 아모스, 오바댜, 요나, 미가, 나훔, 하박국, 스바냐, 학개, 스가랴, 말라기를 한 권으로 동여서 이것이 선지자들의 글 가운데 들어 있습니다. 그리고 오늘날 우리가 선지서라고 하는 글 가운데 거기에 안 들어 있는 책이 하나 있습니다. 무슨 책이지요? 다니엘서가 빠져 있습니다. 그것은 다니엘서의 저작시대가 선지서가 고정된 이후이기 때문입니다. 나중에 성경이 되었으니까 선지서를 다시 쪼개서 넣지 않고 케투빔에 넣었습니다. 이렇게 토라, 느비임, 케투빔의 순서로 구약 정경(canon)이 편집되었습니다. 맨 먼저 모세 오경부터 편집을 해 놓았습니다. 다윗 시대에는 아마 모세 오경이 성경으로서 권위 있는 책들이었을 것입니다. 그 나머지는 아직 편집되어 있지 않았습니다. 그다음에는 소위 선지서들이 편집되었고, 맨 마지막에 편집된 것이 세 번째 부분인 케투빔, 성기록(聖記錄)이라 하는 것입니다.

히브리 사람들은 오늘날 우리가 역사서라고 하는 것을 그 사람들은 예언자라고 보았습니다. 역사를 기록한 사가(史家)의 사안(史眼)은 예언자의 위치에서 바라보는 것이기 때문입니다. 예언서라는 것은 하나님께서 '이건 이렇게 해라. 저건 저렇게 해라' 하고 천기(天氣) 예보 하듯이 예보를 해 주는 것이 아니라 아주 예민한 통찰자가 시대와 역사의 현실을 통찰해 가지고 어떤 관점에서 죽 기록할 때 그것이 예언서라는 말입니다. 예언서 가운데에는 "여호와의 말씀이 내게 임하여 가라사대……" 하고 기록한 부분이 많이 있습니다. 다만 히브리 성경의 전선지서, 즉 여호수아나 사사기나 사무엘이나 열왕기에는 저자가 '여호와의 말씀이 내게 임하여 가라사대' 하고 쓴 것이 없습니다. 역사로 써 내려간 것입니다. 그래도 그것이 선지자의 글이라고 한 것입니다. 이러한 예를 든 것은 성경을 기록하는 양식이 이와 같이 여러 가지라는 것을 말씀드리기 위해서입니다. 그리고 그 기록하는 양식 자체가 벌써 계시의 어떤 독특한 성격을 각각 보여 주는 것입니다. 왜 이런 이야기를 자꾸 하느냐 하면, 계시록에 나타나 있는 모든 것을 '이건 이것이다. 저건 저것이다' 하고서 들이맞추는 황당무계한 해석을 함부로 하는 사람들이 너무나 많이 나와서 떠들고 다니기 때문입니다. 계시록을 바르게 해석하려면 계시록은 대체 어떤 종류의 책인가부터 바르게 파악해야 합니다.

요한에게 계시된 예수님의 모습

요한계시록은 요한에게 계시하신 기록이라는 말일 뿐이지 요한이 계시를 했다는 말이 아닙니다. 이것은 예수 그리스도의 계시입니다. 예수 그리스도의 계시이지만 예수 그리스도가 친히 배포(排布)한 모든 것을 했다는 것이 아니라 '하나님께서 그에게 주사 그로 하여금 종들에게 보이신 것이다' 하는 식으로 되어 있습니다. 그런고로 특별히 예수께서 하나님께로부터 받을 내용과 받은 내용에 대해서 관언(關言)한 것이 많습니다. 하나님께서 사람에게 직접 알리시기를 원하시는 것이 아니고 예수 그리스도에게서 비로소 의미를 가지게 하시려고 하는 독특한 성격을 가진 글이라는 것입니다. 그런데 예수 그리스도께 주셨다고 할 때에는 어떠한 예수께 주신 것이냐 하면, 요한이 본 예수님은 십자가에 달리시고 얼굴이 초췌하고 슬픔이 얼굴에 가득하던 분이 아닙니다. 그분이 요한에게 계시하려고 할 때에는 십자가를 지고서 나타나신 것이 아니라 가슴에는 금띠를 띠고 얼굴은 해같이 빛나고 눈은 불꽃 같고 발은 빛난 주석과 같고 그리고 발에 끌리는 하얀 옷을 입고 머리털은 희기가 양털 같고 오른손에는 일곱 별을 잡고 일곱 촛대 사이에 서신 분으로 나타나셨습니다.

화가들이 예수님의 상을 그릴 때에는 자기가 생각하는 대로 예수님을 그립니다. 어떤 사람은 예수께서 등불을 들고 문 앞에 서 있는 상을 그린 사람도 있습니다. 그 그림을 보고서 어떤 이는 '예수님이 등불이 무슨 소용이 있느냐? 당신이 세상의 빛인데. 무슨 빛을 비추려고 등불을 들고 다니느냐?' 하고 비평을 하기도 했습니다. 그러니까 또 어떤 이는 '예수님도 깜깜할 때에는 등불을 들고 다녔을 것이다. 예수님 자신이 전깃불같이 땅을 훤히 비춰 가면서 가지는 않았을 것이다' 하고 반론을 했습니다. 물론 밤이 되면 등불을 들고 다니셨지 '밤에도 등불이 없이 그냥 간다. 깜깜해서 칠흑과 같은 산골짜기라도 마음대로 올라간다' 이러지는 않으셨을 것입니다. 그러나 등불을 들고 나타난 예수님을 그린 화가의 마음은 인간 예수, 인간계에 있으면서 철저히 인간다운 생활을 하신 예수님의 모습을 보이려는 데에 의미가 있는 것이 아니고, 빛을 비추는 분이라는 의미를 나타내 보이려고 한 것입니다. 그러니까 비판하는 사람도 그렇고 반론을 하는 사람도 그런 점에서 빗나가 있는데 뭐 그런 것이 대단한 문제는 아닙니다만 어쨌든지 사람들에게는 각각 예수님에 대한 상이 있다는 것입니다.

겟세마네 동산에 있는 예수님의 모습이라고 해서 바위 위에다 손을 놓고서 하늘을 쳐다보고 있고 빛이 쫙 비치는 그림이 참 많이 돌아다니지 않습니까? 어디에 가니까 예배당 한가운데 강대상 뒤에다 걸어 놓았던데, 예수님의 얼굴이 그렇게 생겼는지 어쨌는지 우리가 알 수는 없습니다. 워낙에 예수님이라고 그렇게 생각하게 됐으니까 그런가 보다 하는 것은 아니고, '사람들은 그렇게 생각을 많이 하는가 보다' 하는 것뿐입니다. 그 그림은 무엇을 그린 것이냐 하면 모든 인류의 죄를 짊어지신 분으로 하나님의 심판 가운데 들어가시는 허두(虛頭)가 겟세마네 동산인데 그것을 그린 것입니다. 그러니까 주로 속죄하시는 구주로서의 예수님의 상을 표현한 것입니다.

그러나 여기 계시록 1장에 나타난 예수님의 상은 무엇입니까? 장차 인류의 죄악을 속하시려고 하나님의 어린양으로 나타나신 상입니까? 종으로서의 예수님의 상인가요? 시간적으로 보아서 어느 때의 예수님의 상을 이야기하는 것입니까? 계시록을 보면서 이런 것을 얼른 파악해야 합니다. 예수님이 이런 무서운 형상으로 나타나니까 요한이 그것을 보고 뭐라고 이야기했습니까? '그 발 앞에 엎드러져 죽은 자같이 되었다'(17절)고 했습니다. 예수님이 이 세상에 계셨을 때에 사람들이 무서워서 벌벌 떨고 가까이 오지 못하는 때가 있었습니까, 없었습니까? '저희가 심히 두려워하였다' 한 때가 있었습니다. 예수님께 가장 가까이 있던 사람들도 심히 두려워한 때가 있었는데 언제 그랬지요? 변화산에서, 그리고 예수님이 바다 위를 걸어가실 때에 심히 두려워했다고 했습니다(참조. 마 17:6; 요 6:19).

그러나 그런 시간 이외에는 예수님은 일반적으로 어떠하셨습니까? 요한이 만난 예수님은 어떤 분이십니까? 요한은 어떤 예수님으로 경험했습니까? 요한은 성만찬을 할 때에 예수님에 대해서 다른 제자들보다도 제일 가까운 태도를 취하고 그 품에 머리를 기대고서 의지하고 있었다고 자기 자신을 묘사하고 있습니다(참조. 요 13:23). 퍽 사랑을 표시하고 사랑을 받고자 원하는 태도를 취했습니다. 예수님은 그것을 '다 큰 사람이 이렇게 나한테 기대느냐, 저만큼 가서 반듯이 앉아라!' 이러지 않으시고 기대도록 가만 놓아두시고 이야기를 하셨습니다. 제자들 역시도 '어린아이같이 어리광하듯이 저렇게 하는가' 하지 않았습니다. 그만큼 요한은 예수님을 사랑스럽게 여기고 예수님 앞에 귀여움을 받는 모양으로 자기 스스로를 그렸습니다. 두 사람이 그렇게 가까운 것입니다. 아마도 요한이 나이가 조금 어렸던 것이지요.

예수님에 대해서 벌써 그렇게 많이 경험한 사람이 밧모 섬에서 예수님을 뵙고서 어떻게 되었는가 하면 무서워서 벌벌 떨고 죽은 사람같이 되었다고 했습니다. 그러면 어떠한 예수님으로 나타나신 것이냐 하면 참으로 무서운 예수님으로 나타나신 것입니다. 세상에서 일찍이 볼 수 없었던 엄위와 준엄함이 있고 무서움이 있었습니다. 옛날 같으면 예수님의 눈이 어떠했겠습니까? 사랑이 가득했고 측은히 여기고 불쌍히 여기고 사랑하시고 그리고 아무도 무시하는 일이 없이 그 사람에게 상당한 값을 늘 인정해 주시고 그래서 따뜻한 눈길로 늘 둘러싸 주셨겠지요. 그러나 이제 그 눈길이 어떻습니까? 불꽃같이 막 활활 타서 금방이라도 자기를 태울 것같이 무서워서 감히 쳐다볼 수가 없었습니다. 옛날에는 이사야가 "고운 모양도 없고 풍채도 없은즉 우리의 보기에 흠모할 만한 아름다운 것이 없도다"(사 53:2) 하고 말했던 대로 그러한 얼굴이었지만 이제는 어떻습니까? "얼굴은 해가 힘 있게 비치는 것 같더라"(16절). 햇빛이 찬란하게 비치는 것 같았다는 것입니다. 영광이 무섭기도 하지만 눈이 부셔서 사람이 감히 쳐다볼 수가 없었습니다. 그러니까 그것은 너무나도 위대하고 압도적이었다는 것만이 아니고 "그 발 앞에 엎드러져 죽은 자같이 되었다"(17절)고 그랬습니다. 죽은 사람같이 되었다는 것은 우리가 태양을 보고서 태양이 너무 눈이 부셔서 볼 수가 없다는 정도가 아닙니다. 태양은 볼 수 없으면 그뿐이지 그것을 보았다고 해서 앞에서 엎드려져 죽은 자같이 되지는 않습니다. 하나도 무서울 것이 없고 거기 그냥 서 있을 수 있습니다.

그러나 이것은 단순히 그 얼굴에 해가 힘 있게 비치는 것 같았다는 것만이 아니고 예수님의 모양 가운데 그 사람의 마음에 비치는 무엇 하나가 있었습니다. 만지지는 못했으니까 시각이나 청각과 같은 사람의 감관(感官)을 통해서, 볼 수 있는 현상이나 귀에 들리는 것을 통해서 들어오기도 했겠지만 동시에 그 마음 가운데 굉장히 큰 두려움이 일어났다는 것입니다. 마음에 두려움이 일어날 만한 현상이었습니다. 그렇다면 예수님의 얼굴을 굉장히 무섭게 화난 얼굴로 그렸느냐 하면 그것이 아니라 찬란하고 영광이 가득한 얼굴로 그렸습니다. 예수님의 영광은 아름답고 더 말할 수 없이 힘차고 빛나지만 동시에 이렇게 크게 무서운 것입니다. 그 영광에는 엄위가 붙어 있습니다. 이것이야말로 참된 영광입니다. 그냥 첨망(瞻望)하고 '부럽다, 참 어쩌면 저럴까' 하고서 바라보기 좋은 그런 것이 아닙니다. 감히 볼 수 없는 큰 두려움이 거기에 같이 붙어 다니는 영광입니다. 그랬기에 요한같이 예수님과 가장 친숙하게 지내던 사람도 그 앞에서 죽은 자같이 되었던 것입니다. 그냥 엎드려서 간이 콩알만 해져서 벌벌 떨었다는 정도가 아닙니다. 달리 더 표현할 수가 없는 말입니다. 너무 무서워서 죽은 자같이 되어 버렸다는 것입니다. 이것은 어떤 예수님입니까? 바로 심판자로서의 예수님이십니다.

예수님의 영광의 단계

과거에 예수님께서는 구주로서, 하나님의 어린양으로서 그리고 종으로서 "털 깎는 자 앞에 잠잠한 양같이 그 입을 열지 아니하였도다"(사 53:7), "상한 갈대를 꺾지 아니하며 꺼져 가는 등불을 끄지 아니하고"(사 42:3) 하는 말씀과 같이 아주 유순한 모양으로 나타나셨던 한 시기가 있었습니다. 그러나 이제는 예수님의 모양이 완전히 바뀌어 버렸습니다. 어떤 것이 그런 변화의 정점이었습니까? 어느 시기에 이르게 되었을 때에 다시는 종으로서의 상태가 나타나지 않았고 사람은 종으로서의 예수님의 양자(樣姿)를 볼 수 없게 되었습니다. 그것이 어느 시기입니까? "그리스도가 이런 고난을 받고 자기의 영광에 들어가야 할 것이 아니냐"(눅 24:26) 하신 그 시간이 언제입니까? 그것은 십자가에서 달려서 돌아가시고 장사하셨다가 부활하신 후입니다. 그러니까 종으로서의 예수님의 모양은 장사하신 데까지입니다. 그다음에는 부활하셨는데 사람들은 부활하신 예수님을 잘 알아보지 못하고 '우리가 신을 보는 것이 아닌가' 그랬습니다.

부활하신 예수님은 사람에 따라서 여러 가지 모양으로 당신을 보이셨습니다. 맨 처음에 막달라 마리아가 부활하신 예수님을 만났는데, 막달라 마리아가 예수님을 만나고 나서 알아보았습니까? 못 알아보았지요? 하지만 무서워서 떨지는 않았습니다. 그가 동산지기인 줄 알았는데, 나중에 어떻게 해서 알게 되었습니까? 음성을 듣고서 그 음성이 낯익어서 보니까 예수님이었다는 것입니다(참조. 요 20:11-18). 그리고 엠마오로 가는 두 사람이 예수님과 동행했지만 그들도 예수님을 못 알아보았습니다. 그러면 어느 때 알아봤습니까? 역시 음성으로 축사를 하시니까 그 축사하시는 예수님이 쓰시는 독특한 말씀에 '아, 예수님 아닌가!' 하고 눈을 떠 보니까 그때는 벌써 사라졌다고 그랬습니다(참조. 눅 24:13-34). 제자들도 유대인들이 두려워서 문을 꼭 닫고 자기네끼리 앉아 있었는데 예수님이 "너희에게 평강이 있을지어다!"(눅 24:36; 요 20:19) 하시면서 거기에 척 나타나셨습니다. 특별히 문을 빽 열고 쾅 닫고 그런 것이 없이 그냥 나타났습니다. 그래서 혼령을 보았는가 하고 생각하니까 "내 손과 발을 보고 나인 줄 알라. 또 나를 만져 보라. 영은 살과 뼈가 없으되 너희 보는 바와 같이 나는 있느니라"(눅 24:39) 하고 말씀해 주셨습니다. 그 자리에 도마는 없었는데 도마가 안 믿으니까 한 주일 후에 도마가 있을 때에 또 나타나셔서 도마에게 못 자국과 창 자국을 보이시고 "네 손가락을 이리 내밀어 내 손을 보고 네 손을 내밀어 내 옆구리에 넣어 보라. 그리하고 믿음 없는 자가 되지 말고 믿는 자가 되라" 그렇게 말씀하셨고 도마는 "나의 주시며 나의 하나님이시니이다"(요 20:27-28) 하고 대답하였습니다. 예수님이 부활하신 후에 나타나신 양자(樣姿)를 보면 어디에 같이 지내시지 않았고 어디에 유(留)하시는지도 몰랐습니다. 필요한 때만 나타나셨고 잠시 후에는 사라지셨습니다. 예수님께서 아직 승천하시기 전에 제자들에게 믿게 하시려고 나타나신 것입니다.

예수님의 영광의 단계라는 것이 있는데 제1단계는 부활하셨을 때의 상태입니다. 부활하신 후의 상태가 예수님의 고유의 영광의 상태는 아니고, 평소에 부활할 것을 기대하고 혹은 부활할 것을 늘 가르쳐 주셨던 제자들에게 의심치 않고 믿게 하기 위해서 실증으로 자기를 계시하신 것입니다. 하나님께서 사람에게 계시하실 때에 항상 어떤 방법을 쓰시는가 하면 사람이 알아들을 수 있는 방법, 즉 사람이 인식할 수 있는 한계 안으로 들어오시는 것입니다. 만약 예수님이 부활하신 영광의 몸 그대로 나타난다면 알 재주가 없을 것입니다. 그러니까 당신을 줄여서 인식할 수 있는 한계 안에 들어가서 먼저 한 '인물'인 것을 인정하게 하고 다음에는 예수님인 것을 인정하게 한 것입니다. 처음부터 '아, 예수님이시다' 이렇게 알도록 하신 것이 아니고 매번 먼저는 한 인물만 인정시키고 그다음에는 예컨대 '마리아야!' 하고 부르셔서 보니까 예수님이셨다는 것입니다. 매번 그랬습니다. 제자들에게도 나타나실 때에도 예수님은 예수님인데 '혼령을 보는가' 하고 생각했습니다. 그러니까 명확하게 파악을 못했던 것입니다.

  그러니까 '아니다, 분명히 내가 부활한 예수다' 하고 보여 주시고, 제일 중요한 것은 "그리스도가 이런 고난을 받고 자기의 영광에 들어가야 할 것이 아니냐 하시고 이에 모세와 및 모든 선지자의 글로 시작하여 모든 성경에 쓴 바 자기에 관한 것을 자세히 설명하시니라"(눅 24:26-27). 구약 성경이 당신에 대하여서 하신 말씀들을 죽 뽑아서 '자, 깨달아라' 하고 가르쳐 주신 것입니다. 이것이 영광의 제1단계입니다. 그러나 부활하셔서 계시하시는 상태만을 보여 주신 것입니다. 왜냐하면 참된 영광의 상태를 보았다가는 견딜 수가 없을 것이기 때문입니다. 볼 수 없는 까닭에 안 보여 주신 것입니다. 보더라도 눈의 각막이나 망막에 이상이 안 생기도록 해 주신 것입니다. 해를 바라보면 눈이 상하겠지만 예수님의 빛은 햇빛에 비할 바가 아니지만, 예수님을 바라보고서는 눈이 상하지 않고 볼 수 있게 해 주신 것입니다. 말하자면 우리가 일천 촉광(燭光)을 쳐다보면 눈이 상할 텐데 일천 촉광은 볼 수가 없으니까 '너는 10촉이나 50촉으로 볼 수밖에 없다' 하시고 줄여서 '자, 이러면 볼 수 있겠지, 이것도 못 믿겠느냐?' 심지어 '못 자국이 있지 않으냐, 창 자국이 있지 않으냐?' 하고 그렇게까지 자세히 보여 주신 것입니다.

　예수님의 영광의 제2단계는 승천(昇天)입니다. 승천이라는 것은 다른 데로 가는 것이 아니라 하나님 아버지 계시는 곳으로 가신 것인데 거기는 영광이 충만한 곳입니다. 충만한 영광이 있는 곳이고 땅 위에 있는 사람은 아무도 사람으로는 갈 수가 없는 자리입니다. 영화(榮化)되기 전에는 못 갑니다. 그것이 제2단계입니다. 하늘에 높이 들어 올려져서 그 영광의 세계에 들어가신 것입니다. 그리고 제3단계가 있습니다. 그것은 더 찬란한 영광으로서 하나님의 보좌 우편에 앉으신 것입니다. 승천하셔서 하나님의 보좌 앞에 모시고 서 계신 것이 아니라 보좌의 우편에 앉으사 전 우주의 모든 만상의 영광의 한 중심 가운데 들어가셨습니다. 영광의 가장자리에 있는 것이 아니라 중심으로 들어가셨습니다. 그러니까 이 찬란한 엄위와 영광은 무서운 것입니다. 그런 엄위와 영광 가운데 있는 예수님께서 사도 요한에게 어떠한 형식으로 무엇을 보이셨는데 그것은 장차 그 엄위와 영광을 가지고 제4단계의 일을 하실 것을 주로 보이신 것입니다.

　그러면 제4단계는 무엇입니까? 재림입니다. 재림하셔서 천하만국과 모든 것들을 다 심판하시는 것입니다. 심판만 하고 마시는 것이 아니라 우주를, 만유를 그리스도 안에서 통일하는 것입니다. 단순한 심판이 아닙니다. 잘잘못을 논하는 것이 끝이 아니고 만유를 통일하신다는 것은 그 큰 권능이 나타나는 장면입니다. 큰 권능을 나타내실 그 영광을 가지고 이제 사도 요한에게 당신을 보여 주시니까 요한이 그것을 보고 무서워서 견딜 재주가 없었습니다. 그냥 죽은 것같이 엎드려졌습니다. 벌벌 떨고 있는 것이 아니라 죽은 듯이 엎드려졌다는 것입니다. 이것이 예수님에 대한 요한의 묘사입니다.

　요한은 예수님을 뵙고서 죽은 것같이 엎드러질 수밖에 없었습니다.

예수님과 가까이 지낸 요한도 그랬는데 우리들은 완전히 혼이 떠나 갈는지도 모릅니다. 그래도 요한은 평소에 예수님과 가까이 지냈으니까 죽은 사람같이 되어 버린 정도입니다. 그러니까 예수님께서 어떻게 하셨는가 하면, '그것이 당연하다' 이렇게 하시지 않고 '내가 이 영광을 가지고 너에게 나타나 보이는 것은 너를 무섭게 해서, 혼비백산이 되어 가지고 아무것도 못하게 하려고 하는 것이 아니니까 자, 두려워하지 말아라' 하신 것입니다. "두려워 말라"(계 1:17) 이 말로 두려움을 제거하셨습니다. '지금 네가 두려워서 혼비백산하고 있으면 내가 지금 너를 통해서 하려고 하는 일을 못 할 것이 아니냐? 그러므로 두려워하지 말아라' 하셔서 먼저 두려움을 제거해 주신 것입니다.

그렇게 하고 그다음에 예수님이 "나는 처음이요 나중이니 곧 산 자라. 내가 전에 죽었었노라" 하셨습니다. 그러니까 죽음을 지난 후의 이야기입니다. '죽음을 지난 후에 받은 영광의 위치에서 너에게 지금 보이는 것이다' 하는 말씀이고 그다음에는 "볼지어다. 이제 세세토록 살아 있어 사망과 음부의 열쇠를 가졌노니 그러므로 네 본 것과 이제 있는 일과 장차 될 일을 기록하라"(계 1:18-19) 하셨습니다. 그래서 본 것이 무엇이냐 하면 "네 본 것은 내 오른손에 일곱 별의 비밀과 일곱 금 촛대라. 일곱 별은 일곱 교회의 사자요 일곱 촛대는 일곱 교회니라"(20절). 일곱 별이라는 것은 일곱 교회의 사자이고 일곱 금 촛대는 일곱 교회입니다. 이것을 기록해서 맨 처음에 말한 대로 아시아에 있는 일곱 교회에 보내라고 하신 것입니다. '이 글을 읽는 자들과 듣는 자들과 그 가운데 기록한 것을 지키는 자들이 복이 있다'(3절) 말씀하셨습니다.

우리를 나라와 제사장으로 삼으심

계시록 1장을 읽고 지나간다고 했는데 이야기가 한바탕 돌았습니다. 여기에 이러한 예수 그리스도의 상이 있는 것을 보았고, 그다음에 "요한은 아시아에 있는 일곱 교회에 편지하노니 이제도 계시고 전에도 계시고 장차 오실 이와 그 보좌 앞에 일곱 영과 충성된 증인으로 죽은 자들 가운데서 먼저 나시고 땅의 임금들의 머리가 되신 예수 그리스도로 말미암아 은혜와 평강이 너희에게 있기를 원하노라"(4-5절). 이것이 일곱 교회 전체에게 써서 보내는 인사입니다. 그런 것을 보면, 2장, 3장에는 일곱 교회에 따로따로 편지 말을 했지만 전문(前文)에 일곱 교회에 다 보내라고 했으니까 요컨대 계시록 전체가 한 개의 편지입니다. 그 부분에서 자기 교회에 관한 것을 특별히 주의해서 보았겠지만 다른 교회에 관한 것도 다 보았을 것입니다. 그것은 오늘날 우리 교회도 마찬가지입니다. '너희 성약교회는 들을지어다' 하고서 이야기하지 않았을지라도 결국 여기에 있는 일곱 교회의 내용으로 '이것이 너희들에게 하는 말이다. 잘 보아라' 하고 우리에게 가르쳐 주시는 것입니다. 독특하게 우리에게만 하는 편지가 없을지라도 이 편지만 보더라도 그리고 계시록에 있는 여러 가지에 비추어서 우리가 무엇을 해야 하며 어떻게 나아가야 할 것인가를 깨닫게 하시려는 것입니다.

그다음에는 5절을 보면 우리가 속죄함을 받았다는 것과 죄에서 해방되었다는 것, 즉 우리가 속죄함을 받아서 그 피로 우리를 우리 죄에서 해방하시고 속죄와 죄에서 자유를 주시고 죄의 권세에서 놓아 주셨다는 것이 거기 간단한 말로 표현되어 있습니다. "충성된 증인으로 죽은 자들 가운데서 먼저 나시고 땅의 임금들의 머리가 되신 예수 그리스도로 말미암아 은혜와 평강이 너희에게 있기를 원하노라",

거기까지는 인사입니다. 그다음에 "우리를 사랑하사 그의 피로 우리 죄에서 우리를 해방하시고", 하나님의 사랑, 예수 그리스도의 사랑으로 우리를 속죄하시고 해방하시고 죄의 권세에서 우리를 놓아 주셨다는 것입니다. 죄책을 면제시키고 죄의 권세에서 또한 우리를 놓아 주시고, "그 아버지 하나님을 위하여 우리를 나라와 제사장으로 삼으신 그에게 영광과 능력이 세세토록 있기를 원하노라 아멘"(5-6절). 아버지 하나님을 위하여 우리를 그 나라로 삼으셨다는 사상이 여기 명확하게 나와 있습니다. 그리고 제사장을 삼으셨다, 그러니까 나라와 제사장을 삼으셨다고 했습니다. 이것이 구약 어디에 나오는 이야기입니까? 출애굽기 19장에서 이스라엘의 민족 사명을 이야기하면서 하신 말씀이지요? "나의 애굽 사람에게 어떻게 행하였음과 내가 어떻게 독수리 날개로 너희를 업어 내게로 인도하였음을 너희가 보았느니라. 세계가 다 내게 속하였나니 너희가 내 말을 잘 듣고 내 언약을 지키면 너희는 열국 중에서 내 소유가 되겠고 너희가 내게 대하여 제사장 나라가 되며 거룩한 백성이 되리라"(출 19:4-6). 또 신약 어디에 있지요? 베드로전서에 있습니다. "오직 너희는 택하신 족속이요 왕 같은 제사장들이요 거룩한 나라요 그의 소유 된 백성이니"(벧전 2:9). 이것은 교회에게 하신 말씀입니다. '나라와 제사장'이라는 것은 그것을 요약해서 하는 말입니다. 교회가 땅에서 가지고 있는 위대한 사명, 즉 사명체로서의 교회를 여기서 보여 주시는 것입니다. 사명체로서는 제사장들이고 나라라는 것입니다. 개인이 아니라 거룩한 나라가 되어서 땅에 있다고 하는 이러한 사상을 여기다가 명확하게 심어 가면서 하신 말씀입니다. '땅에 있어서 우리는 그 나라이고 그의 제사장들이다.' 그러니까 나라로서 국권을 가지고 있고 제사장으로서 하나님과 사람 사이에 중보의 임무를 가지고 있다는 이야기입니다.

중보자로서 오신 예수님

7절에 또 하나 중요한 사상을 딱 세워 놓았습니다. "볼지어다. 구름을 타고 오시리라. 각인의 눈이 그를 보겠고 그를 찌른 자들도 볼 터이요 땅에 있는 모든 족속이 그를 인하여 애곡하리니 그러하리라." 전 세계의 모든 백성이 다 볼 수 있게 눈에 보이는 현상으로 재림하신다는 것입니다. 가만히 오는 것이 아니고 영으로 임하는 것도 아니고 볼 수 있게 오신다는 것입니다. 저를 찌른 자도 볼 것이라고 했으니까 예수님이 오실 그 역사 시기에 땅 위에 있는 사람들만 볼 수 있다는 것이 아니라 일찍이 예수님을 찌른 자도 볼 수 있다는 이야기입니다. 그러니까 이것이야말로 지구 전체에 걸쳐서 위대한 기적적인 사실입니다. 이런 위대한 기적적인 사실이 반드시 일어나고야 만다는 것입니다. 역사의 대단원에는 하나님이 지금까지 역사를 운전하셨다는 큰 실증으로 하나님께서 전 역사의 현실을 기적으로써 끝마무리해 나가시는 것입니다. 그것을 예수님의 신이 하나님께로부터 받아서 하시는 것입니다. 하나님께로부터 받은 당신의 나라니까, 최후에 만유를 다 통일하신 다음에는 당신이 이 일을 이루었으니까, 더 할 일이 없으니까 나라를 아버지한테 턱 바치고 하나님으로서만 완전히 통치하고 계시는 것입니다. 중보자로서 통치할 이유가 없을 그때까지 통치하신다는 말입니다.

그런고로 받으시는 것은 하나님의 아들로 하나님 되시는 예수로서 받은 것이 아니라 메시테스($\mu\epsilon\sigma\iota\tau\eta\varsigma$), 즉 중보자(mediator)로서 받은 것입니다. 하나님과 사람 사이에 있는 중보자로서 나라도 받고 계시도 받으셨습니다. 그러니까 중보자로서 임무를 해 나가시는 큰 사실 하나를 여기서 보여 주는 것입니다. 중보자로서는 세 가지 임무를 하시는데 왕으로서, 제사장으로서 그리고 선지자로서 임무를 하십니다. 이것이 중보자로서의 임무입니다. 예수 그리스도께서는 중보자로서의 임무를 하기 위해서 비류(比類) 없는 인물, 즉 하나님이신 동시에 사람인 인물이 되셨습니다. 그리고 동시에 완전한 하나님이요 완전한 사람인 까닭에 사람으로서의 모든 요건을 다 구비하시고 땅에 오신 것입니다.

이것을 칼 바르트(Karl Barth, 1886-1968) 식으로 '사람이라고 하면 반드시 죄가 있어야 하니까 완전한 사람이 되기 위해서 예수님은 죄를 자기 속에 품으셨다' 하고 잘못 해석하면 안 됩니다. 그것이 대단한 해석입니다만 원래 아담도 불완전한 사람이냐 하면 완전한 사람입니다. 그러나 죄를 품은 일이 없습니다. 그런 까닭에 예수님은 죄를 품은 일이 없는 마지막 아담 혹은 둘째 아담인 것입니다. 마지막 아담, 둘째 아담이라는 말은 단순히 그것만 의미하는 것이 아니고 인류 전체의 총합체의 대표자로서의 의미를 갖습니다. 하나님의 계약을 이행하기 위해서, 즉 하나님의 계약 아래에 있으면서 그것을 이행하심으로써 계약의 내용을 이행했을 때 주는 보상을 받기 위해서 인류 전체 대표자로서 그렇게 하신 것입니다. 땅 위에서 예수님의 생활이라는 것은 그런 의미입니다. 당신 혼자서 우리의 모범이 되기 위한 생활을 하셨다는 것만이 전부가 아닙니다. 그러한 중보자로서의 임무를 여기서 보여 주셨습니다.

세대주의적 해석의 오류

요한은 "나 요한은 너희 형제요" 해서 자기는 같은 신자 중의 한 사람이라는 것을 강조하고 있습니다. 그런데 어디에 참여하고 있는가 하면 "예수의 환난과 나라와 참음에 동참하는 자라"(9절)고 했습니다. 특별히 세 가지 사실에 동참했다는 것입니다. '나라'에 동참했다는 것은 '나는 예수의 나라의 한 부분이다' 하는 의미입니다. 나라의 한 부분인 까닭에 땅에 있으면서 '환난'을 받습니다. 그 나라가 받는 수난 가운데 같이 들어갔다는 것입니다. 그리고 중간에 도망간 것이 아니라 끝까지 견뎠다는 것입니다. 그래서 '참음'에 동참했다고 했습니다. 그다음에는 자기의 역사상 사실에 관해 말합니다. "하나님의 말씀과 예수의 증거를 인하여 밧모라 하는 섬에 있었더니", 귀양 가서 있었다는 이야기입니다. 그다음에 "주의 날에 내가 성신에 감동하여 내 뒤에서 나는 나팔 소리 같은 큰 음성을 들으니"(10절). 이것이 1장에서 보이신 것입니다.

예수님이 오신다는 사실을 처음부터 강조하고, 무서운 영광으로 임하신 예수님을 보았고 또한 앞으로 임할 사실을 벌써 암시한 것입니다. 그러니까 예수님이 인류를 속죄하신다는 구속의 전반부의 이야기가 주가 아니고 "구원에 이르게 하기 위하여 죄와 상관없이 자기를 바라는 자들에게 두 번째 나타나시리라"(히 9:28) 하신 말씀대로 죄와 상관없이 예수님이 가진 위대한 권위를 가지고 오신다는 것이 계시록에 전개될 주된 이야기입니다. 그 이야기를 전개하려고 그때 있을 이야기만 펼쳐서 한 것이 아니라 죽 올라가서 이야기하기도 하고 죽 내려와서 이야기하기도 합니다. 또 한 가지 주의할 것은 예수 그리스도께서는 중보자로서 왕이시므로 오늘날 왕으로서 보좌에 앉아서 통치하고 계신다는 사실입니다. 그러니까 예수님의 통치의 사실을 또한 가르쳐 주고 있는 것입니다.

그리고 계시록은 어느 한 시기에 잠깐 일어날 일을 기록하고 있는 것이 아닙니다. 만일 여기저기 돌아다니는 사람들이 계시록을 해석하는 식으로 생각해서 계시록의 이야기가 나중에 공중에 다 올라가고 난 다음에 땅 위에서 일어나는 이야기라고 한다면 자기와는 하나도 상관이 없는 이야기이고 따라서 공중으로 올라가서 아무런 상관도 없을 사람이 그것을 알아보아야 아무런 소용이 없습니다. 이것을 알아야 할 사람들, 십분 깊이 관계있는 사람들이 알아야 할 것입니다.

하나님께서 계시를 주실 때에는 그 사람에게 직접적으로 상관이 있는 까닭에 주시는 것이지 '상관없지만 이런 사실이 있으니까 알아나 두어라. 유념이나 해 두어라' 그런 식으로 가르치지 않으십니다. 그런데 여기 3장까지 해석을 하고 나서는 공중으로 훌쩍 다 올라가 버립니다. 해석을 그렇게 합니다. 과거에 계시록을 많이 배우신 분은 잘 아실 테지만, 3장까지 하고서 그다음부터는 교회와 상관없다는 것입니다. 그다음에는 칠 인 봉서(七印封書)가 나오는데 이것은 땅에서 칠 년의 환난이 시작될 때 보여 주는 것입니다. 백마가 나오고, 그다음에 붉은 말이 나오고, 그다음에 검은 말이 나오고, 그다음에 청황색 말이 나오고, 이 네 마리 말을 탄 기사들이 차례로 나와서 야단을 내는데 '그것은 이 세상의 일이지 우리와는 상관이 없다' 하고 가르쳤습니다. 칠 년 환난이 시작되면서부터 일어나는 일이니까 교회와 상관이 없다는 것입니다. '백마라는 것은 모두들 이러고저러고 말하지만 그것은 다른 것이 아니라 적그리스도다. 그다음 붉은 말은 전쟁이다. 검은 말은 기근이다. 청황색 말은 질병이다, 온역이다. 그다음에는 사망과 음부가 뒤따라간다' 그런 식으로 선을 그어 놓고 이야기들을 합니다. 그러니까 자기들과는 하나도 상관이 없습니다.

그전에 계시록 해석의 대가(大家)라는 목사님도 그 문제에 대해서 '아이고, 그러면 큰일났네요. 그러면 어떻게 해야 합니까?' 하고 묻는 사람에게 '우리는 상관할 것 없습니다. 우리는 하늘의 혼인 잔치석에 앉아서 쳐다보고 구경을 하지요' 그렇게 대답을 하는 것을 들은 일이 있습니다. 가르치는 시스템이 그렇게 되어 있습니다. 하늘에 올라가서 구경을 할 참입니다. 그렇다면 우리와 상관없는 이야기를 왜 이렇게 열심히 일러 주시는 것입니까? 사랑하시니까 잘 알아 두라고 일러 주시는 것입니까? 아니면 심심할 테니까 그런 것이나 알아 두라고 하는 이야기인가요? 만일 아무 상관이 없는 이야기라면 왜 이렇게 자세하게 기록했겠습니까? 계시가 어떠한 작용을 해야 할 것인가를 구체적으로 생각하지 않고 또 어째서 이러한 계시의 스타일을 쓰셨는가를 생각하지 않는다면 그것이 참 큰일입니다.

계시록에는 예수 그리스도께서 왕으로서 오늘날 우리를 통치하시는 그 모양과 자태가 나타나 있고, 교회가 예수님의 통치 아래에서 걸어가는 모습도 나타나 있습니다. 그러니까 전체로 들여다보아야 합니다. 사람들은 계시록을 해석하는 데에 세 개의 학파가 있다고 말합니다. 하나는 계시록의 내용은 요한이 살고 있던 로마 시대, 네로 때에 모두 일어났던 것이라고 해석하고, 또 하나는 그런 것이 아니라 기독교 역사 가운데 발생한 것이라고 하고, 또 하나는 이것은 모두 다 장래에 일어날 일이라고 해석합니다.

계시록의 내용은 장래에 일어날 일이라고 해석하는 사람들은 대개 세대주의(dispensationalism)의 입장을 취해서 기묘한 해석을 합니다. 3장까지는 교회 시대에 관계되지만 교회 시대가 훌쩍 지나간 다음에는 땅에 7년 대환난이 온다는 것입니다. 그래서 20장까지는 상관이 없고 20장에 가서 다시 예수 그리스도께서 재림하셔서 땅에다가 지상 천국을 건설하는데 그때서야 상관이 있다는 식으로 해석합니다. 이런 해석은 참 주의해야 합니다. 그 사람들에게는 마태복음에 있는 산상보훈도 다 의미가 없습니다. 그것은 천국에서 될 일이지 땅 위에 있는 교회와는 상관이 없는 것이라고 해석합니다. 이렇게 진리를 해명하는 것이 아니라 오히려 은폐하는 일이 정통이라는 간판하에서 아주 횡행하고, 또 그런 것을 고소하게 여겨서 들으려고 모두 열심히 다녔고 그런 것이 인기가 있었습니다.

계시록의 내용과 우리의 현실과의 관계

우리가 주의할 것은 계시록 전체를 어떤 한 시점에다 놓고 '이때 이야기다' 이렇게 하지 않아야 합니다. 비교적 역사적으로 서술한 부분도 있고 장차 일어날 문제도 있습니다. 그러나 언제든지 이것은 항상 우리에게 직접 관계되는 이야기입니다. 그것이 칠 인 봉서이든지 일곱 나팔이든지 일곱 대접이든지 다 우리에게 관계되는 이야기입니다. 우리에게 관계없는 이야기라면 이렇게 자세히 써서 알라고 하지 않습니다. 왜냐하면 듣는 사람도 복이 있고 읽는 사람도 복이 있고 이 가운데 기록된 것을 잘 지키는 사람도 복이 있다고 했습니다. 그러나 이 가운데 있는 것을 자기와 상관없는 내용으로 알고 있는 사람도 복이 있다는 말은 아닙니다.

그런 식으로 생각을 딱 정돈하시고 앞으로 자꾸 읽어 보십시오. 예수님께서 재림하시면 분명히 공중 재림을 하시지요? 공중으로 우리를 끌어올리신다는 사실이 분명히 있습니다. 그러나 공중에까지만 오시고 만다는 말이 아닙니다. 우리가 예수님을 공중에서 만날 것이라는 것은 분명한 사실이고 이것을 부인할 수 없습니다. 그렇지만 공중에 오셨다가 그냥 가만히 떠 있고 땅 위에 7년이 다 찰 때까지 '조금만 기다려라. 우리는 여기서 잔치나 하자' 하고 앉아 있는 것은 아닙니다. 이런 것을 읽을 때에 우리 마음의 자세와 생각하는 자세는 그 말씀하시는 것이 신비하고 오묘해서 알지 못할지라도 그것이 어떠한 식으로든지 우리의 생활에 관계가 되고 우리의 생활에 지침이 되도록 간절한 마음으로 기도하고 읽는 것이 좋습니다. 그렇게 하면 그때는 모를지라도 어떤 일이 있을 때에 그것이 크게 격려도 되고 우리에게 일러 주는 것이 많이 있을 것입니다.

그것이 어느 때의 일이라고 분명히 시간을 그릴 수 없지만, 그 시간적인 범주에 넣지 않고서라도 사실은 사실로서 분명하게 우리에게 큰 원칙을 가르쳐 줍니다. 왜냐하면 하나님은 동일한 하나님이신 까닭에 그것을 세상 끝에 하시든지 세상 중간에 하시든지 우주의 창조 첫 시간에 하시든지 똑같은 태도를 취하고 계신 것입니다. 그러니까 '끝에 하나님께서 어떤 일을 어떻게 하시려는 것은 중간에라도 그런 문제가 있을 때에 그런 태도를 취하실 것이다' 이것을 알고 있어야 합니다. 계시록 여러 군데에 이러한 좋은 예가 많이 있습니다.

특별히 13장을 보면 거대한 독재적 정치 형태와 강제 종교라는 것이 나타납니다. 짐승의 표를 받지 않고 짐승에게 절하지 않는 자는 몇이 됐든지 다 죽인다는 것인데, 언제 그런 일이 있을는지 우리가 명확하게 알 수가 없지만 악마의 성격상 그와 동일한 형태는 때때로 나타날 것이고 그와 같은 동일한 형태가 나타날 때에 하나님께서는 결국 동일한 큰 원칙을 적용하실 것인데 우리가 거기서 거대한 하나님의 경륜의 원칙이 무엇인가를 바르게 찾아간다면 우리는 굉장히 큰 것을 배울 수 있습니다. '그것이 어떠한 시대에 나타나든지 그것은 상관이 없다. 만일 우리 당대에 그와 유사한 사실이 발생한다면 그것은 그러한 하나님의 크신 거룩한 경륜 가운데에서 처리될 것이다. 우리는 그것을 믿고 기다리자' 하는 것입니다. 특별히 13장을 읽을 때에는 '어느 때에 무엇이 어떻게 된다' 하는 이야기를 무슨 예언을 하듯이 하지 않고 그것이 오늘 우리에게 가르쳐 주는 바가 무엇인지를 찾아야 하는 것입니다. 13장에서는 무엇보다도 종교와 정치가 혼연히 하나의 큰 형식을 취해 가지고 정치가 종교화하는 현상을 가르쳐 줍니다.

그렇다면 정치가 종교화하는 일이 오늘날에도 있을 수 있습니까? 우리는 1917년 이래로 종교가 정치화하는 것을 자세히 보아 왔습니다. 그러한 세상에서 살면서 신산(辛酸)하도록 보아 왔고 참으로 무서운 것을 때때로 상상하게 되었습니다. 1917년에 러시아 혁명이 성공해서 러시아는 유럽 전쟁에서 빠졌습니다. 그런 다음에 강력한 독재 정치를 세웠습니다. 역사 이래 미증유(未曾有)의 독재 정치입니다. 혁명에 혁명을 일으켜서 죽인 사람이 수백만 명에 이릅니다. 몇 만 명을 죽인 것이 아닙니다. 사람을 죽이되 한 사람의 독재권을 세우기 위해 수백만 명을 도살해 버렸습니다. 또 어느 때는 집단 농촌이라는 것을 만들었는데 농민들이 안 가려고 하니까 억지로 농민을 이산(離散)시키기 위해서 그 세력을 이산시켜야만 하겠으니까 인조적인 기근을 일으켜 가지고 사람을 죽게 만들었습니다. 이것이 소비에트 러시아의 무서운 정치적 성격입니다. 그러면서 그들은 신을 안 믿지만 독재자를 절대화하고 종교화하였습니다. 독재자는 다른 말로 하면 절대자입니다. 그의 명령 하나면 다시 더 이야기할 것이 없습니다. 이렇게 절대화하면 종교화되는 것입니다.

   그런데 이제 한술 더 떠서 일본은 사람을 신(神)이라고까지 불러대면서 야단을 하면서 종교를 국가 정치 체제에다 집어넣어 버렸습니다. 정치는 곧 종교였습니다. 그 사람들이 미소기[1](みそぎ)를 시키고 국가에 충성을 다하도록 강요하였는데 그것은 동시에 신도(神道)의 종교 행동이었습니다. 우리는 그 신산(辛酸)한 것을 다 겪은 사람들입니다. 계시록 13장에서 이 사실이 언제 발생할는지 우리가 자세히 알 수 없지만 이 사실의 하나의 예가 여기에 있습니다. '이것이 바로 그것이

---

1   죄나 부정을 씻기 위해 강물로 몸을 씻는 의식.

다' 하고 해석하는 것은 옳지 않지만 이 사실이 가르치는 큰 원칙은 벌써 인류 역사에, 우리의 현실 가운데 이렇게 우리를 지배하고 있는 정치 형태로 나타나 있다는 것을 그때 절실히 느꼈습니다. 계시록을 통해서 그런 것을 보려고 해야 할 것입니다. 그리고 그 가운데에서 우리는 어떻게 해야 할 것인가를 알려면 거기서 하나님께서 하신 여러 가지 말씀을 바르게 파악하고 있어야 할 것입니다.

　그러한 현실에서 우리가 본 것이 무엇이냐 하면 인간을 지배하는 마귀의 통치 방법인데 그것은 정치를 절대화하고 종교화하는 경향이 있다는 것입니다. 마귀가 그러한 통치 방법을 사용하는 이유는 하나님의 절대적인 지고선(至高善)의 통재의 방법에서 지고선은 없고 지악(至惡)한 형태로 절대주의를 본받았기 때문입니다. 이것이 마귀가 하는 방식입니다. 하나님은 지극히 선한 방식의 절대주 통치 방식인데 반해서 마귀는 가장 악한 방식의 절대주의입니다. 그러면 그것에 대해서 어떻게 해야 합니까? 우리는 세계 정치의 그 거대한 조류 가운데 이러한 것이 배태(胚胎)되어 있다는 사실을 일생 동안 역사 가운데서 벌써 현저하게 경험하였습니다. 그리고 그것이 또 다시 올 것을 알고 있습니다. 그것이 장차 올 현실이라고 할 때 오늘날의 민주주의 형태가 그것은 아닙니다. 그러면 민주주의의 가는 길은 어디냐 하면, 예언을 하는 것은 아니지만 예측을 해 보자면 민주주의는 결국 다시 세계를 가장 작은 단위로 나눠서 독재하는 형태로 가게 될 것입니다. 세계가 다기적(多岐的)으로 분할된 데서부터 소수로 결속되어 간다는 말입니다. 여러 나라가 제각기 하다가 나라와 나라끼리 결속이 생겨서 동맹이 생기고 연맹이 생기고 그래서 블록(block)이 생겨나서 블록끼리 경쟁을 할 것입니다. 그러면 최후에는 어떻게 되느냐? 블록도 없어지는 날이 온다는 것입니다. 그것이 13장에서 또 하나 가르치는 내용입니다. 지금은 다기적인 세밀한 분자로 있지만 거대한 덩치로 두세 개의 블록이 되고, 나중에는 그것도 와해되어서 하나가 되고, 그 형태는 독재의 형태가 되어서 최후에는 민주주의가 붕괴한다는 것입니다. 이런 전체의 진행 양상은 우리에게 많은 것을 생각하게 해 줍니다. '그렇다면 하나님의 나라는 거기에 대해서 어떻게 해야 할 것인가?' 하는 것을 가르쳐 줍니다. 요한에게 '이런 것이 올 테니 장차 올 정치 형태에 대비해서 하나님의 나라를 경영할 때에 어떠한 것이 임할 때에 어떻게 해야 할 것인가를 자세히 가르쳐 주어라' 하신 것입니다.

계시록을 배우는 이유

계시록에는 간간이 배교(背敎)한 교회의 현실이라는 것이 참 많이 섞여서 나옵니다. 분명히 배교가 있습니다. 배교하는 여러 가지 이유를 뚜렷하게 일으켜 놓았는데 그런 것을 배우면 얼마나 굉장할까요! 그러면 배교는 어떤 사람들이 말하는 대로 예수님이 오시기 직전에만 발생하는 것입니까? 문제는 예수님이 언제 오시느냐 하는 것인데 예수님이 대체 언제 오시겠습니까? '오늘이라도 곧 온다' 하는 말은 의미 없는 이야기입니다. 오늘이라도 온다는 확실한 조건과 증상이 있으면 오늘 오시겠지만 그렇지 않으면 오늘 오신다고 말하지 못합니다. '아마도 오늘……' 하고서 기다리는 사람들이 많이 있습니다. 미국에는 그런 파가 있습니다. 정통을 자처하는 사람들인데, 무디 성경학교에서 「퍼햅스 투데이」(Perhaps Today)라는 것을 발행하기도 하였습니다. 벌써 1930년대부터 그렇게 했습니다. 그러니 그 투데이는 참 긴 투데이입니다. 1930년부터 오늘날까지 계속해서 '오늘'입니다. 40년을 계속했어도 아무 이상이 없습니다. 이런 일들이 자꾸 연결되어서 때때로 많이 돌아다닙니다. 그러나 그것은 옳지 않습니다.

예수님이 오신다는 것도 항상 합리적으로 생각해야 합니다. 사도 바울도 "형제들아, 너희는 어두움에 있지 아니하매 그날이 도적같이 너희에게 임하지 못하리니 너희는 다 빛의 아들이요 낮의 아들이라"(살전 5:4-5) 하고 가르쳤습니다. 빛의 아들이요 낮의 아들답게 생각하고 있어야지 모르는 사람같이 그냥 서두르고 돌아다니지 말라는 것입니다.

만일 지금 모든 조건이 구비되어서 예수님께서 오늘이나 내일이라도 오실는지 모른다고 하면, 우리가 현실에 따르는 많은 일을 그대로 하고 있을 수는 없을 것입니다. 금명간에 오실 줄 뻔히 알면서 아무런 준비도 하지 않고 거기에 대응하는 일을 하지 않고서 유유히 꿈꾸는 짓이나 하고 있겠습니까? 그러나 우리는 분명히 예수님이 오늘이나 내일 오시지 않는다는 것을 압니다. 예수님이 오실 때에 땅에 일어날 여러 가지 일이 있습니다. 성경에 그것을 아주 명백하게 가르친 데가 여러 군데 있습니다. '이러이러한 일이 일어난다. 이런 일이 일어나거든 그때가 가까이 온 줄 알아라' 하고 가르쳤습니다. 그러면 그때까지 바라보고 가만히 앉아 있어야 합니까? '이런 시기에 놓여 있으면 무엇을 해야 할 것인지 네가 알아야겠다.' 지혜로운 상인과 같이 줄 것을 주고 생각할 것을 생각해서 미리 어떻게 해야 할 것인가를 계획하고 배포(排布)해 놓으라는 것입니다. 그러기 위해서 우리가 계시록도 배우는 것이고 거기서 참된 은혜를 기대하는 것입니다. 예수님이 며칠날 오시는지 알려고 배우는 것이 아닙니다. '오늘 나에게 무엇을 시키시는가, 어떻게 알고 있으라는 것인가, 어떻게 보라는 것인가' 이것을 가르쳐 주시는 것입니다.

우리가 계시록을 읽을 때의 자세와 미리 요구되는 것들에 대해서 바르게 잡고 있을 때에 비로소 은혜를 받는 것입니다. 그러지 않고 밤낮 예수님이 언제 오시는가만 찾고 '예수님이 오신 다음에는 이렇게 즐겁다' 하고서 그냥 무슨 비결귀(祕訣句) 읽듯이 하면 안 됩니다. 한국에는 옛날부터 비결도 많이 돌아다니고 그런 경향이 많이 있습니다. 제이 엔 다비(J. N. Darby, 1800-1882)의 이론은 서양 사람들 중에 비결을 좋아하는 사람들의 입맛에 잘 맞도록 되어 있습니다. 그러나 그런 것이 아니라 계시록이 포회(包懷)하고 있는 거대한 사상이 무엇이고 큰 원칙은 무엇이며 그것이 오늘날 우리에게 무엇을 요구하고 있는지를 잘 살펴보아야 할 것입니다.

기도

거룩하신 아버지시여, 저희들이 주의 말씀을 배울 때 저희의 어리석고 좁고 여린 마음으로 주님께서 심어 놓으시고 보여 주신 이 큰 계시를 어떻게 다 알 수 있겠습니까만 그래도 순서를 따라서 마땅히 거기에서 흡취(吸取)해야 할 것을 바르게 흡취하고 받아들일 것을 바르게 받아서 그것을 읽을 때나 들을 때에 그 가운데 있는 것들이 우리에게 명령하는 것을 들을 수 있는 위치에서 그대로 순종하고 나아가는 것이 얼마나 행복스러운 일인지를 더욱 절실히 맛보아 알게 해 주셔서 저희로 하여금 진실로 복된 사람들이 되게 하여 주시옵소서. 주의 말씀에서 특별히 계시록 가운데 있는 오묘한 여러 가지 진리가 상징과 환상과 표상을 가지고 나타날 때에 방황하지 않고 독단(獨斷)하지 아니하고 뚱딴지 같은 딴소리로 그것을 꾸며 대는 그릇된 짓을 따라가지 않게 하시고 항상 바른 마음과 공평한 심정과 지혜로운 마음으로 거기서 가르쳐 주시는 큰 교훈을 잘 깨달아 알게 하여 주시옵소서.

주 예수 이름으로 기도하옵나이다. 아멘.

1971년 10월 27일 수요 기도회

제2강

아시아 일곱 교회에 보내는 편지 (1)

에베소 교회와
서머나 교회

요한계시록 2:1-17

Expositions on Revelation

요한계시록 2:1-17

^{1}에베소 교회의 사자에게 편지하기를 오른손에 일곱 별을 붙잡고 일곱 금 촛대 사이에 다니시는 이가 가라사대 ^{2}내가 네 행위와 수고와 네 인내를 알고 또 악한 자들을 용납지 아니한 것과 자칭 사도라 하되 아닌 자들을 시험하여 그 거짓된 것을 네가 드러낸 것과 ^{3}또 네가 참고 내 이름을 위하여 견디고 게으르지 아니한 것을 아노라 ^{4}그러나 너를 책망할 것이 있나니 너의 처음 사랑을 버렸느니라 ^{5}그러므로 어디서 떨어진 것을 생각하고 회개하여 처음 행위를 가지라 만일 그리하지 아니하고 회개치 아니하면 내가 네게 임하여 네 촛대를 그 자리에서 옮기리라 ^{6}오직 네게 이것이 있으니 네가 니골라당의 행위를 미워하는도다 나도 이것을 미워하노라 ^{7}귀 있는 자는 성신이 교회들에게 하시는 말씀을 들을지어다 이기는 그에게는 내가 하나님의 낙원에 있는 생명나무의 과실을 주어 먹게 하리라 ^{8}서머나 교회의 사자에게 편지하기를 처음이요 나중이요 죽었다가 살아나신 이가 가라사대 ^{9}내가 네 환난과 궁핍을 아노니 실상은 네가 부요한 자니라 자칭 유대인이라 하는 자들의 훼방도 아노니 실상은 유대인이 아니요 사탄의 회라 ^{10}네가 장차 받을 고난을 두려워 말라 볼지어다 마귀가 장차 너희 가운데서 몇 사람을 옥에 던져 시험을 받게 하리니 너희가 십 일 동안 환난을 받으리라 네가 죽도록 충성하라 그리하면 내가 생명의 면류관을 네게 주리라 ^{11}귀 있는 자는 성신이 교회들에게 하시는 말씀을 들을지어다 이기는 자는 둘째 사망의 해를 받지 아니하리라 ^{12}버가모 교회의 사자에게 편지하기를 좌우에 날선 검을 가진 이가 가라사대 ^{13}네가 어디 사는 것을 내가 아노니 거기는 사탄의 위가 있는 데라 네가 내 이름을 굳게 잡아서 내 충성된 증인 안디바가 너희 가운데 곧 사탄의 거하는 곳에서 죽임을 당할 때에도 나를 믿는 믿음을 저버리지 아니하였도다 ^{14}그러나 네게 두어 가지 책망할 것이 있나니 거기 네게 발람의 교훈을 지키는 자들이 있도다 발람이 발락을 가르쳐 이스라엘 앞에 올무를 놓아 우상의 제물을 먹게 하였고 또 행음하게 하였느니라 ^{15}이와 같이 네게도 니골라당의 교훈을 지키는 자들이 있도다 ^{16}그러므로 회개하라 그리하지 아니하면 내가 네게 속히 임하여 내 입의 검으로 그들과 싸우리라 ^{17}귀 있는 자는 성신이 교회들에게 하시는 말씀을 들을지어다 이기는 그에게는 내가 감추었던 만나를 주고 또 흰 돌을 줄 터인데 그 돌 위에 새 이름을 기록한 것이 있나니 받는 자밖에는 그 이름을 알 사람이 없느니라

제2강

아시아 일곱 교회에 보내는 편지 (1)

에베소 교회와 서머나 교회

아시아 일곱 교회에 보낸 서신

　여기 일곱 교회의 서신은 아시아에 있는 로마의 속주(屬州)인 아시아 도(道), 오늘날에는 소아시아라고 부르는 터키가 점령하고 있는 땅에 있는 아시아 도의 에베소를 중심으로 멀지 않은 곳에 퍼져 있는 일곱 교회에 보낸 서신입니다. 아시아에는 다른 교회들이 더 있었지만 다른 교회에 대해서는 이야기가 없고 이렇게 일곱 교회만 나열되어 있는데 그것은 사도 요한이 감독으로 돌아보고 있는 까닭에 특별히 직접 관계가 있는 교회인 것같이 생각되기도 합니다. 교회를 임의로 선택해서 예를 든 것 같지만 적당하게 특색들을 드러내어 이야기를 하고 있습니다. 일곱 교회의 이름은 에베소, 서머나, 버가모, 두아디라 교회가 2장에 나오고 3장에는 1절에 사데 교회, 7절에 빌라델비아 교회, 14절에 라오디게아 교회가 있습니다. 이렇게 일곱 개 교회에 대해 각각 특색을 들어서 교회의 문제를 이야기하고 있습니다.

일곱 교회에 대해서 우리 주님께서 말씀하시는 방식은 먼저 어떠한 주님으로서 말씀을 하시는가 하는 것이 나와 있습니다. 에베소 교회에는 "오른손에 일곱 별을 붙잡고 일곱 금 촛대 사이에 다니시는 이", 서머나 교회에는 "처음이요 나중이요 죽었다가 살아나신 이", 버가모 교회에는 "좌우에 날선 검을 가진 이", 두아디라 교회에는 "그 눈이 불꽃 같고 그 발이 빛난 주석(朱錫) 같은 하나님의 아들" 이렇게 각각 교회에 대한 우리 주님의 모양이 있습니다. 사데 교회에게는 "하나님의 일곱 영과 일곱 별을 가진 이"라고 했고, 빌라델비아 교회에게는 '거룩하고 진실하사 다윗의 열쇠를 가지신 이, 곧 열면 닫을 사람이 없고 닫으면 열 사람이 없는 그분', 마지막 라오디게아 교회에게는 "아멘이시요 충성되고 참된 증인이시요 하나님의 창조의 근본이신 이"라고 했습니다. 이렇게 어떠한 주님이신가를 먼저 말씀하셨고 그분이 말씀을 하시되 포폄(褒貶)이 있습니다. 잘하는 것은 칭찬하시고 잘못하면 폄(貶)을 하시는 것인데, 잘한 것에 대해서 '잘한다고 내가 인정한다' 하시고 잘못한 것에 대해서는 '책망한다' 하셨습니다.

그런데 일곱 교회 모두가 잘잘못이 기록된 것이 아니라 잘못을 전혀 지적받지 않은 교회도 있습니다. 특별히 두 개의 교회가 비교적 좋게 인정을 받았는데 그것은 두 번째에 나오는 서머나 교회와 여섯 번째에 나오는 빌라델비아 교회입니다. 이 두 교회는 일곱 교회 가운데 주님의 거룩한 인정을 받고, 잘못에 대해서는 깊은 추궁이 없는 교회입니다. 잘못을 지적하실 때에는 그 잘못에 대해서 '회개하라' 하는 말씀이 크게 있고, '회개치 아니할 때에는 어떻게 될 것이다' 하고 무서운 결과를 경고하신 것이 나옵니다. 그리고 구체적으로 그 잘잘못을 지적하심으로써 각 교회가 가지고 있는 상태를 드러내신 것입니다.

예를 들면 특별히 잘못에 대해서 깊은 책망이 없는 서머나 교회의 경우에 그 교회의 실상이 어떤가에 대해서 "내가 네 환난과 궁핍을 아노니 실상은 네가 부요한 자니라. 자칭 유대인이라 하는 자들의 훼방도 아노니 실상은 유대인이 아니요 사탄의 회라"(계 2:9). '환난과 궁핍을 가지고 있는 교회이지만 실상은 네가 부요한 자다. 내가 그것을 안다. 그리고 네가 자칭 유대인이라고 하는 사람들의 훼방을 받고 있는데 사실은 유대인이 아니고 사탄의 교회다' 이런 말씀으로 가르치셨습니다. 그다음에는 "네가 장차 받을 고난을 두려워 말라" 하는 말씀으로 장차 올 고난에 대해서도 이야기했습니다. 그러므로 이 교회는 고난이라는 것을 저 앞에 놓고서 전진해 나가는 상태인 것을 가르친 것입니다. 그다음에는 "볼지어다. 마귀가 장차 너희 가운데서 몇 사람을 옥에 던져 시험을 받게 하리니 너희가 십 일 동안 환난을 받으리라. 네가 죽도록 충성하라. 그리하면 내가 생명의 면류관을 네게 주리라"(10절) 하고 말씀하셨습니다. 교회가 장차 받을 이 곤란의 상태에 대해서 너무 방황하지 않고 그로 인하여 마음에 두려워하지 않도록, 확호하게 어떻게 해서든지 넘길 것이니까 그 일에 대해서 알고 대비하고 있으라고 하신 것입니다. 너무 무서워할 것도 아니고 소홀히 볼 것도 아니고 현실을 바르게 파악하고 장차 이를 사실을 파악하고 나아가라는 것입니다. 그리고 '네가 죽도록 충성을 해라. 그러면 내가 생명의 면류관을 주리라' 해서 아직 현재까지 책망에 대한 문제를 주로 하시지 않고 앞으로 올 무섭고 어려운 현실에 대해서 어떻게 해야 할 것을 특별히 가르치신 것입니다.

이런 식으로 교회의 실상을 드러내고 교회를 격려하신 후에는 마지막으로 "귀 있는 자는 성신이 교회들에게 하시는 말씀을 들을지어다. 이기는 자는 둘째 사망의 해를 받지 아니하리라"(11절) 하셨습니다. 성신께서 여러 교회들에게 하시는 말씀을 '귀가 있는 자는 들으

라' 하시고, 마지막에는 항상 승리자에게 갈 보상에 대해서 명확하게
말씀하신 것입니다.

교회의 사자(使者)가 지는 책임

이 내용은 편지의 형식으로 되어 있는데, 사도 바울이 교회에 편지
하듯이 '교회들에게 문안하노라' 하는 식으로 한 것이 아니고 '그 교
회의 사자(使者)에게 편지한다' 하는 형식으로 써서 그에게 잘한 것과
잘못한 것을 전부 말씀하시는 것으로 되어 있습니다. 그를 총대(總代)
라고 할지, 집단 가운데 전체를 대표하는 한 개체로 보아서 교회 전
체를 그 사자 한 사람 안에서 보시는 것입니다. 그러니까 '너희들이
이랬다' 하지 않고 '네가 이랬다' 이런 말을 써서, 잘한 것도 '네가 잘
했다' 잘못한 것도 '네가 잘못했다' 하고 말씀하셨습니다. 그러면 그
교회의 사자는 누구입니까? 천사라고도 하고 그 교회에서 하나님의
말씀을 쥐고 맡아서 가르치는 자라고 하기도 합니다만 어쨌든지 사
자입니다. 사자니까 천사든지 육신을 입은 사람이든지 간에 하나님
께서 그 교회에 마땅히 때를 따라서 양식을 나누어 주도록 한 그 사
람이 가령 충실하게 그 일을 했다고 할지라도, 그로 말미암은 반응에
따라서 문책도 하시고 보상도 하신다는 식으로 말씀하신 것입니다.

여기서 사자를 대표로 해서 쓰시는 이런 형식은 하나님께서 최초
에 인류를 만드실 때 한 사람을 만드시고 그 한 사람 안에 인류 전체
를 놓고 이야기하신 것과 마찬가지입니다. 그 한 사람 안에 인류 전
체를 넣어 놓고 그와 계약을 하시고 그가 잘못하면 인류 전체가 함께
그 책임을 진다는 방식입니다. 이것이 하나님께서 인류와 교통하시
는 중요한 방식입니다. 그런데 여기서도 사자를 대표로 해서 사실상
교회 전체를 놓고 이야기하셨습니다. 그러므로 '교회 전체를 한 사람

처럼 보신다' 하는 뜻이 거기에 있습니다.

　또한 사자라는 개인 한 사람의 문제를 여기서 거론하신 것이 아니고 교회 전체의 문제를 거론하시면서도 마치 사자 한 사람의 개인 문제인 것같이 이야기를 했습니다. 엄격하게 법적으로 따지면 에베소 교회의 이야기가 아니라 에베소 교회에 시무하고 있는 하나님의 사자의 이야기라고 말할 수 있을 만큼 쓰신 것입니다. 그러나 끝에는 '성신이 교회들에게 하시는 말씀을 귀가 있거든 들어라' 하셔서 이것이 한 교회에 대한 이야기가 아니고 한 사자에 대한 이야기가 아니라 모든 교회들에 대해서 하시는 이야기라는 것을 말씀하셨고 각각 그것으로 자기를 비춰 보라고 하신 것입니다. 사자 한 사람에게 말씀하시는 형식으로 되어 있지만 사자 한 사람에게서 교회 전체를 보시려고 하시고, 사실상 그 사자가 무엇을 어떻게 하든지 간에 교회 전체의 상태에 대해서 책임을 진다는 것입니다. 이렇게 책임을 지는 절대의 통재자, 최고의 권위자의 모양을 우리가 여기서 특별히 보게 됩니다. 그러므로 교회의 사자가 된다는 것이 쉬운 일이 아니고 무서운 일인 것입니다.

　그렇지만 이것은 교회 전체의 모든 것에 대한 사자로서의 책임이지 개인의 책임을 묻는 것이 아니니까 교회가 내놓는 것(return)이 중요한 문제입니다. 교회가 내놓는 것이 하나님이 기쁘게 받으실 만한 좋은 과실이냐 혹은 시들고 별로 먹을 것이 없는 과실이냐, 그렇지 않으면 먹을 수 없는 쓴 과실이냐 하는 것에 따라서 주께서 책임을 물으시는 것입니다. 교회로서의 열매를 그 사자의 사역의 열매로 간주하시는 까닭에 교회가 내놓는 열매를 가지고 교회의 사자에게 문책하시는 것입니다. 그러니까 교회의 일이 자기의 사사로운 일이 아니라고 해도 사사로운 개인의 일보다 더 중요하게 하나님 앞에 책임을 지고 문책을 받는다는 사실을 여기서 보여 주고 있는 것입니다. '내가 문책을 받을 만한 처지에 있으면서 책임을 감당하지 못했다면 사자 노릇은 못한 것이다' 그것이 분명합니다.

그러면 사자로서, 즉 하나님 앞에서 직무를 받은 공인(公人)으로서 그러한 위치를 바르게 가지고 섬겨 나가려면 섬기는 일의 열매가 주님께서 받으실 만한 것이 되어야 합니다. 사자는 그만한 민감성과 그만한 간절한 심정을 가지고 자기가 책임을 지고 있는 교회와 늘 대하고 있어야 한다는 것입니다. 자기가 책임을 지고 있는 교회에 왜 듣기 싫은 소리를 하느냐? 왜 걱정하는 소리를 하느냐? 모두가 듣기 싫으라고 하는 것이 아니고, 그냥 덮어놓고 모양을 내느라고 걱정하는 것이 아니라 주님 앞에 책임을 지고 있는 까닭에 그런 것입니다. '주께서 내게 맡기신 일이다. 내게 맡긴 일을 내가 잘못해 놓고서 내가 뭐라고 혼나야 하느냐? 그러니까 이것은 아무래도 이렇게 해야겠다' 하고 말을 하는 것입니다.

가령 기계적인 일 같으면, 자기가 기계를 잘못 운전했다면 책임을 지고 수원수구(誰怨誰咎)할 것 없이 주님 앞에 책임을 지는 것입니다. 기계를 부리는 이들이 하는 말이 있지 않습니까? '기계는 무엇보다도 정직하다. 하고자 하는 대로 다 듣는다.' 기계는 그런 것입니다. 기계 자체가 고장이 난 것은 고장이 날 만한 이유가 있기 때문입니다. 인과 관계가 대단히 명확하고 직접적입니다. 그러나 교회는 그렇게 안 됩니다. 왜냐하면 그것은 고귀한 하나님의 자녀들이 결속되어 가지고 있는 한 가정인 까닭에 기계를 운전하듯이 운전할 수가 없고 가정을 이끌고 나가듯이 끌고 나가야 합니다. 교회는 '하나님의 집'이니까 하나님의 집을 맡은 집사(執事), 혹은 집을 맡은 일꾼으로서 일을 전부 맡은 사람입니다. 그러니까 하나님 집의 일을 맡았으니까 그 심리의 움직임, 영혼의 기능의 발휘, 또 신앙의 장성의 분량과 정도, 이런 것을 다 면밀하게 감안해 가면서 무엇을 할 수 있으며 무엇을 해야 하는가를 따져 가면서 행하고 나아가야 하는 것입니다.

하나님께서는 교회의 사자에게 그가 할 수 있는 일과 해야 할 일을 요구하신 것입니다. 할 수 없는 것을 요구하시는 것이 아닙니다. 할 수 없는 것을 무리하게 하려고 하면 허풍을 떠는 것이 되고 공연한 이 상주의가 되는 것이고 마땅히 해야 할 일을 게을리 하고 안 하면 자기가 암매하고 우준하게 되어서 교회도 그것 때문에 함께 고생하는 것입니다. 이렇게 마땅히 해야 할 일을 소홀히 하고 게을리 하고 하지 아니할 때에는 당하는 슬픔이 있는 것입니다. 그러면 수원수구할 수 없습니다. 그런 책임이 있는 것입니다.

그러나 할 수 없는 것을 억지로 하려고 하다가 고생하는 것은 자연의 법칙에 의한 징책(懲責)과 징벌입니다. 어떤 교회에 젊은 목사가 들어가서 공연히 충분히 예배를 잘 드릴 수 있는 자기네 예배당이 있는데도 불구하고 자기가 왔다가 간 업적을 하나 내야겠다고 한식 기와집을 뜯어 버리고 첨탑이 있는 예배당으로, 벽돌집 예배당으로 지어야겠다고 부허(浮虛)한 일을 하려고 하였습니다. 힘이 닿지 않는데도 무리한 일을 하려고 하니까 할 길이 없어서 여기저기 호소를 하고 다녔습니다. 무엇 때문에 고요히 앉아서 착실히 예배도 드리고 공부도 할 수 있는 집을 뜯어 놓고서 야단을 합니까? 남하고 무슨 경쟁이 필요합니까? 부근에 다른 예배당이 굉장히 크게 지어져서 그에 비하면 자기네 예배당이 너무 초라하니까 새로 지어야 한다는 것입니다. 거기서는 집으로 뽐내거든 여기서는 교회로 착실히 자라나면 되지 않습니까? 그러나 그런 생각을 못합니다. 소위 목회자의 생각이 그 모양입니다.

목회 말고 다른 사업을 하든지 기업을 하든지 장사를 하든지 그럴 경우에는 거기에 필요한 요구를 하는 것이니까 거기에 부응하는 것이지만, 목회자로 나왔으면 목회자다운 생각을 해야 할 것 아닙니까? 그러니까 자기 분수 이상을 생각한 것입니다. 실업인으로서 기능이 없는 사람이 실업인으로서의 생각을 한 것입니다. 실업가는 자기가 주도권을 쥐려면 크게 사업을 늘리고 다른 것과 경쟁해서 압도해야 합니다. 그러나 목회자가 실업가의 생각을 하면 됩니까? 교회에 그런 부적당한 사람들이 앉아서 일을 하면 주께서 책망하실 수밖에 없습니다. 항상 무엇을 해야 할 것인가를 바르게 생각하고 나아가는 것이 사자의 중요한 임무입니다. 그런 의미에서 하나님의 사자로서 늘 책임을 지고 문책을 당하는 것입니다. 잘잘못을 따지고 책임을 물으십니다. 그러니까 위험도 많지만 그만큼 보상도 많은 것입니다.

개인주의와 교회주의

  교회 전체는 한 덩어리지만 분자를 나눠 놓고 보면 하나하나가 하나님의 자녀입니다. 목회자가 책임을 지고 있는 교회의 하나님의 자녀들이 건실하고 은혜 있게 자라나고 능력을 나타내고 자꾸 변화해서 개인 생활 가운데에서 열매를 잘 맺는다면, 그만큼 교회적으로 열매를 맺을 수 있는 가능성이 있는 것이니까 참 좋은 일입니다. 그러나 그것은 어디까지든지 개인적인 문제이고 그 교회로서 요구하시는 열매를 맺어야 한다는 것이 중요합니다. 교회 자체가 교회아(敎會我)로서의 각성하에서 열매를 맺고 활동을 하고 자기 시간과 정력과 자기 생활의 중심을, 그 마음의 흥미와 주의를 거기에 집중하고 사는 태도를 딱 취하고 나아가는 것을 본다면 그것만큼 기쁜 일이 없을 것입니다. 만일 예배당은 한갓 위안소(慰安所)에 불과하고, 거기 가서 위로를 받고 그다음에는 힘을 얻어 가지고 바깥에 나가서 자기의 생활 경영을 하는 데에 좀 더 용기 있게 나아가야겠다는 식의 생각이라면 참 큰 문제입니다. 교회를 제일 중요한 일로 생각하고 마음을 기울여서 하나님께서 교회에 요구하시는 열매를 각각 자기 분수에 적응하는 대로, 자기에게 맡기신 부분에서 맺으려고 하는 태도를 갖지 못하고 있다면 그것은 교회아로서의 각성이 없는 퍽 부적당한 생활 태도인 것입니다.

특별히 현대의 자유 민주주의 국가에서 많이 발전해 온 사상이 개인주의(individualism)입니다. 개인주의라는 철학 체계는 모든 것을 개인의 완성에 집중하고 개인이 결국 최후의 제일 중요한 문제가 된다는 생각입니다. 개인주의라는 것은 '개인이 전부다' 하고 주장하는 주의나 보통 상식적으로 생각하는 그런 말이 아니라 철학상의 한 용어입니다. 그런데 '개인이 결국 가장 중요한 문제다' 하는 사상은 교회에서는 옳지 않습니다. 만일 주의(主義)라는 말을 꼭 붙이자면 교회는 '교회주의'입니다. 거룩하신 하나님의 영광의 경륜이 이 시대에 땅 위에서 나타나는 것을 항상 자기 생활의 제일 중심으로 삼고 나아간다는 것입니다. 그러니까 궁극적으로 하나님주의이고 신중심주의(神中心主義)입니다. 여기서 말하는 개인은 언제든지 인간 어떤 개인이 아니고 '자기'입니다. 그러니까 인간으로서의 나 자신의 완성이 최후에 가장 중요한 문제라고 하는 생각은 옳지 않습니다. 따라서 이런 부분을 읽으실 때에는 사자로서 항상 중요하게 생각할 문제 또는 이 사자가 여기에서 받는 특별한 문책을 생각해 보시기 바랍니다.

누가 교회의 사자인가

그러면 여기서 말하는 '사자'는 그 교회의 목사라든지 교사만이 전부냐 하면 그렇지는 않습니다. 물론 교회의 사자라고 하면 제일 큰 책임을 맡은 사람을 얼른 생각하게 됩니다. 부탁을 받은 이가 천사가 아니라면 사람입니다. 하나님께서 그에게 교회를 부탁하셨다고 했는데, 교회가 가지고 있는 기능과 해야 할 것들은 여러 가지가 있습니다. 교회가 교회로서 절대로 필요하고 마땅히 해야 할 것은 첫째로, 하나님의 말씀을 바르게 가르치고 배우고 바르게 전달하고 받아서 그 말씀을 실증하는 일입니다. 사자가 맡아서 하는 부분은 말씀을 받아서 전달하는 부분이고 교인 여러분들이 각각 하는 부분은 말씀을 실증하는 부분입니다. 이것이 중요한 일입니다.

말씀을 받아서 전달만 하면 되는 것은 아닙니다. 전달한 그 말씀이 교회 안에서 하나님의 말씀으로서 나타낼 수 있는 모든 기능을 나타내도록 성신님께서 그 말씀과 함께 역사하셔서 그 역사의 결과가 교회에게서 나타나야 합니다. 그런 점에서 말씀을 다루는 일은 어떤 한 개인의 문제가 아닙니다. 그런 의미에서 하나님의 말씀을 맡은 사람은 목사 한 사람만이 아닙니다. 교회에서 설교하는 사람만이 아니라 이 교회를 자기 교회로 알고, 자기가 그 교회에 속한 사람으로서 섬겨야 할 곳인 줄을 확인한 사람은 다 같이 말씀에 대한 책임을 분담하고 있는 것입니다. 목사 혹은 교사는 그 말씀을 해석하고 전달하는 데에 책임이 있지만 그 말씀을 들은 모든 분들은 말씀을 전달한 교사와 같은 평면에서 말씀을 실증할 책임을 지고 있습니다.

그런 점에서 무엇보다도 교회의 사자라는 의미에서 중요한 부분인 말씀에 대한 사자는 목사 한 사람이 아니고 교회 전체인 것입니다. 그리고 교회 전체를 합해서 한 개체로서만 그 책임을 묻는 것이 아니고 하나하나에게 묻는 것입니다. 하나하나에게 그 말씀의 실증이 현저하게 나타나야 하는 것입니다. 그런 의미에서 하나님의 말씀이 거기에서 잘 다루어진다(dealing)는 것이 교회의 가장 중요한 기능이라고 한다면 그것을 누가 하느냐 하면 보통 그 말씀을 맡은 교사, 즉 목사와 그 말씀을 듣는 모든 사람이 일체로 그 책임을 지고 있는 것입니다.

교회의 예언자적 사명

그런 의미에서 교회가 예언자로서의 임무를 담당하는 일은 목사 한 사람만이 아니라 예언자로서 임무를 맡은 목사와 그 교회의 회원 하나하나가 전부 합해서 한 덩어리로 예언자로서의 시대적인 사명, 즉 역사적인 사명을 해 나가는 것입니다. 예언자의 말이 땅에 떨어지지 않기 위해서는 그 말이 성취되어야 합니다. 예언자의 말이 성취되어 나간다고 할 때에는 그 교회 강단에서 무슨 말이 선포되었느냐 하는 것이 먼저입니다. 강단에서 한 말은 개인의 말이 아니고 거기에 교회의 회원들이 있는 까닭에 그 말이 나온 것입니다. 회원들이 거기서 그 말이 나오도록 한 것입니다. 이것은 사람들의 상태에 따라서 하나님의 어떤 말씀이 나오는 것과 마찬가지입니다. 우리들의 상태 여하에 따라서 하나님께서 말씀을 하시는 것입니다. 그와 같이 강단에서도 회원들의 상태 여하에 따라 말씀이 나오는 것이고 그 말씀을 교회의 회원, 지체 하나하나가 입증하는 데에서 그것이 하나님의 말씀이라는 권위를 실증하는 것입니다. 이렇게 하나님의 말씀의 권위를 실증함으로써 교회는 예언자적인 직분을 해 나가는 것입니다.

교회가 예언자라 할 때에는 어떤 한 사람이 선지자로 섰다는 데 의미가 있는 것이 아니라 먼저는 그 말씀을 하나님께로부터 받아서 바르게 전달하는 것이 중요합니다. 그릇되게 전달한다면 바르게 실증할 재주가 없지 않습니까? 그러니까 말씀을 바르게 전달하고 심오하게 전달하는 것이 가장 중요한 일입니다. 하지만 그것만 가지고는 말씀의 권위가 서지 않습니다. 실제적인 능력이 나타나서 말씀이 실증됨으로써 비로소 권위가 서는 것입니다. 말씀과 더불어 역사(役事)하시는 성신의 사역이 능력으로 그 구체적인 성과를 내야 하는 것입니다. 구체적인 성과를 능력으로 내는 자리는 어디냐 하면 그것은 우선 말씀을 전한 사람의 속에서 일어나는 것이 중요합니다. 말씀을 전하는 사람의 속에서 성신님이 그와 같이 역사하시지 않는다면 말씀을 바르게 권위 있게는 못 전하는 것입니다. 그렇게 바르게 권위 있게 전달된 말씀이 이번에는 바르게 권위 있게 사역을 받은 교인 개개인에게서 실증되어야 합니다.

그런데 아무리 권위 있게 성신의 크신 능력으로 전달했다고 하더라도 개개인 속에서 반드시 다 권위 있게 작용하지는 않습니다. 객관적인 조건만 구비해 가지고는 안 된다는 것입니다. '객관적인 조건만 구비된다면, 즉 말씀이 성신의 위대하고 충만한 능력으로 나타나면 모든 난관이 다 녹아서 없어진다' 하는 말은 빈말입니다. 예를 들어 과거에 위대한 선지자들의 경우에 성신이 충만하지 않아서 사람들이 그 말을 반대하고 안 듣고 거역했던 것이 아닙니다. 하물며 우리 주님이 하신 말씀은 더 말할 나위 없이 하나님 말씀 그대로이고 하나님의 권위 그대로 말씀하셨지만 주님의 말씀도 반대하고 나갔던 것입니다.

결국 말씀을 순종하고 말씀의 깊은 뜻을 항상 목적의식을 가지고 깊이 이해하려고 하고 그 말씀대로 살기를 바라서 성신께 모든 것을 맡기고 감연(敢然)히 그 길을 걷고 있는 사람들의 생활 속에서만 말씀이 하나님의 말씀이라는 그 권위를 능력으로 실증하는 것입니다. 성신님께서 그것을 실증해 주시는 것입니다. 이렇게 해서 그 교회에 말씀을 전달하는 교사와 더불어 그 교회 전체가 그 말씀을 책임지는 것이고 따라서 교회 전체가 선지자의 영광도 같이 받는 것입니다. 이것이 옛날부터 지금까지 중요한 사실로 서 있습니다.

　어거스틴 선생이 성경을 훌륭하게 강해하고 그 깊은 신학의 도리를 이야기할 때에는 그가 목회하던 히포(Hippo)의 교회와 상관없이 혼자서 글만 쓴 것이 아닙니다. 히포의 교회와도 상관이 있고 어거스틴을 선생으로 우러러보는 전(全) 라틴 사회의 여러 교회들에게 관계되는 말을 한 것입니다. 그 당시에 어떤 문제가 일어나면 그 문제를 들고서 그것을 반박하고 가르치고 틀렸으면 틀렸다고 말했습니다. 펠라기우스든지 도나투스 문제 같은 것을 들고 이야기할 때에도 제일차로 자기가 목회하고 있는 히포 교회를 상대로 해서 이야기한 것입니다. 그리고 그 교회를 중심으로 삼아서 우러러보고 따라오는 라틴계의 많은 교회가 있었으니까 그 교회들을 향해서 하신 것입니다. 히포는 유럽 한가운데가 아니라 아프리카 땅에 있었지만 그 땅에서 전 세계의 교회에 빛 노릇을 하면서 가르치고 있었습니다. 그것이 훌륭한 일입니다. 히포 교회에서 죽 그냥 가르치고 계셨습니다. 그와 같이 히포 교회는 어거스틴 선생의 교육을 받으면서 동시에 어거스틴의 고귀한 신학적인 생각들을 발생하게 만든 자리입니다.

　우리가 자주 예로 드는 칼빈 선생이나 루터 선생도 마찬가지입니다. 칼빈 선생의 많은 가르침을 보면 혼자 연구해 가지고 원고로 쓴 것이 아니라 반드시 그 대상을 놓고서 가르친 것을 그대로 내놓은 것들입니다. 그래서 그것이 그렇게 훌륭합니다. 가르친 말을 그대로 그냥 토씨 하나도 틀림없이 그대로 냈다는 것이 아니라 그것을 추려서 정리했습니다. 지금 우리도 우리 교회에서 나온 여러 강설들을 추려서 정리하는 일을 하고 있습니다. 추려서 정리를 하는데 기도가 참 좋으니까 기도까지 다 붙여 가지고 정리를 해 놓고 있습니다. 칼빈 선생의 주석을 가장 원형대로 잘 펴낸 전집을 보면 한 강설이 끝나면 그 끝에 기도가 붙어 있습니다. 그러니까 성경 각 장, 즉 계시록 2장이면 2장을 다 강설하고 기도를 한 것이 아니라 '오늘은 이만 하자' 하는 말까지 붙여 놓고, 즉 어떤 일정한 시간 안에서 할 수 있는 말까지만 딱 하고서 거기다가 기도를 넣고, 그다음에는 그다음 절부터 또 계속하고서 또 기도를 넣고 그렇게 기도까지 다 집어넣었습니다. 이런 것이 교회와 더불어서 선지자로서의 임무를 한 예입니다. 그러니까 교회가 가지고 있는 가장 중요한 그 말씀을 다룬다 하는 점에 있어서 말씀을 전하고 있는 사람만이 사자는 아닌 것입니다.

교인 각자가 맡은 사자의 임무

이 구절들을 해석할 때 '천사가 아니고 그 교회의 목회자다' 이런 식으로만 생각하는 경향이 있습니다. 그러나 사자라고 할 때에는, '그 교회 전체를 대표하는 어떤 천사, 혹은 보이지 않는 그것을 상징적으로 의미한 것이 아니냐' 하는 해석도 있습니다. 그러나 문제는 이 편지 자체가 상징적인 내용보다는 주로 현실을 죽 이야기해 나간 것입니다. 여기 보면 별로 상징을 많이 안 쓰고 있습니다. '자칭 사도라 하되 아닌 자' 이것이 무슨 상징이 아닙니다. 그런 사람이 있었다는 것입니다. 그렇다면 '사자'라는 것도 어떤 특별한 상징이 아닙니다. 요컨대 교회 전체에 누가 하나님의 분부를 받아서 일을 맡았느냐 하는 것인데, 교회의 일을 맡은 사람은 한 사람만이 아닌 것입니다.

여러분, 한 사람만 교회 일을 맡고 다른 사람은 아무 일을 안 맡는 그런 교회가 세상에 어디 있습니까? 엄격하게 자꾸 따져 보면 교회의 일은 모두가 다 맡아 가지고 있는 것입니다. 맡은 부분이 서로 다를 뿐입니다. 그중 특별히 가장 중요한 부분은 말씀을 다루는 부분이고, 말씀을 다루는 데에 근원이 되는 것은 말씀을 받는 문제입니다. 하나님께로부터 말씀을 받아서 그 뜻을 풀어서 말하는 것이 참 중요한 부분입니다. 그래서 사자라고 하면 말씀을 받아 가지고 전달하는 사람을 대표적으로 생각하기 쉽지만 교인 전부가 각각 다 맡은 부분이 있습니다. 그러니까 자기가 맡은 부분을 다 해야 합니다. 그런 의미에서 모두가 다 그 부분에 있어서 사자인 것입니다.

여기 보면 말씀에 대한 문제뿐 아니라 가령 교회의 덕(德)에 대한 문제도 있지 않습니까? '처음 사랑을 버렸다'고 할 때는 교회가 처음 사랑을 버렸다는 이야기입니다. 그러면 거기에 대한 사자는 누구입니까? 처음 사랑을 늘 견지해야 할 에베소 교회의 사자는 누구냐 하면, 하나하나를 따져서 그중에 하나라도 궐(闕)이 나면 안 되고 다 같이 그렇게 해야 한다는 것입니다. 원래 사랑이라는 것은 하나님께 대한 사랑이 첫째입니다. 그렇지만 "보는 바 그 형제를 사랑치 아니하는 자가 보지 못하는 바 하나님을 사랑할 수가 없느니라"(요일 4:20) 하셨습니다. '보이는 형제'는 누구냐 하면, 천하를 돌아다니면서 형제를 찾아야 하는 것이 아니라 당장에 목전에 있는 그 교회의 식구가 형제입니다.

그러나 예배당에 모인 사람이 다 교회 식구냐 하면 그것은 아닙니다. 자기가 이 교회의 한 분자로 확신을 가지고 정성을 다해서 교회의 사명을 자기의 사명으로 알고 나아갈 때 비로소 식구가 되는 것이지 '나는 이 교회에 교적(教籍)을 가지고 있다' 하는 정도로 식구가 되는 것은 아닙니다. 그것은 교정(教政)상으로 이 교회의 교인이라는 증명이나 받을 수 있는 정도이지 이 교회를 참으로 받들고 나아가는 식구라는 증거가 되는 것은 아닙니다. 집에 자식이 여럿 있지만 그 가운데 누가 참된 자식이냐 하면 그 집의 가사(家事)에 대해 각성을 하고 작든지 크든지 자기 부분을 맡아서 충실히 이행하려고 하고 무슨 일이든지 집안일이 있으면 같이 협력해서 하려고 하는 자식이 참된 자식입니다. 자식이라도 손님처럼 구경이나 하고 앉아 있다면 그 집안 식구라고 할 것이 없습니다. 그런 의미로 항상 하나님 나라의 거룩한 일은 본인이 그 일에 대해서 확실히 자기의 일로 알고 자기의 부분을 충실히 하려고 하면 하나님께서 자기에게 은사 주시는 그 안에서 해야 합니다. 그리고 자기가 거룩한 교회의 지체라는 확신을 가지고, 남에게 요구하는 것이 아니라 자기가 자꾸 주는 사람이 교회의 식구입니다. 그러니까 그 식구 하나하나가 각각 사자로서의 임무가 있는 것입니다.

그런 의미에서 '사자'라는 대표 용어를 썼지만 모든 사람이 각각 사자의 임무를 맡아 가지고 있는 것입니다. 한 사람이 그 임무를 다 맡는 일은 없습니다. 다만 형식 교회를 조직할 때에는 책임의 소재라든지 일을 하기에 편리하게 하기 위해서, 의견이 여럿일지라도 종합하기 위해서 최후에는 결정을 하는 규칙 절차가 하나 있습니다. 그러나 절차상 최후의 결정을 한다고 해서 그 사람이 혼자서 사자가 되는 것은 아닙니다. 모두 다 같이 그 책임을 가지고 있는 것입니다. 이런 점에 있어서 사자라는 말을 항상 잘 생각하시기 바랍니다.

우리는 다 같이 여기 이 사자에 대한 책망과 칭찬을 귀를 기울여서 듣고서 '나의 교회, 즉 내가 속해 있는 위치에 해당하는 것인가' 하는 것을 생각해 보아야 할 것입니다. "만일 한 지체가 고통을 받으면 모든 지체도 함께 고통을 받고 한 지체가 영광을 얻으면 모든 지체도 함께 즐거워하나니"(고전 12:26) 하는 말씀처럼 모든 것을 함께 얻는 것입니다. 이것이 교회의 이론입니다. 한 지체가 고난을 받으면 모든 지체가 함께 고난을 받는 것입니다. 또한 주님 앞에 한 지체가 책망을 받았다면 모두가 같이 책망을 받는 것이지 '나는 아니다' 하는 개인주의는 없다는 것입니다. 이것이 에베소 교회의 사자에 대한 이야기입니다.

서머나 교회에 임할 환난과 궁핍

그다음은 서머나 교회입니다. 서머나 교회는 무슨 특별한 책망은 없지만 장차 고난을 앞두고 있는 교회입니다. 이 고난은 정치적인 큰 박해입니다. 사도 요한이 계시록을 쓸 때가 도미시안 황제(Domitianus, 81-96 A.D. 재위) 때라고 생각하는데 이 사람은 처음에는 좀 유순하게 잘해 보는 체하다가 나중에는 본색이 드러나고 아주 광적으로 박해를 하였습니다. 주후 96년에 이 사람이 암살을 당하자 일설(一說)에는 사도 요한도 정배(定配) 갔던 밧모 섬에서 놓여났다고 합니다. 그것은 어떻게 되었든지 간에 꼭 그때의 역사적인 사실만이 문제가 아니라 그 후에라도 교회에는 박해가 있어서 교회는 음으로 양으로 박해를 받게 됩니다. 그중에 육체적이고 정치적인 박해가 하나의 큰 형식입니다. 오늘날 공산 세계에서 신자들을 잡아다가 옥에 가두고 죽이는 일이나 일본 시대에 군국주의자들이 지독하게 박해를 했던 것이 하나의 큰 핍박입니다.

그러한 국가 제도라든지 국가의 정책상 일어나는 박해도 말하고 있지만 여기에 보면 환난과 궁핍, 자칭 유대인이라 하는 자들의 훼방, 또 '마귀가 장차 너희 가운데 몇 사람을 옥에 던져 시험을 받게 할 줄을 안다' 해서 옥에 던져서 시험을 받게 하는 것이 나와 있습니다. 교회 가운데에서 몇 사람을 옥에 넣어서 시험을 받게 하는 경우도 있는 것입니다. 더군다나 과거 시대에는 특별히 정치 형태에 따라서 그런 일이 많이 발생했습니다. 그러나 그것은 환난의 한 부분에 불과한 것입니다. 그런 일이 있으면 교회는 예루살렘 교회가 베드로가 옥에 갇혔을 때에 문을 닫고 간절히 기도했던 것처럼 그를 위해서 간절히 기도해야 할 것입니다(참조. 행 12:5).

그러나 그런 문제보다는 '환난과 궁핍'이 있다는 이야기입니다. 여기에 '자칭 유대인이라 하는 자들의 회'가 나오는데 이 '유대인'이 유대주의자인지 유대인으로서 그때 그리스도교인이 된 사람인지에 대해서는 설이 구구합니다. 하지만 하나님께서 택하신 백성으로서 하나님께서 약속하신 거룩한 언약과 축복을 계승한 사람들이라는 점에서는 마찬가지입니다. 그것이 선민 이스라엘인으로서의 자긍(自矜)하는 말이었든지 그렇지 않으면 유대인으로서 그리스도인이 된 사람들이 '우리야말로 그 사람이다' 하는 말이었든지 간에 자칭 유대인이라 할 때에는 그런 의미가 첫째로 나타나는 것입니다.

그런데 그것이 사실은 유대인이 아니고 사탄의 회당이라는 것입니다. 유대인들이 예배하려고 모이는 곳을 회당(synagogue)이라고 했고 나중에는 유대인의 예배 집단을 가리켜서 그렇게 불렀습니다. 이것이 말하자면 구약 시대의 교회 형태입니다. 그러니까 '사탄의 교회'라는 의미가 있습니다. 자기네는 여호와의 선택함을 받고 특별한 언약 가운데 구원받은 백성이라고 하지만 실상은 사탄의 종교 집단이라는 것입니다. 그러니까 여기에 사탄의 종교 집단이 있다는 말입니다. 그들은 교회 안에서 참으로 거룩한 그리스도인들에 대해서 자기들이야말로 종주권을 가진 자요 정통주의자라고 하면서 훼방을 한다는 것입니다. 몹시 헐어서 비방을 했습니다. 이것도 항상 받는 곤란입니다.

그리고 궁핍하다는 이야기도 있습니다. 경제적으로 물질적으로 궁핍하다는 이야기입니다. 환난 시대에 있었던 교회인 까닭에 환난이 심한 환경에서 불우한 대접을 받는 사회 계층에 속한 사람들이 모이면 자연히 궁핍합니다. 그래서 괴롭게 지내지만 실상은 부요한 자라고 말씀하셨습니다. 여기서 교회의 참된 부요가 무엇인지를 가르치고 있는 것입니다. 물질로 부요한 교회가 부요한 것이 아니고 교회 자체가 가져야 할 가장 기본적인 훌륭한 정신적인 재산과 역사적으로 흘러오는 훌륭한 유산들을 풍성하게 가지고 있는 것이 부요입니다. 서머나 교회는 그러한 교회라고 하셨습니다.

그리고 이런저런 여러 가지 형태의 환난을 상상할 수 있도록 써 놓았습니다. 첫째, 그 사회의 일반 상태에서 이질적인 존재라는 점에서 환난이 있고 둘째, 특별히 여기 '사탄의 회'라는 말로 보아서 자기네가 가지고 있는 종교적인 형태나 성격에서 이질적이라고 보았을 때에 환난, 말하자면 박해를 받게 되는 것입니다. 여기에는 이러한 양면이 다 있습니다. 사회적인 것과 종교적인 것, 그리고 정치적인 것을 상상하게 하는 말을 여기에 썼습니다. 그러니까 꼭 정치적 박해만 박해가 아니라 사회적으로 이질적이라고 할 때에도 박해를 받는 것입니다. 사회적이라고 할 때에는 일반 실업인 사회를 의미하는 것이 아니고, 특별히 자기네가 소속한 특수한 사회, 가령 기독교면 기독교라는 종교 사회에서 남들이 다 하는 대로 하지 않고 특이하게 나간다고 해서 항상 비난받고 비방받을 수도 있는 것입니다. 그런 것도 또 한 가지의 환난입니다. 다른 사람들은 그 시세(時勢)의 여러 가지 이익을 보려고 자기네가 추구하려고 하는 기업적인 모든 이익을 자꾸 추구해 나갈 때에 그런 것을 하지 않으면 '가난하다'고 하겠지만 실상 그것은 가난이 아니고 그거야말로 부요한 것이라고 말씀하신 것입니다. 왜냐하면 마땅히 가져야 할 것을 가졌기 때문입니다.

우리 성약교회로 보면 지금까지 우리가 예배 처소를 그냥 이렇게 구처(區處)해 가지고 있습니다. 교회가 선 지 여러 해가 됐으면 다른 교회 같으면 벌써 예배당 하나 번듯하게 짓고 그 속에 들어갔을 것인데 지금까지 그것을 하지 못하고 있으니까 어떻게 생각하면 태만인 것 같이 생각하기 쉽습니다. 하지만 그것은 무리한 일을 않겠다는 것과 중요한 것은 참된 교회지 겉치레가 아니라는 것 때문에 그렇게 하지 않았습니다. 그러니까 옷이 자꾸 낡아지는 것같이 낡아집니다. 옷이 낡아지지만 '중요한 것은 몸이 건강하고 사람이 잘되는 것이지 옷을 자꾸 새것으로 갈아입는 것이 아니다' 하는 생각이었습니다. 그러니까 자기 옷도 아니지만, 그러나 '내가 입었으면 내 옷 아니냐' 하고서 지금까지 빌려 입은 옷을 입고 돌아다닌 것입니다. 그러나 그렇게만 하고 살아도 좋다는 것은 아닙니다. 하나님께서 '네 옷을 깨끗이 하나 지어 입어라' 하시면 지어 입는 것입니다. 그러나 문제는 '옷을 깨끗이 지어 입으라고 하실 만큼 옷 이상의 자격을 가지고 있느냐' 하는 것입니다. 그러한 자격을 가지고 있다면 그것같이 부요한 것이 어디 있겠습니까? 그것은 누구도 빼앗을 수 없는 부요입니다.

요컨대 이 서머나 교회가 그러한 본질적이고 실질적인 재산을 늘 축적했던 교회이니까 주께서 책망을 하시지 않고 '이 세상이 너희에게 호감을 안 갖고, 너희들이 속해 있는 기독교 사회가 너희들에 대해서 좋은 소리를 안 할지라도 걱정하지 마라. 나에게 끝까지 충성해라. 죽도록 충성해라' 하고 말씀하신 것입니다. 충성의 목표, 충성의 한계가 어디냐 하면 죽을 때까지 하라는 것입니다. 얼마만큼 하다가 그다음에는 마음대로 하고 세속적으로 변해도 괜찮다고 하신 것이 아닙니다. 이런 것이 서머나 교회에 있는 중요한 것들입니다.

그다음은 버가모 교회입니다. 여기에는 두 가지 주의할 것이 나옵니다. 첫째로 교회는 사탄의 위(位)가 있는 곳에서도 존재할 수 있다는 것입니다. 그래도 아직 교회인 점은 폐(廢)하지 않았습니다. '교회가 아니다' 이렇게 말씀하시지 않았지만 대단히 위험한 위치에 있는 것입니다. 둘째로 교회가 니골라당 같은 것을 품을 수 있다는 것입니다. 니골라당이 무엇인가에 대해서는 여러 가지 설이 있지만 문제는 발람적인 생각을 가진 자들을 포함하고 있다는 것입니다. 비교회적인 요소들이 여러 면으로 교회 안에 들어오는데 특별히 발람적인 성격을 가진 자들이 거기에 들어와 있었습니다. 그리고 교회는 사탄의 위가 있는 곳에 처해 있습니다. 이러한 무서운 사실도 발생하는 것입니다. 그러나 신실한 교회는 어떤 위치에 있어도 신실하다는 것입니다. 그것을 '나의 충성된 증인 안디바가 너희 가운데, 곧 사탄이 거하는 곳에서 죽임을 당할 때에도 나를 믿는 믿음을 저버리지 아니했다' 하신 것입니다. 이 문제에 대해서는 다음 시간에 조금 더 이야기하겠습니다.

기도

거룩하신 아버지여, 세상에 거룩한 교회를 두시고 거룩한 역사를 짓도록 하셨사옵는데 그 교회가 처할 수 있는 환경과 교회에 임하는 여러 사실들은 여러 모양이어서 그중에 대표적이고 또 늘 주의해야 할 것들을 여기 계시록 2장에 몇 개의 교회의 실례를 들어 오늘날 저희들에게 가르쳐 주셔서 교회가 역사 위에 진행해 나갈 때에는 여러 가지의 역사 성격을 직면해서 그것을 넘어서고 그것을 지나야 한다는 사실을 저희들로 하여금 다시 한번 생각하게 하시옵나이다. 오늘날 저희 교회도 이러한 역사적인 현실 앞에서 무엇을 알아야 하고 어떠한 태도를 늘 취하고 나아가야 할 것인가에 대해서 이런 여러 가지 도리로 명심하게 하시려고 저희에게 이것을 가르쳐 주시오니 저희가 비교적 쉽게 읽어 나갈지라도 그 속에서 중요한 것들을 가르쳐 주시고 마음 가운데 인상을 주셔서 차츰차츰 깨달아 나갈 수 있게 은혜로 인도하여 주시옵소서.

예수님 이름으로 기도하옵나이다. 아멘.

1971년 11월 3일 수요 기도회

제3강

아시아 일곱 교회에 보내는 편지 (2)

버가모 교회와
두아디라 교회

요한계시록 2:12-29

Expositions on
Revelation

요한계시록 2:12-29

¹²버가모 교회의 사자에게 편지하기를 좌우에 날선 검을 가진 이가 가라사대 ¹³네가 어디 사는 것을 내가 아노니 거기는 사탄의 위가 있는 데라 네가 내 이름을 굳게 잡아서 내 충성된 증인 안디바가 너희 가운데 곧 사탄의 거하는 곳에서 죽임을 당할 때에도 나를 믿는 믿음을 저버리지 아니하였도다 ¹⁴그러나 네게 두어 가지 책망할 것이 있나니 거기 네게 발람의 교훈을 지키는 자들이 있도다 발람이 발락을 가르쳐 이스라엘 앞에 올무를 놓아 우상의 제물을 먹게 하였고 또 행음(行淫)하게 하였느니라 ¹⁵이와 같이 네게도 니골라당의 교훈을 지키는 자들이 있도다 ¹⁶그러므로 회개하라 그리하지 아니하면 내가 네게 속히 임하여 내 입의 검으로 그들과 싸우리라 ¹⁷귀 있는 자는 성신이 교회들에게 하시는 말씀을 들을지어다 이기는 그에게는 내가 감추었던 만나를 주고 또 흰 돌을 줄 터인데 그 돌 위에 새 이름을 기록한 것이 있나니 받는 자밖에는 그 이름을 알 사람이 없느니라 ¹⁸두아디라 교회의 사자에게 편지하기를 그 눈이 불꽃 같고 그 발이 빛난 주석과 같은 하나님의 아들이 가라사대 ¹⁹내가 네 사업과 사랑과 믿음과 섬김과 인내를 아노니 네 나중 행위가 처음 것보다 많도다 ²⁰그러나 네게 책망할 일이 있노라 자칭 선지자라 하는 여자 이세벨을 네가 용납함이니 그가 내 종들을 가르쳐 꾀어 행음하게 하고 우상의 제물을 먹게 하는도다 ²¹또 내가 그에게 회개할 기회를 주었으되 그 음행을 회개하고자 아니하는도다 ²²볼지어다 내가 그를 침상에 던질 터이요 또 그로 더불어 간음하는 자들도 만일 그의 행위를 회개치 아니하면 큰 환난 가운데 던지고 ²³또 내가 사망으로 그의 자녀를 죽이리니 모든 교회가 나는 사람의 뜻과 마음을 살피는 자인 줄 알지라 내가 너희 각 사람의 행위대로 갚아 주리라 ²⁴두아디라에 남아 있어 이 교훈을 받지 아니하고 소위 사탄의 깊은 것을 알지 못하는 너희에게 말하노니 다른 짐으로 너희에게 지울 것이 없노라 ²⁵다만 너희에게 있는 것을 내가 올 때까지 굳게 잡으라 ²⁶이기는 자와 끝까지 내 일을 지키는 그에게 만국을 다스리는 권세를 주리니 ²⁷그가 철장(鐵杖)을 가지고 저희를 다스려 질그릇 깨뜨리는 것과 같이 하리라 나도 내 아버지께 받은 것이 그러하니라 ²⁸내가 또 그에게 새벽 별을 주리라 ²⁹귀 있는 자는 성신이 교회들에게 하시는 말씀을 들을지어다

제3강
아시아 일곱 교회에 보내는 편지 (2)

버가모 교회와 두아디라 교회

계시록 2장에 나오는 네 교회

오늘 저녁에 버가모, 두아디라 이 두 교회에 관한 것을 읽었습니다. 계시록 2장, 3장에 일곱 교회가 나옵니다. 2장에는 에베소, 서머나, 버가모, 두아디라 교회가 나오고 3장에 사데, 빌라델비아, 라오디게아 교회가 나옵니다. 이것이 다 아시아 도에 있는 교회들로서 상거(相距)가 그리 멀지 않아서 오늘날 자동차로 가면 한 시간이나 한 시간 반이면 가고 올 수 있는 곳에 있습니다. 에베소는 에게 바다에 있는 항구이고 거기서 60km 정도 북쪽으로 올라가면 역시 바닷가에 서머나가 있고, 그 둘이 아래가 되어서 부챗살 모양으로 퍼져서 차례로 다른 도시들이 위치해 있습니다.

2장에 나타나 있는 네 교회의 특색을 살펴보면, 에베소 교회는 지적(知的)으로 높은 수준에 있고 수고가 많으며 또한 끝까지 잘 지키고 교리상 밝지만 처음 사랑을 버렸다는 데에서 책망을 받았고 서머나 교회는 핍박을 받는 교회로서 '끝까지 충성하라. 죽도록 충성하라' 하는 말씀을 들었습니다. 셋째는 버가모 교회인데 '네가 어디에 있는 줄 안다. 그것은 사탄의 위(位)가 있는 데다' 하시고 좌우에 날선 검을 가지신 이가 회개치 아니한 자에게는 검을 가지고 가서 싸우실 것이라고 말씀하셨습니다. 넷째로 두아디라 교회에 대해서는 특별히 '사업과 사랑과 믿음과 섬김과 인내 그런 행위에 대해서 나중 것이 처음 것보다 많다. 그렇지만 네게 책망할 일이 있다. 자칭 선지자라고 하는 여자 이세벨을 네가 용납하였다' 하고 말씀하셨습니다. 이세벨의 종교적인 지도를 받아서 그러한 좀 더 구체적인 종교 행동과 생활 가운데 들어가 있다는 것입니다. 그렇지만 그 가운데서도 주님 앞에서 잘 반성하고 자기를 순결히 지키는 자가 있다는 것을 말했습니다. 이세벨의 교훈대로 행하는 자에게 대해서는 "만일 그의 행위를 회개치 아니하면 큰 환난 가운데 던지고 또 내가 사망으로 그의 자녀를 죽이리니 모든 교회가 나는 사람의 뜻과 마음을 살피는 자인 줄 알지라. 내가 너희 각 사람의 행위대로 갚아 주리라"(계 2:22-23) 하셨습니다. 그런데 두아디라 교회에는 이 교훈을 받지 아니하는 사람들이 남아 있었습니다. 그들에게는 "두아디라에 남아 있어 이 교훈을 받지 아니하고 소위 사탄의 깊은 것을 알지 못하는 너희에게 말하노니 다른 짐으로 너희에게 지울 것이 없노라"(24절) 하고 말씀하셨습니다. 그리고 두아디라 교회에는 보상으로 '철장으로 만국을 다스리는 나와 같이 너희들도 만국을 다스릴 것이다' 하셨고, 버가모 교회는 보상으로 '만나와 흰 돌'을 주겠다고 하셨습니다.

두아디라 교회와 버가모 교회의 문제점

두아디라 교회의 이세벨적인 종교가 '행음'(行淫)이라는 말로 표시되어 있습니다. 행음이라는 말은 마땅히 지켜야 할 정절을 훼절(毁節)했다는 이야기입니다. 그렇다면 우리가 그리스도와 관계를 맺었을 때에는 확실히 그리스도에 대하여 처음부터 끝까지 일이관지(一以貫之)하는 순결성, 신실성, 정절을 반드시 지켜야 한다는 것을 여기서 간취(看取)해 낼 수 있습니다. 요컨대 우리의 신앙은 항상 그리스도에 대해서 정절 있는 신앙이라야만 한다는 것입니다. 그리고 이렇게 정절을 지키는 사람만이 주께서 만국(萬國)을 다스리듯이 만국을 같이 다스릴 것이라고 해서 아주 영광스럽고 화려한 보상을 말씀해 주셨습니다. 마치 왕비가 왕과 더불어 그 나라의 원수(元首)의 영광과 권위를 누리고 지내듯이 그리스도의 참교회가 이렇게 순결을 지키고 나갔을 때에는 높은 권위와 영광을 같이 누리게 된다는 것입니다. 이것이 여기서 중요한 교훈입니다.

버가모 교회는 사탄의 위가 있는 데에 있고 거기서 신실한 그리스도의 증인 안디바가 죽었습니다. 그곳의 특색은 니골라당이 있다는 것입니다. 옛날 이스라엘 백성이 애굽을 떠나서 광야를 지나 가나안 땅으로 들어오기 전에 미친 선지자 발람의 꼬임에 넘어가서 그릇된 교훈을 받아서 우상의 제물을 먹고 행음한 일이 있는데 니골라당을 그것과 견주어서 이야기했습니다. 이방의 우상 섬기는 종교 예식 가운데 빠져 들어가서 그런 이방 종교적인 행동을 취하고 나아간 것입니다. 그래서 발람의 행위와 미친 선지자의 올무에 걸린 사실들을 열거하시고 거기에 대조해서 니골라당의 교훈을 이야기했습니다. 에베소에서는 그것을 용납하지 않았는데 버가모에서는 용납한 것입니다. 에베소는 냉철하게 사도의 교훈을 바르게 지켜서 니골라당이 어떻게 그릇된 것인지를 확실히 판별해서 배척해 버렸는데, 버가모 교인들은 니골라당의 꼬임 가운데 발람적인 물질주의적 향락주의와 관능주의 속에 들어가서 그 속에서 황홀한 것을 얻어 가지고 그것을 종교의 고도적인 삼매경(三昧境)과 같이 생각하는 그런 관념 가운데 빠져 들어간 것입니다. 두아디라 교회의 특성은 이세벨의 교훈과 지도를 받아서 이세벨주의 가운데 빠졌다는 것입니다.

교회가 타락하는 원인

교회에는 마귀의 유혹이 언제든지, 어떠한 방향으로든지 온다는 것이 여기에 현저하게 나타나 있습니다. 그동안 살펴본 에베소, 서머나, 버가모, 두아디라 네 교회의 약점들을 보면 반드시 마귀가 꾀어서만이 아니라, 인간의 연약한 본질에 의해서 당연히 가져야 할 덕을 차츰차츰 상실해 나간 흔적이 있고 그것을 굉장히 중대한 문제로 가르쳤습니다. 그 대표적인 예는 물론 에베소 교회입니다. 특별히 마귀가 꾀어서 어떻게 되었다는 것이 아니라 자기네가 가지고 있던 처음 사랑을 버렸다는 것입니다. 왜 처음 사랑을 버렸느냐 하면 인간이 가지고 있는 죄악성도 관계가 있고, 가지고 있던 우준(愚蠢)과 결핍 그리고 부패가 작용했다는 것입니다. 교회가 타락해서 생명을 완전히 잃고 더 이상 교회가 아니라 하나의 종교 덩어리로 떨어지고 마는 무서운 사실이 발생하기도 합니다. 교회가 타락하는 원인은 여러 가지가 있습니다. 교인들이 가지고 있는 죄악성과 인간의 부패성은 무지(無知)로 인해서 발생하기도 하고 어느 때는 각근(恪勤)히 주님과 성신님을 의지하면서 신앙의 열정 가운데에서 무엇이 가장 중요하냐 하는 대도(大道)를 깊이 생각하지 않음으로 인해서 어느덧 목전의 전투에 그만 정신을 잃거나 혹은 몰두되어서 대강(大綱)과 대도를 잃어버리는 일도 많습니다.

에베소 교회에게 목전의 전투는 무엇이었습니까? 에베소 교회는 자칭 사도라 하되 아닌 자들을 시험해서 혹은 식별해서 그것을 제척(除斥)했다는 것, 악한 자들을 용납지 아니했다는 것이 가장 중요한 사실입니다. 버가모 교회는 그 악한 자들, 특별히 니골라당들을 용납했습니다. 에베소 교회는 그것을 용납하지 않을 만큼 투철하게 비판의 척도가 높았고 또한 하나님 나라의 사실에 대한 인식이 그만큼 명확했지만 그럼에도 불구하고 에베소 교회는 처음 사랑을 버렸다고 했습니다. 마귀가 와서 싸워 가지고 처음 사랑을 버렸다는 것이 아닙니다. 자기네 목전에 대두되어 있고 관련되어 있는 거대한 사실에 붙들리면 가장 중요한 교회의 대강을 잃어버리기 쉽다는 것입니다. 그것을 여기서 절실하게 느낄 수 있고 또한 이것은 허다히 많은 교회에서 발생하는 일입니다.

한국의 교회에서도 과거에 성경 무오설(無誤說), 유오설(有誤說) 문제를 가지고 한바탕 야단을 낸 일이 있습니다. 그때 성경 무오설을 주장하는 수가 총회 위원의 95퍼센트였습니다. 95퍼센트가 무오설을 주장하고 있었으니까 현상(現狀)으로는 하나님 말씀에 대한 간절한 열정이 있고 하나님을 참으로 사랑하는 것같이 보였습니다. 1950년대 초반에 그랬습니다. 그런데 불과 10년 후에 이번에는 주로 교회론이라는 관점에서 '어떠한 교회냐' 하는 문제가 대두되었습니다. 성경의 영감론이라는 가장 기본적이고 비교적 서론적인 문제로 교회가 한바탕 소란하더니 이번에는 '교회가 이래도 좋으냐?' 하는 문제를 가지고 떠드는 판입니다. 그럴 때에 과거에 성경 무오설을 주장한 나머지 성경 목적영감설(目的靈感說)을 호되게 굉장하게 때려서 감정이 상할 만큼 서로 거리가 멀어진 사람들이, 그만큼 열렬하게 정통이었던 사람들이 어떻게 되었는지 아시지요? 그 열렬하던 사람들이 성경에서 가르치는 바 교회에 대해서는 도무지 바른 생각을 하지 못하였습니다. '이 세상의 거대한 추세가 무엇이냐? 어떻게 해야 우리는 이 세상에 있는 큰 세력과 연결되어 가지고 살아가겠느냐?' 하는 것이 사실상 제일 중요한 문제였지 신학적으로 교회론(ecclesiology)을 논할 만큼 되어 있지 않았습니다.

에큐메니칼(ecumenical) 문제를 가지고 떠들 때에도 그 양방의 교회론을 가지고 진지하게 토론한 일이 없습니다. 에큐메니칼이라는 문제만 가지고 떠드는 것뿐이었습니다. 이 두 차례의 소란을 다 목도(目睹)한 교우들도 많이 계실 줄 압니다. 그러면 에큐메니칼 문제 앞에서 열렬하게 세계교회협의회(WCC) 운동을 반대하고 큰 우상이나 섬기는 것같이 떠들던 사람들이 그 후에 와서는 어떻게 했습니까? 저편이 교리상 명확한 표시 없이 정치 절차로 '세계교회협의회라는 단체와 상관 안 하겠다' 하고 거기서 명의상 탈퇴했다는 이유를 들어서 '이제는 더 이러고저러고 싸울 이유가 없지 않으냐? 협동하자' 하는 이야기를 했습니다. 그렇다면 교회가 협력 기구에 가담했다는 것 때문에 갈라져야 하고 가담하지 않는다고 하면 도로 붙고 할 정도로 그렇게 소홀한 것입니까? 요컨대 무엇이 가장 중요하냐 하는 것을 크게 생각지 않고 목전의 쟁론점에 몰두해서 그로 말미암아 마음이 가득히 점령당해 버리면 가장 중요한 것을 잃어버리는 것입니다.

그런 일은 우리나라에만 있는 것이 아니라 기독교의 선진 국가라고 하는 서구 여러 나라의 기독교 역사에도 때때로 나타납니다. 가장 먼저 놓고 가르치고 배우고 깨닫고 나가야 할 중요한 문제가 있는데도 불구하고 그것을 하지 않고 목전의 어떤 쟁론점이 생기면 그것을 가지고 다투다가 중요한 것을 다 잃어버리고 맙니다. 에베소 교회가 그런 한 가지 예를 우리에게 보여 주고 있습니다. '너희들이 자칭 사도라 하는 위사도(僞使徒), 행악자를 가려내느라고 항상 맹렬한 비판 운동을 하고 비판 활동을 하더니 그만 그것이 도져서 사랑은 어디로 갔는지 없어지고 말았다.' 비판 운동이 나쁘다고 말한 것은 아닙니다. '니골라당을 너희가 미워하는데 나도 그것을 미워한다. 사랑한다고 해서 덮어놓고 아무것이라도 좋다고 하라는 말은 아니다. 나도 니골라당은 미워한다. 너희들이 미워하고 받지 않았느냐? 그래 좋다. 그러나 서로 사랑해야 할 사람끼리는 사랑해야 할 것 아니냐? 그런데도 불구하고 너희들은 맹렬한 비판 정신이 지나쳐서, 단순히 비판 활동에만 그친 것이 아니라 그로 말미암아 감정과 전인격적인 도덕적인 태도까지 침식(侵蝕)당해서 마침내 처음 사랑까지도 버렸다. 그렇게 한다면 교회가 그대로 설 줄 아느냐?' 하고 말씀하신 것입니다.

그다음에 서머나 교회에서는 충성이라는 문제를 가르쳐 줍니다. '죽도록 충성하라'는 것은 목숨이 다하기까지 충성하라는 말씀입니다. 사람은 상대에게 '네 목숨이 다하기까지 나를 위해서 무엇을 하라' 하고 요구할 권리가 없습니다. 무슨 특별한 권위를 가진 사람이 자기 부하에게 요구하는 경우가 아니고 대등한 사람끼리라도 한 가지 점에서 요구할 수 있는 것이 있습니다. 페이스풀니스(faithfulness)를 우리말로 번역하면 충성이라는 말도 되고 신실(信實)이라는 말도 됩니다. 친구끼리든지 혹은 사랑하는 사람끼리 절조(節操)를 지키라는 말입니다. 여기서나 저기서나 일이관지(一以貫之)하라는 것입니다. 친구면 우정을 끝까지 신실하게 지켜 나가야 합니다. 그래서 동양 도덕에서도 우정의 가장 큰 강령을 붕우유신(朋友有信)이라고 했습니다. 친구끼리는 무엇이 큰 강령이고 윤기(倫紀)냐 하면, 서로 끝까지 신실성이 있어야 한다는 것입니다. 신실성이 없으면 친구가 아닙니다. 상대를 친구라고 하고 가깝게 지내다가 돌려먹어 버리면 친구가 아닙니다. 저편이 나를 믿고 신뢰할 수 있어야 하고 나도 저편을 신뢰할

수 있어야 합니다. 이러한 신실성이 당연히 있어야 할 것으로 전제하고서 우의가 맺어지고 계속되는 것입니다

그러한 우의 가운데 가장 명확하고 또 깊이 나아가야 할 것은 특별히 사랑하는 사람끼리의 관계입니다. 사랑한다면 끝까지 순결하게 사랑해야 합니다. 순결하다는 말은 신실하고 사랑에 변함이 있어서는 안 된다는 의미입니다. 끝까지 믿을 수 있어야 하고 믿어 주어야 하는 것입니다. 믿을 수 없다면 서로 사랑할 수 없습니다. 믿지 못하는 사람끼리 사랑한다는 것은 거짓말입니다. 한때 좋아해서 그냥 왔다 갔다 하는 정도지 사랑은 아닌 것입니다. 그 사람이 좋아서 어쩔 줄 몰라 하고 멍하고 있는 때가 있기도 하겠지만 그런 것이 사랑이 되는 것은 아닙니다. 전혀 알지 못하는 사람에 대해서도 가슴을 태워 가면서 좋아할 수 있습니다. 예를 들면 영화에 나오는 배우를 보고도 그럴 수 있습니다. 상대는 알 수도 없고 그저 그림에서 왔다 갔다 하는 인물인데도 영화를 보고 돌아가서 밤잠을 안 자고 혼자 그 생각을 하고 또 하고 마음을 태울 수 있는 것입니다. 그러나 한때 그러고 마는 것이지 이런 소녀적인 생각을 사랑이라고 말할 수 없는 것입니다. 참사랑이라면 그 속에 절대로 요구되는 것은 신실입니다. 신실이라는 것을 다른 말로 하면 순결입니다. 충성과 신실과 순결은 서로 붙어 있는 말입니다. 요컨대 충성이라는 것은 마음을 변치 않고 끝까지 그 길로 그대로 간다는 말입니다.

하나님께로부터 나오는 사랑

여기서 한 가지 주의하고 넘어갈 것은 사랑이라는 말입니다. 자기가 좋아한다고 해서 사랑이라는 말을 쓸 수 있는 것은 아닙니다. 좋아하면 좋아하는 것뿐입니다. 세상에는 좋아하는 사람이 많습니다. 좋아하

는 것이 사랑의 시초가 될 수는 있지만 그것은 그것대로 움직입니다. 사랑한다는 것은 이쪽에서 저편에 대해서 끝까지 신실하고 저쪽에서도 이편에 대해서 끝까지 신실하되 신실함을 조건부로 두지 않는 점에서 다른 것들과 구별됩니다. 우의라는 것은 상당히 조건부입니다. '네가 훼절(毁節)하고 우의를 배반하면 나도 그만두겠다' 그것입니다. 그렇지만 '네가 나에게 비록 잘못을 할지라도, 그것에 대해서 네가 의를 완전히 포기하지 아니한 이상 나는 변하지 않고 내 신실을 지키고 나가겠다. 순결을 지키고 나가겠다' 하는 것이 진정한 사랑입니다.

그러나 '어떻든 나는 너를 꼭 따라가겠다' 하는 것은 사랑이 아닙니다. 이런 맹목적인 사랑, 관능적인 사랑은 애욕(愛慾)이라고 해야 할 것입니다. 이러한 욕망 가운데 빠져들면 상대가 지옥에 가면 지옥에라도 같이 가겠다고 하는 것입니다. 최초에 에덴동산에서 아담이 가졌던 사랑이 그러한 것이었습니다. 그것은 큰 타락의 현상입니다. 상대가 지옥에 가는데 '지옥에라도 따라간다. 그것이 내 사랑이다. 나는 이렇게 내 사랑을 증명한다' 하면 세상 사람은 그것을 훌륭한 사랑이라고 하겠지만 하나님 나라에서는 그런 것을 사랑이라고 하지 않습니다. 하나님 나라에서는 내가 사람 누구를 사랑하더라도 하나님을 사랑하는 사랑을 가지고 사랑하는 것입니다. 하나님을 사랑하니까 사랑하는 것입니다. 그러므로 사람을 좋아해서 하나님을 배반하고 그를 따라간다면 그것은 절대로 그러한 사랑은 못 되고 축복을 받지 못하는 것입니다. 사랑은 하나님께로부터 나오기 때문에 하나님과 연결된 것이 사랑이지 하나님을 떠나서는 사랑이 존재하지 않는 것입니다. 하나님을 떠나서 존재하는 애욕적인 길이나 행동을 세상에서는 굉장한 사랑이라고 해서 문학의 주제가 되기도 하고 시(詩)로 표현되기도 하지만 하나님 나라에서는 그런 것을 진정한 의미의 사랑이라고 하지 않습니다.

그리스도 안의 참사랑

사랑을 다른 말로 해석하거나 생각할 때 '사랑은 조건 없이 주는 것이다' 하는 말이 중요합니다. 그러나 절대 무조건이냐 하면 절대 무조건은 아닙니다. 하나님을 배반하지 않는 한계 안에서만 주는 것입니다. '내가 너에게 준다는 것이 하나님을 배반하는 일이라면 나는 너에게 줄 수 없다' 하고서 한계를 긋고, 하나님을 배반치 않고 하나님께 가까이 꼭 붙어서 살아간다는 한계를 벗어나지 않는 안에서만 조건을 묻지 않는 것입니다. "사랑은 허다한 죄를 덮느니라"(벧전 4:8) 하는 말씀과 같이 상대가 비록 불신실했다고 할지라도 상대가 하나님의 의를 향해서 오는 이상에는 버리지 않는다는 점에서 무조건인 것입니다.

사랑은 그러한 것이지만 사랑과 협력해서 일을 한다는 것과는 별개의 문제입니다. 그것을 혼동해서는 안 됩니다. 예를 들어 내외가 같이 산다고 하는 것과 둘이 사랑한다든지 하는 것은 두 개의 별다른 문제입니다. 사랑을 하니까 같이 살기는 합니다. 하지만 사랑을 하니까 반드시 같이 살아야만 한다는 법은 없습니다. 이것이 구약의 법제 가운데 명확히 나타나 있습니다. 이스라엘 사람 중에서 어떤 사람이 – 제사장인 경우에는 말할 것도 없고 – 아내가 있는데 그 아내를 내보내서 아내와 갈라섰는데 갈라선 아내가 다른 남자에게 시집을 갔다가 그와 또 갈라섰든지 그가 죽었든지 해서 다시 본남편에게 오려고 한다면 어떻게 해야 하겠는가 하는 문제입니다. 본남편이 그를 극진하게 사랑할 수가 있습니다. 하지만 다시 받아들이지 못한다고 한 것입니다(참조. 신 24:1-4). 사랑하지 말라고 한 것은 아닙니다. 절대로 미워하고 사갈같이 멀리하라는 것이 아닙니다. '진정으로 내가 너를 사랑하지만 하나님이 내신 법칙은 그렇다고 해서 같이 살라고 하신 것은 아니다.' 자기의 중심에 사랑을 가진다고 하면 하나님이 기뻐하실 것입니다. 그렇다고 해서 같이 사는 것은 하나님의 법을 어기는 것입니다. 이런 경우가 하나의 중요한 예입니다.

그런 일이 있을 수 있지 않습니까? 여기서 우리는 사랑한다는 것과 동거 생활을 한다든지 생활을 공동으로 경영한다든지 협력해서 일을 한다든지 하는 것은 별문제라는 것을 알 수 있습니다. 그런고로 '사랑한다면 이제 모든 허물이 가려졌으니까 허물이 없는 것으로 여기고 완전한 사람과 같이 대하고 일을 한다' 하는 것은 잘못된 해석입니다. 허물을 용서하니까 문책을 않는 것뿐이지 허물을 지었다는 본질상 결핍을 인정하는 까닭에 본질상 결핍으로 인해 그 일에 충당하지 못할 것을 알 때에는 그 일에 충당하지 않는 것입니다. 그래서 어느 때는 같이 손을 잡고 일을 할 수 없습니다. 미워하거나 혹은 사랑하지 않는다는 것이 아닙니다. 중심으로 그의 행복을 바라고 그를 위해서 할 수 있는 일을 해 주지만 '그러니까 이것을 해야겠다' 하고 가령 먼젓번 위치로 돌려놓지 않는 것입니다. 아내 된 사람이 남편한테서 떠나서 다른 남편한테 갔다가 그 남편이 죽으니까 다시 본남편에게 오겠다는 문제, 즉 '사는 동안에는 잘 살았는데 어쩌다가 서로 헤어졌다. 그래서 다른 남편과 살다가 그가 죽으니까 이제 다시 온다고 해서 데려다 살면 잘 살 것이다' 그것은 아니라는 말입니다. 요즘 세상 같으면 항다반으로 하는 짓이지만 이스라엘 법 가운데에는 그런 것이 있습니다. 그러니까 이런 점을 우리가 주의해야 합니다.

조건이 없다는 것도 절대적인 말은 아닙니다. 그러나 일반적으로는 조건 없이 주는 것입니다. 사랑이라는 것은 주는 것입니다. 다른 말로 하면 받으려는 조건 아래서 주는 것이 아니라는 이야기입니다.

꾸어 주는 것이 아니라 주고 마는 것입니다. 주었으면 주는 것뿐이고 그다음에는 잊어버리고 '내가 너에게 주었다' 이런 생각을 하지 않는 것입니다. 우정은 그것과 많이 다릅니다. 그것보다는 훨씬 조건이 명확하게 나옵니다. 하지만 우정도 깊은 사랑이라면 거의 조건이 없습니다. '내 맘 가운데 너에 대해서 언제든지 동일한 우의를 가지고 있다' 하는 것이 언제 나타나느냐 하면 그 사람이 아주 지극한 어려움 가운데 빠져 있고 내게 도와줄 수 있는 힘이 있을 때에 비로소 나타납니다. 그런 의미에서 그리스도 안의 참사랑이라는 것이 무엇인지 배워야 합니다. 에베소 교회는 그런 처음 사랑을 잃어버렸고, 또한 우리 주께서는 니골라당에 대해서는 '나는 니골라당도 어리석은 중생(衆生)이니까 자비롭게 여기고 사랑한다' 하지 않으시고 '나도 그것을 미워한다' 하는 식으로 말씀하셨습니다.

서머나 교회에서 중요하게 이야기한 것은 죽도록 충성하라는 것인데, 대등한 사람끼리 언제든지 요구하는 것, 자연스럽게 전제되어 있는 것이 충성입니다. 특별히 사랑하는 사람 사이에서 요구되는 신실성은 다른 말로 하면 절조(節操) 혹은 정조(情操)입니다. 정조라는 말은 육체적인 의미로도 쓰이지만 고귀한 의미로 볼 때에는 가장 고귀한 신실성을 의미합니다. 그리고 그 신실성에 흠을 내지 아니할 때에 그것을 정결하다고 말하는 것입니다. 흠을 내지 않는 것이 정결한 조행(操行)입니다. 흠을 내면 파괴하는 것입니다. 흠을 내지 않는 신실성을 가지는 사이라는 것은 특수한 경우입니다. 서로 사랑하는 사람들끼리는 흠을 내지 않는 그런 신실성을 가지는 것입니다.

예수님께서도, 흠을 냈을 때에는 한번 파괴를 한 것이니까 더 신뢰할 수가 없다는 명목하에서 설혹 파괴를 당한 상대방이 떠나더라도 떠나지 못한다고 할 수 없다고 가르치셨습니다. 그것 하나를 이혼의 조건으로 용인하신 것입니다. 그러나 반드시 이혼하지 않으면 안 된다는 말은 아닙니다. 이혼한다고 하더라도 '왜 그렇게 하느냐?' 하고 문책하지 못한다는 것입니다(참조. 마 19:3-9). 이와 같은 예들은 신실성이 얼마나 중요한 것인지를 보여 줍니다. 그러므로 끝까지 충성을 다하라고 하셨습니다.

버가모 교회의 특색 – 발람의 교훈을 따르는 니골라당

그다음에 버가모 교회는 사탄의 위(位)가 있는 데에 있었습니다. 여기서 볼 수 있는 현저한 교훈은 사탄의 위가 있는 데서도 교회가 자라고 있다는 것입니다. 비록 사탄이 직접 자기 위를 설시(設施)하고 거기에 앉아서 직접 지휘하는 자리일지라도 교회는 거기에 있는 것입니다. 사탄이 점령하고 직접 자기의 보좌를 떡 베풀고 앉아서 지휘를 하고 있더라도 거기에 교회를 세울 수 있다는 것입니다. 그러니까 사탄이 자기에게 눈엣가시 같은 사람을 잡아서 죽였던 모양입니다. 신실한 증인인 안디바라는 사람을 죽였지만 버가모 교회는 끝까지 믿음을 다 지켰다고 칭찬하셨습니다.

여기서 중요한 것은 '발람의 교훈'입니다. 발람의 교훈이라는 것은 발람이 발락의 청탁을 받아 가지고 저주를 하라고 해도 저주는 안 나오고 항상 축복만 나오게 되니까 나중에 발락한테서 돈을 많이 받은 다음에 계교를 써 가지고 이스라엘 백성을 타락하게 해서 하나님의 진노를 받도록 한 것을 말합니다. 종교적으로 하나님의 법칙을 악용해서 우상의 제물을 먹게 하고 모압의 아름다운 여인들, 우상을 섬길 때 나와서 섬기는 여인들, 말하자면 여자 무당들을 풀어 놓으니까 광야에서 오랫동안 흙이 묻은 사람으로 지내 오던 이스라엘 사람들은 눈이 번해 가지고 '월궁항아(月宮姮娥) 같구나' 하는 생각을 한 것입니

다. 그런 교태를 가지고 유혹하니까 또 우상 섬길 때 하는 예전(禮典)
이 그러하니까 가서 행음을 한 것입니다. 그러니까 이것은 영적인 훼
절을 했다는 말이 아니라 발락이라는 사람이 하나님의 엄위로운 법
칙을 써서 이스라엘 백성들을 하나님의 진노 가운데 들어가도록 유
혹해 나간 것을 뜻합니다. '이렇게 해 놓으면 하나님의 저주를 받을
수밖에 없을 것이니 그렇게 만들자' 하는 종교적인 간교성(奸巧性)을
특별히 지적한 것입니다.

 이스라엘 백성은 그런 발람의 교훈을 따라서 그릇된 곳으로 들어갔
습니다. 이것은 종교적인 의미를 가진 물질적 육체적 쾌락주의입니
다. 종교적인 명목하에서 그것을 탐하듯이 구해 나간 것입니다. 사람
의 부패한 본성에서 나오는 인간적이고 육체적이고 환락적인 욕망을
종교적인 구실과 명의하에서 자꾸 만족시켜 나가는 방식입니다. 니골
라당이 그런 사람들입니다. 니골라당의 성격은 종교적 쾌락주의입니
다. 쾌락은 반드시 육체의 쾌락, 감각적 쾌락만을 의미하는 것만이 아
니고 사람의 정서적인 쾌락도 있고 특별히 종교 감정의 쾌락이라는 것
이 거기에 붙어 다닙니다. 그런 것들은 퍽 가깝게 연결되어 있습니다.

 여러분께서 잘 아시는 예를 하나 들면, 어떤 사람이 깊은 산속에 들
어가서 기도를 한다고 할 때 기도가 정상적인 성신의 인도함을 받아
서 고도적인 신령한 경계를 향해서 올라가는 것이 아닌 경우에는 그
것도 일종의 쾌락주의(hedonism)입니다. 히도니즘이라는 말은 헤도네
(ἡδονή)라는 헬라 말에서 나온 말입니다. 대체로 그 기도 운동을 한다
고 하는 사람들은 그렇게 함으로써 처음에는 자기의 종교적인 갈망과
욕망에 대한 어떤 쾌락을 얻는 것입니다. 이런 쾌락주의에 자꾸 빠져
들어 그것을 설파하는 사람들의 종교적인 행동과 종교적인 제도를 보
면 나중에는 육체적인 쾌락까지 거기다가 보태서 나가는 경우가 많이

있습니다. 한국에도 여러 가지 사교(邪敎) 행동을 하는 사람들 가운데 기독교의 이름을 내걸고 주로 기도를 한다고 하는 명의하에, 기도를 하지 않는 것이 아니라 열심히 무슨 기도를 하고 그렇게 해서 부지불식간에 어떤 황홀경에 자꾸 들어가려고 하고, 나중에는 육체의 쾌락을 추구해 나가고 그것을 종교화하는 아주 비천한 일이 있는 것을 잘 아실 것입니다. 그런 비천한 일을 종교의 명의하에서 하는 것입니다.

조선 시대에도 그런 한 전형이 있는데 그것은 무당입니다. 무당은 신이 들려서 이상한 감각주의 가운데에 들어가는 것입니다. 춤을 추고 야단을 내는 가운데 신들린 사람같이 신이 올라 가지고 그야말로 신이 나서 정신없이 떠듭니다. 그런데 무당은 정절을 지키고 사는 여자가 아닙니다. 창기와 똑같은 행동을 하니까 거기 가서 얼마든지 육체의 쾌락과 환락을 추구합니다. 그래서 '무당이 어디 제 서방이 있느냐' 하는 말을 했습니다. 그러한 일이 있는데 이름만 바꿔서 기독교의 이름 가운데에서 입신을 하고 무엇을 전승을 해 주고 계승시켜 준다고 하면서 그러한 환락주의 가운데 빠져 들어가는 것입니다. 이런 것이 아주 저급하고 비근한 일종의 발람주의의 말초적인 현상들입니다.

그런데 발람주의는 그보다도 좀 더 심각한 데가 있었을 것입니다. 그러한 예를 불교의 가르침 가운데 '무심'(無心)이라는 것에서 볼 수 있습니다. 사람이 어떤 종교적인 고도의 경지에 이르러 자기 자신이 등신과 같이 모든 것에 대해서 초탈한 사람이 되면 기이한 문제가 하나 생깁니다. '모든 것이 있다고 생각하는데 없는 것이다' 하는 생각이 무심의 경계인데 그렇게 되면 결국 죄에 대한 책임도 없다는 생각을 하게 됩니다. 그러니까 '도덕적으로 이래서는 안 된다. 그러면 큰 죄를 짓는 것이다' 하는 것은 중생의 사바세계에서 하는 소리이지, 일도(一道) 혹은 불도(佛道)에 척 오르고 그다음에 환한 열반(涅槃)의 경계에 이를 때에 무아(無我), 무상(無想)을 하게 되면 '관신여실상(觀身如實相)이나 일체개적멸(一切皆寂滅)이라' 해서 모두가 있는 것같이 보지만 없는 것이니까 죄책도 없다는 것입니다. 어느 때는 자기 존재라는 것조차도 의심을 합니다. 말하자면 모든 것이 공허하다고 허무한 생각 가운데 들어갈 때에는 자기 자신의 행동에 대해서도 특별히 깊이 죄책을 느끼지 않는 이상한 경계 가운데 들어가게 됩니다. 다시 한번 가장 어리석은 경계에 들어가는 것입니다. 앞서 말씀드린 대로 그 많은 사람들에게 말초적인 발람주의의 종교 행동을 시킬 때에 그들이 그것을 줄줄 따라다니면서 그 일에 대해서 아무렇지도 않게 여기고 지내는 것을 보면 과연 그 사람들이 죄악에 대한 의식이 있는 사람들인지, 과연 죄책을 느끼는 사람들인지, 그들의 양심은 죄책에 대해서 대체 얼마만큼이나 계발되어 가지고 깨닫고 있는 것인지 알 수가 없습니다. 무슨 일이든지 전혀 아무렇지도 않게 생각을 합니다.

그 사회의 일반적인 풍습이 그 사회의 도덕을 이루는 것인데 그 사회의 도덕에서는 전혀 아무렇지도 않게 생각하는 것들이 다른 사회에서는 엄격하게 규제하는 것들이 많이 있습니다. 예를 들면 에스키모의 사회에 가면 그 사회에서는 자기가 손님이라고 맞아들이고 그 사람을 친한 손님으로 흡족하게 대접하려고 하면 자기 아내를 손님에게 주고서 같이 자고 가라고 합니다. 그런데도 자기 아내를 좋다고 받아들이지 않으면 그 이튿날에는 '내 대접을 안 받는 그런 법이 어디 있는가?' 하고 화를 내는 것입니다. 그것을 '서로 웃는다'는 말로 표현해서 '왜 내 아내와 웃지도 않았느냐?' 하고 화를 낸다고 합니다. 어떤 선교사가 거기에 전도하러 들어갔다가 맞아 죽었습니다. '당신은 내가 보호해 준다' 하고서 아내를 가져다주고서 '내 아내하고 웃으라' 그랬는데 그것은 죄악이라고 하고서 선교사가 일철(一轍)하게 죄악론을 이야기했습니다. 그러니까 '이놈의 자식, 무슨 소리를 하느냐? 나를 모욕하는 것이다. 어디서 와서 이런 쓸데없는 소리를 하느냐?' 그러면서 때려서 죽여 버렸단 말입니다. 에스키모는 그러한 사회입니다. 그리고 늙으면 가족과 늘 함께 살기 위해서 자기가 눈밭으로 저 멀리 나가서 흰곰에게 잡아먹힙니다. 흰곰이 잡아먹기를 기다리고 앉아 있다가 흰곰의 뱃속으로 들어가서 곰의 살의 일부분이 되면 그 곰을 자기 식구들이 사냥해다가 그 곰을 먹습니다. 그러면 자기는 영구히 자기네 식구 뱃속에 들어가서 일부분이 되어서 떠나지 않는다는 생각입니다. 그런 생각으로 혼자서 곰한테 먹히려고 가는 것이 아주 훌륭한 장면이고 동시에 위대한 도덕이라고 여기는 것입니다. 이것이 에스키모의 도덕입니다.

이와 같이 어떤 사회는 그 사회가 가지고 있는 도덕관 혹은 양심관이라는 것이 오늘날 우리의 안목으로 볼 때에는 기이하기도 하고 '저 사람들의 양심은 어떻게 되었나?' 하고 생각하게끔 합니다. 에스키모까지 갈 것도 없이, 괴이한 종교적인 교훈을 받아 가지고 그 속에 들어가 있는 사람들을 보면 그런 생각을 하게 됩니다. 과거에 우리나라에도 기독교의 이름 아래 교회에서 기도 운동을 한다고 하는 사람들이 그 속에 빠져들어 가지고 멍하니 앉아서 '당연히 그래야 할 것이다' 하면서 그것을 신성시해 버렸습니다. 1930년대에 조선예수회 장로회 기도 운동에서 발생한 '새 예수 운동'이라는 것을 아시지요? 원산에서 일어나고 평양에서 일어나고 그랬는데 전부 뒤범벅이 되어 가지고 그런 일을 한 것입니다.

그러니까 이러한 종교의 어떤 고도한 삼매경이라는 것은 인간의 모든 정욕에서 초탈하는 것이 아니라 오히려 정욕을 정욕으로 여기지 않는 경계로 들어가는 것입니다. 무슨 일을 해도 특별히 자기가 잘

못했다고 생각하지 않고 자기의 신념으로 했다는 것입니다. 만약 자기 신념으로 하는 것이 무엇이든 옳다고 한다면 자기가 의의 표준이 되어 버리는 것입니다. 어떤 죄를 짓고서도 자기가 옳다고 생각한다면 '네가 하나님이냐? 옳고 그른 것을 네가 정하는가? 네가 재판관이냐?' 하고 물어야 할 것입니다. 그러한 맹목(盲目)과 암매(暗昧)와 무지(無知)라는 저주받은 위치로 자꾸 들어가게 됩니다. 발람의 교훈을 따르는 니골라당이 그런 것입니다. 요컨대 어떤 종교적 삼매경이나 종교적인 고도의 경계는 동시에 물질적이고 육체적이고 감각적인 쾌락을 늘 받아들이게 되는 것입니다. 이런 니골라당의 일에 대해서 크게 책망을 받았다는 것이 버가모 교회의 특색입니다.

두아디라 교회의 특색 – 이세벨의 종교

두아디라 교회의 특색은 그것과는 또 다릅니다. 이세벨의 종교는 니골라당과 같이 종교적인 경계(境界)의 육체적인 쾌락을 큰 제목으로 다루고 있는 것이 아닙니다. 그것은 시돈의 이교적(異敎的)인 강렬한 바알 종교였습니다. 이스라엘 사람들도 신론을 할 때에 바알이라는 말을 쓴 적이 있지만 그것은 단순히 주인이라는 의미로 썼습니다. 그러나 이세벨의 바알은 지금까지 이스라엘이 가나안에서 알지 못했던 아주 악질적인 종교입니다. 그것을 권력을 가지고 강제하였습니다. 이세벨은 단순히 여왕이 아니라 선지자, 즉 종교적인 지도자입니다. 그래서 한 종교 그룹을 만들었고 그런 종교 운동 자체가 사람의 사상이라든지 감정이라든지 생활을 새롭게 딱 세워 놓는 맹렬한 이단적인 행동을 일으킨 것입니다. 오늘날에도 그러한 일이 있어서 소위 대학에서 공부한다고 하는 학생들이나 대학에서 가르친다고 하는 선생들도 그와 같은 이단적인 행동과 사설(邪說)을 좋아해서 수없이 많이 따라가는 일이 있는 것을 여러분들 잘 아시지 않습니까? 우리 나라에도 있고 일본에도 그것이 퍼져 와 가지고 야단을 내는데 그것이 얼마나 암매한 현상입니까?

특별히 이세벨의 경우에는 이스라엘의 종교에 맹렬하게 반대하고 일어나서 권력을 가지고 강제로 배교를 시킨다는 점이 특색입니다. '이것이 참것이다. 이것 이외에는 다른 것을 용인하지 않는다' 하는 적극성과 맹혹성(猛酷性)이 거기에 있습니다. 여기에서 이세벨 선지자의 강요에 의한 행음이라는 것은 그 자체의 부도덕성이 중요한 문제가 아니라 하나님을 배반하는 배교의 행동으로서 중요한 의미를 가지고 있습니다. 여기서는 배교를 상징적으로 표현한 것입니다. 그러니까 믿음의 정조를 훼파시켜 나가는 무서운 종교인 것입니다.

버가모 교회에 있는 사실은 잘못되고 사곡(邪曲)된 종교론을 가지고 많은 사람들을 유혹하지만, 두아디라 교회에서는 단순히 그릇된 신학 이론이나 그릇된 종교학 이론에 그치는 것이 아니고 맹렬한 종교 활동 가운데 들어가서 적극적으로 배교를 시켜 나가는 것입니다. 그래서 교회가 덩어리로 하나님을 배반하는 위치에 올라서는 것입니다. 그런 무서운 배교적인 현실을 여기서 보여 줍니다. 이것을 특별히 가톨릭 시대의 교회, 법왕 시대의 교회를 가리킨다고 이야기할 것은 없습니다. 왜냐하면 예수님의 거룩하신 안목으로 볼 때에 배교의 현실이라는 것은 교회가 여선지자 이세벨의 가르침을 좇아 나가는 훼절과 행음입니다. 그리고 이세벨은 여선지자로서 그것을 지휘하고 가르친 사람입니다. 선지자니까 자기가 하나님과 하나님의 말씀을 대변하는 자로 서서 그 일을 한 것입니다.

오늘날 세계 교회를 볼 때에 이러한 배교의 현실이 매우 무섭게 흐르고 있습니다. 이 배교의 요구라는 것은 이세벨적인 간악한 바알리즘인데 그것이 그때는 시돈의 종교를 강요했고 오늘날 20세기에는 이세벨적인 생각과 선지자직을 가진 자들의 활동이 어떠한 형태로 나타나느냐 하면, 그 본질과 가치는 이세벨이 도입했던 시돈의 바알리즘과 똑같이 강렬하고 적극적이고 괴악하지만 새로운 교지(敎旨) 혹은 새로운 종교적인 이론이나 교리를 가르치는 형태로 나옵니다. 그런 것을 주의해야 합니다. 20세기의 바알리즘은 한마디로 결론짓자면 배교를 하도록 하는 것입니다. 배교라는 것은 기독교의 이름에 대해서 배반하고 나아간다는 것이 아니라 기독교의 이름을 가지고 있으면서 그리스도를 배반하고 나가는 것입니다. 그러니까 배교입니다. 교회에 다니다가 안 다니는 것이 배교가 아닙니다. 배반을 하는 것인데 배반을 할 때는 상대가 있고 상대의 신뢰가 붙어 있습니다. 상대가 신뢰하지 않고 처음부터 상대하지 않던 사람이면, 처음부터 상대할 것이 못 된다고 수에 치지 않았다면 배반 여부가 성립하지 않습니다. 상대의 기대, 즉 신실함을 죽기까지 고수한다는 그 기대의 차원에 딱 올라서 있을 때에 거기서 그것을 박차고 나가 버리면 배반이 되는 것입니다. 그러니까 이것은 특별히 우리 교회가 현대에 와서 사명을 각성하려 할 때에 깊이 생각해야 할 문제입니다. 계시록을 글자 그대로 일일이 석의(釋義)해 나가려고 하는 것은 아니지만 이와 같이 중요한 문제들은 이야기를 하고 넘어갈 것입니다.

기도

거룩하신 아버지시여, 오늘날 이 세대에 저희들이 보는 것을 주의해서 관찰하고 비판하고 분석하고 판단해서 아버님께서 우리에게 주신 크신 사명이 무엇인가를 더 명료히 파악하게 하시고, 그렇게 함으로써 20세기에 도도히 흐르는 이세벨의 악질적인 바알리즘의 큰 운동과 큰 저주 앞에서 저희들이 어떻게 주의해야 하고 어떻게 확호하고 적극적인 태도를 취해야 할 것인가를 깊이 깨달아 알게 하여 주시옵소서. 주께서 주신 말씀을 저희들이 보고 생각해 나아갈 때에 성신님께서 지혜를 주시고 인도하셔서 이 크고 오묘한 도리를 바르게 알게 하옵소서.

구주 예수 이름으로 기도하옵나이다. 아멘.

1971년 11월 10일 수요 기도회

제4강

아시아 일곱 교회에 보내는 편지 (3)

참된 교회의 실상(實相)

요한계시록 2:18-29; 3:1-22

Expositions on Revelation

요한계시록 2:18-29; 3:1-22

³:¹사데 교회의 사자에게 편지하기를 하나님의 일곱 영과 일곱 별을 가진 이가 가라사대 내가 네 행위를 아노니 네가 살았다 하는 이름은 가졌으나 죽은 자로다 ²너는 일깨워 그 남은 바 죽게 된 것을 굳게 하라 내 하나님 앞에 네 행위의 온전한 것을 찾지 못하였노니 ³그러므로 네가 어떻게 받았으며 어떻게 들었는지 생각하고 지키어 회개하라 만일 일깨지 아니하면 내가 도적같이 이르리니 어느 시에 네게 임할는지 네가 알지 못하리라 ⁴그러나 사데에 그 옷을 더럽히지 아니한 자 몇 명이 네게 있어 흰옷을 입고 나와 함께 다니리니 그들은 합당한 자인 연고라 ⁵이기는 자는 이와 같이 흰옷을 입을 것이요 내가 그 이름을 생명책에서 반드시 흐리지 아니하고 그 이름을 내 아버지 앞과 그 천사들 앞에서 시인하리라 ⁶귀 있는 자는 성신이 교회들에게 하시는 말씀을 들을지어다 ⁷빌라델비아 교회의 사자에게 편지하기를 거룩하고 진실하사 다윗의 열쇠를 가지신 이 곧 열면 닫을 사람이 없고 닫으면 열 사람이 없는 그이가 가라사대 ⁸볼지어다 내가 네 앞에 열린 문을 두었으되 능히 닫을 사람이 없으리라 내가 네 행위를 아노니 네가 적은 능력을 가지고도 내 말을 지키며 내 이름을 배반치 아니하였도다 ⁹보라 사탄의 회 곧 자칭 유대인이라 하나 그렇지 않고 거짓말하는 자들 중에서 몇을 네게 주어 저희로 와서 네 발 앞에 절하게 하고 내가 너를 사랑하는 줄을 알게 하리라 ¹⁰네가 나의 인내의 말씀을 지켰은즉 내가 또한 너를 지키어 시험의 때를 면하게 하리니 이는 장차 온 세상에 임하여 땅에 거하는 자들을 시험할 때라 ¹¹내가 속히 임하리니 네가 가진 것을 굳게 잡아 아무나 네 면류관을 빼앗지 못하게 하라 ¹²이기는 자는 내 하나님 성전에 기둥이 되게 하리니 그가 결코 다시 나가지 아니하리라 내가 하나님의 이름과 하나님의 성 곧 하늘에서 내 하나님께로부터 내려오는 새 예루살렘의 이름과 나의 새 이름을 그이 위에 기록하리라 ¹³귀 있는 자는 성신이 교회들에게 하시는 말씀을 들을지어다 ¹⁴라오디게아 교회의 사자에게 편지하기를 아멘이시요 충성되고 참된 증인이시요 하나님의 창조의 근본이신 이가 가라사대 ¹⁵내가 네 행위를 아노니 네가 차지도 아니하고 더웁지도 아니하도다 네가 차든지 더웁든지 하기를 원하노라 ¹⁶네가 이같이 미지근하여 더웁지도 아니하고 차지도 아니하니 내 입에서 너를 토하여 내치리라 ¹⁷네가 말하기를 나는 부자라 부요하여 부족한 것이 없다 하나 네 곤고한 것과 가련한 것과 가난한 것과 눈먼 것과 벌거벗은 것을 알지 못하도다 ¹⁸내가 너를 권하노니 내게서 불로 연단한 금을 사서 부요하게 하고 흰옷을 사서 입어 벌거벗은 수치를 보이지 않게 하고 안약을 사서 눈에 발라 보게 하라 ¹⁹무릇 내가 사랑하는 자를 책망하여 징계하노니 그러므로 네가 열심을 내라 회개하라 ²⁰볼지어다 내가 문밖에 서서 두드리노니 누구든지 내 음성을 듣고 문을 열면 내가 그에게로 들어가 그로 더불어 먹고 그는 나로 더불어 먹으리라 ²¹이기는 그에게는 내가 내 보좌에 함께 앉게 하여 주기를 내가 이기고 아버지 보좌에 함께 앉은 것과 같이 하리라 ²²귀 있는 자는 성신이 교회들에게 하시는 말씀을 들을지어다

제4강

아시아 일곱 교회에 보내는 편지 (3)

참된 교회의 실상(實相)

교회를 평가하는 표준

오늘 저녁에는 두아디라에서부터 사데, 빌라델비아, 라오디게아 네 교회의 서신을 읽었습니다. 그 이전에 있는 에베소, 서머나, 버가모를 대강 생각했고, 하나씩 자세히 해석하려는 것은 아닙니다만 이렇게 읽어 가는 중에 우리가 전체적으로 얻는 중요한 메시지가 있습니다. 요컨대 각 교회마다 잘잘못을 늘 지적하시는데 아무런 책망도 안 하신 곳이 빌라델비아 교회입니다. 큰 책망이 없이 '네가 적은 능력으로도 잘 버티고 나갔다'고 하셨습니다. 그런데 라오디게아 교회는 특수하게 부요하다고 그리고 더욱 부가 증진해서 아무것도 부족할 것이 없다고 하셨지만 반면에 '네 곤고, 가련, 가난과 만인(蠻人)이 된 것, 즉 벌거벗은 것을 네가 모른다' 하고 강하게 말씀하셨습니다. 두아디라 교회는 '이세벨이 자칭 선지자로서 주의 종들을 시켜서 행음하게 했다' 하였고, 사데 교회는 '살았다 하는 이름은 있으나 실상은 죽은 것이다.' 죽은 것을 산 것으로 여기고 살았다는 이름을 그냥 붙여 두고 있다. 즉 명의(名義)로 봐서는 살았는데 명의를 증명할 실질을 보면 죽어 있다는 것입니다. 그다음에 빌라델비아 교회는 적은 능력을 가지고도 주님의 말씀을 지키며 배반치 않았다고 했습니다. 거기에도 사탄의 회가 있습니다. 그동안 사탄이 몇 번 나왔는데, 사탄의 회(참조. 계 2:9)라는 것이 있고 시험하는 자인 마귀(참조. 계 2:10), 환난 가운데 던져질 자(참조. 계 2:22), 두아디라 교회에 대해 말씀하실 때에 '사탄의 깊은 것'이라는 말을 썼습니다(계 2:24).

  교회가 그리스도에게 붙어 있는 동안, 평소에 거룩한 질서와 상태를 나타낼 것을 나타내지 못하면 참교회의 모습을 나타내지 못하는데 여기서 이러한 잘잘못에 대해서 여러 가지 상태를 지적한 것입니다. 예를 들어 '너희는 어찌하여 가난하고 벌거벗고 곤고하고 가련하고 눈이 멀었는데 그것을 모르고 아주 부요하여 부족할 것이 없다고 하느냐?' 하는 말씀이 있습니다. 이런 말씀들을 통해서 우리는 예수님께서 교회를 평가할 때에 어떠한 잣대를 쓰시는지 확연히 알 수 있습니다. 이것은 다른 말로 하면 어떠한 것이 예수님이 승인하시는 참교회인가 하는 문제입니다.

  그런데 사람들은 예수님이 승인하시는 참교회의 실상을 파악하지 못하고 사람들의 생각에 '교회는 이러해야 하겠다' 하고 그들이 생각하는 표준에 따라서 교회의 여러 가지 것을 운용해 나가고 교회를 이루어 나갑니다. 교회의 진자(眞姿)를 알았더라면 적은 능력을 가지고라도 그 참된 자태를 향해서 자기 몸을 바르게 딱 세우고 그리로 행진을 할 것인데 그러지 못하니까 매양 딴 길로 가서 열심히 무엇을 해서 그 결과로 '부자이고 부요하고 부족할 것이 없다' 하고 아주 자신만만하게 평가할 수 있을 만큼 되었는데, 주께서는 '그것이 아니다. 오히려 그 반대다. 네가 아무리 부자라고 여러 가지 것을 쌓아 놓았을지라도 참으로 교회에 있어야 할 재산이 없구나. 그런고로 가난하다. 너는 부족이 없다고 하지만 교회가 충족해야 할 것으로 채우지 못해서 가련한 상태에 있고 네게는 지혜와 지식이 다 유여(有餘)하다고 생각하지만 그러나 참으로 가져야 할 지혜도 없고 빛도 없어서 소경의 걸음을 걷고 있다.' '너희들은 너희들 안에 이세벨이 있지만 그것을 알지 못하고 오히려 그 이세벨과 더불어 부동(符同)해서 주님을 배반하고 신앙의 절조를 훼절하면서도 그것을 알지 못한다' 이런 말씀들을 하신 것입니다. 그런데도 '우리가 언제 그랬습니까?' 하고 반문하게 되는 이유는 무엇을 표준으로 교회를 평가할 것인지 알지 못하는 까닭입니다. 그러니까 잘못을 범했을 때에도 그것이 잘못인지 아닌지를 알지 못하는 것입니다.

'교회가 무엇이냐' 하는 것이 항상 제일 중요한 문제이고 중요한 표준입니다. 바른 교회의 실상이 무엇인지, 참된 교회는 무엇인지를 마땅히 알고 있어야 합니다. 계시록 2장, 3장에 있는 일곱 교회의 서신은 가장 기본적으로 우리에게 '너희가 참교회라는 것을 알고 그 위치에서 무엇을 볼 줄 아느냐?' 하고 경고하고 요구하시는 것입니다. 우리 주님께서는 참교회의 확실한 표준(criterion)을 보여 주시고 교회를 준엄하게 비판해 나가셨습니다. 사람은 잘못한 것이 있으면서도 알지 못하는데 주께서는 그것을 지적해 나가신 것입니다.

일곱 교회의 서신을 해석할 때 주의할 점

계시록을 해석할 때에 이것이 교회 안에 있는 여러 가지 현저하고 누구나 알 수 있는 폐단을 지적해서 '이래서 쓰겠느냐?' 하고 아주 낡아빠지고 사방에 흠이 많은 그런 교회의 여러 가지 병폐를 지적하신 것같이 속단하는 것은 좋지 못한 태도입니다. 에베소 교회부터 라오디게아 교회까지 각 교회는 각각 그 교회의 논의나 이론, 혹은 교회에 대한 상념이 딱 서 있어서 그렇게 하는 것이 좋다고 생각하는 방식으로 전진해 나갔던 것입니다. 각 교회마다 여러 가지 다른 모양과 다른 상태를 가지고 있는데 '교회라는 것이 어떠한 모양이냐?' 하는 것을 따져 보아서 교회 자체가 '우리가 이 꼴로 있어서는 안 되겠다' 하고 반성하고 고치기를 원하는 데도 있었을 것입니다.

우리 주님께서 지금 일곱 교회를 대표적으로 도마 위에 올려놓고 잘잘못을 지적해 나가시는 것은 사람들이 능히 잘 알 수 있는 일반적인 문제가 아니라 제1세기 아직 사도 시대의 교회가 가지고 있는 교회관의 방향과 교회론을 실천해 나가면서 실현한 것들 가운데 그릇된 것을 지적해 나가시는 것입니다. 그러니까 어떤 확실한 표본이나 표준이 현저하게 있어서 만인이 다 공지(共知)할 만한 일이었다면 각 교회마다 그 표준에 의해서 자기네의 그릇된 것을 반성하고 느끼고, 그것을 지적하고 그것을 없애고자 노력했을 것입니다.

물론 교회 안에는 그런 일도 있습니다. 무엇을 잘못하면 '우리 교회가 이래서야 쓰겠느냐?' 하는 말을 하는 때도 있습니다. 그런데 그때마다 예수님이 오셔서 '너 왜 그러느냐?' 하고 다시 책망을 하십니까? 얼른 그렇다고 속단을 하고 그런 관점에서 여기 일곱 교회의 사실들을 보면, 거기에 있는 잘잘못이라는 것은 너무나 현저한 사실들입니다. 누가 보든지 잘못이라고 할 수 있게 되는 아주 평이한 이야기입니다. 그런 까닭에 평이한 이야기로 해석을 합니다. 그러나 그렇게 평이하게 해석하면 여기 계시록에 있는 일곱 교회의 상태라는 것은 세상에 있는 많은 교회의 병폐를 지적한 것은 되겠지만, 계시록 일곱 교회에 있는 잘못과 관계없는 교회도 많이 있을 수 있습니다. 그런고로 이 서신을 읽을 때 결코 어디에든지 있는 평범한 견해를 가지고 '이럴 수가 있느냐? 이세벨을 용납하다니!' '버가모 교회는 또 왜 이런가?' '에이, 처음 사랑을 버리다니 그래서야 쓰겠는가?' 그런 식으로 해석을 하려고 하면 안 됩니다. 가령 그렇게 해석해 가지고 그 해석에 비춰서 자기네 교회를 바로잡겠다고 하면, 자기네 교회의 잘못을 고쳐야 할 사항이라는 것이 그렇게 많은 것이 아닙니다. 어떤 점에는 '우리는 이것을 귀감으로 삼아서 이런 점 하나를 우리도 고치자' 하고 수신(修身) 교과서 읽듯이 '교회에 이런 일이 있어서는 안 되겠으니까' 하고서 고치는 일도 더러는 있을 것입니다. 그러나 계시록 일곱 교회 서신에서 지적한 잘못에 관해서 '우리 교회와는 크게 상관이 없다. 그것을 우리는 하나님 앞에 감사한다' 그렇게 이야기할 교회도 많이 있을 것입니다. 그러나 이것은 아주 평범하고 저급한 교회들의 이야기가 아닙니다.

계시록 일곱 교회 서신은 그 교회들의 아주 현저한 잘못 하나씩을 턱턱 드러내어 지적합니다. 에베소에는 처음 사랑을 버린 것을 지적했고, 그다음 서머나는 순교하는 교회입니다. 별로 잘못을 지적한 것이 없습니다. 버가모는 니골라당을 용인한 교회입니다. 두아디라는 이세벨을 용인한 교회이고, 사데는 살았다 하는 이름은 있지만 실상은 죽었다 하는 교회입니다. 빌라델비아는 약간의 힘을 가지고 잘 견뎌서 주의 말씀을 지켰다고 오히려 칭찬받았습니다. 라오디게아 교회는 뜨뜻미지근하고 또 부자라고 착각하고 있다는 것을 말씀했습니다.

그런 것들이 지금 일곱 교회 서신에 나타난 현저하고 중요한 약점입니다. 이런 것을 잘못이라고 지적받았는데 그렇다면 우리 성약교회에는 어떤 것이 해당되고 어떤 점을 고쳐야 하겠는가 한번 생각해 보시기 바랍니다. 가만히 생각해 보면 '별로 우리에게 저촉될 만한 것이 없다. 좀 약한 데가 있을지 몰라도 그렇게 과히 저촉될 만한 것은 없다' 하고 생각할 것 아닙니까? 그런고로 '이런 것은 우리 교회에 경고하는 말씀인 것보다도 한국에 있는 수많은 다른 교회들에게 경고하시는 말씀일 것이다' 하고 생각하기 쉬울 것입니다.

다른 교회에도 하나씩 돌아다니면서 그 교회 사람들에게 물어 보면, 그 교회는 그 교회대로 다 자기 표준이 있어서 열심히 하느라고 합니다. 교회가 다 하기 싫어서 맥이 빠져 가지고 '시시하다. 하기 싫다' 하는 사람이 대부분이라고 하면 그 교회가 되지를 않고 그러다 얼마 안 있으면 '그만 파하자' 해 가지고 작파해 버리고 맙니다. 그러나 열심히 무엇인지 해 보고자 하는 교회들을 찾아가 보면 거기에 그런 열심과 사랑이 있고 봉사가 있어서 되는 것입니다. 그런 교회들을 보고, 이 일곱 교회 서신 가운데 서머나와 빌라델비아를 빼고 다섯 교회에는 다섯 가지 혹은 여섯 가지의 중요한 잘못을 지적하셨는데 '이런 지적에 해당하는 잘못이 혹시 당신네 교회에 있습니까?' 하고 물으면 '글쎄, 꼭 그렇다고 할 수 없지만 우리가 좀 약한 것은 있을지라도 그래도 정신들을 차리고 있습니다' 하고 말할 것입니다.

그렇다면 계시록 일곱 교회 서신에 지적된 교회의 아이디어는 결국 그 잘잘못이 지금 20세기의 현실 교회에 확실히 적용되겠는가 할 때 적용 안 될 교회가 많습니다. 그러니까 이 계시록 일곱 교회 서신에 대한 생각을 그런 정도로 알고 해석한다면 결국 실제로 구체적인 유익을 여기서 받을 것이 별로 없습니다. 자기네에게 해당하는 것이 있어야 좀 고쳐 보겠다든지 할 것인데 해당하는 데가 없다고 생각하니까 '옛날 옛적에 계시록 일곱 교회는 그랬구나' 하는 정도에 그칩니다. 그런데 예수님께서 그렇게 아주 저급하고 평이한 이야기를 하신 것입니까? 예수님이 생각하시던 교회는 무엇인가? 어떠한 식 교회를 가져야 할 것인가? 그래도 우리 성약교회 정도면 빌라델비아 교회나 서머나 교회라고 할 수는 없겠지만, 예수님께서 '그래도 너희는 괜찮다' 하는 정도로 해 주시려는가? 그것을 가만히 생각해 보십시오.

잘 생각해 보면 여기에 있는 이 편지를 하실 때에 마땅히 있어야 할 당위의 교회상, 그 원형(原型) 하나만을 꽉 찍어 놓고서 '다 그렇게 되어야 한다' 하신 것은 아닙니다. '라오디게아 교회 너는 이래야 할 텐데, 에베소 교회 너는 이래야 할 텐데 왜 이러지 못하느냐? 에베소는 이렇게 되어야겠다. 서머나는 이렇게 되고, 그다음에 버가모, 두아디라, 사데, 빌라델비아, 라오디게아는 각각 다 이렇게 되어야 한다. 그런데 왜 그렇게 됐느냐?' 하실 때에는 교회에 대한 원형이 있고, 그 원형에 맞춰서 실지로 그 지교회가 가지고 있는 그릇들과 그 지체들의 특성들을 거기에 맞춰서 나타낼 때에는 '이러한 충만한 현실적인 그림이 생겨야 한다' 하는 그림 하나가 있습니다. 그것을 보시면서 '이래야 할 텐데 너는 왜 이러느냐? 이것이 없지 않으냐?' 하시는 것입니다. 이렇게 예수님께서 원형에다가 그 교회의 특수성을 충분히 나타낸 가장 이상형의 교회의 이미지라는 것이 어디든지 거재두량(車載斗量)으로 있는 평범한 것이겠습니까? 그런 점이 중요합니다. 계시록 일곱 교회 서신에서 그것을 자세히 다 가르쳐 주지는 않았지만 그것을 따져 보려면 일곱 교회 서신이 우리에게 어떠한 원형과 일곱 교회 하나하나의 표준(criterion)을 가지고 말씀하셨는가에 대해서 생각하고 그것을 바르게 파악하고 그 위에서 교회에 대해 비판하고 평가하신 것을 깨달아야 할 것입니다.

주님께서는 성경 다른 곳에서 교회의 원형이 무엇인가를 풍부하게 가르치셨습니다. 그러니까 아무데라도 있을 수 있는, 사람들 눈에는 훌륭한 듯이 보이고 아무것도 부족할 것이 없는 듯이 보이는 그런 교회를 놓고서 그 원형을 벗어나 있고 그러한 표준에 맞추지 못했다고 나무라시는 것이 아닙니다. 그것을 종합적으로 나무라시는 데가 라오디게아 교회입니다. '너는 모든 것을 다 갖추었다고 말한다. 부자라고 말한다. 부요하다고 한다. 부족할 것이 없다고 한다. 그런데 내가 보건대 교회가 마땅히 가져야 할 원형과 교회가 마땅히 나타냈어야 할 교회의 바른 자태라는 표준에서 너를 보니 너는 부자가 아니라 가난뱅이다' 하고 말씀하신 것입니다. '너는 대단히 고생하고 있다. 평안한 것이 아니다. 또 너는 남 보기에 훌륭하고 첨망(瞻望)할 만하고 부러워할 만한 자가 아니라 불쌍한 자다. 가련하다. 또 너는 눈이 밝고 잘 알아서 잘했다고 스스로 생각하는데 그 반대로 너는 소경이고, 너는 화려하게 잘 입고 있는 줄 아는데 벌거벗은 자다. 네가 스스로 입고 있는 줄 아는 그러한 것, 옷을 화려하게 잘 입은 것을 보고 너는 교회라고 하는데 나는 그런 것을 보고 교회라고 하는 것이 아니라 지금 벌거벗고 앉아 있는 네 속에 있는 것을 교회라고 하는 것이다. 그러니까 너는 그것을 놓쳤다' 하는 말씀입니다.

'지금 너희는 내가 보기에는 가난한 자다. 그런데 너희들은 부자라는 어떤 사실을 교회라고 한다.' 이 사람들이 부자가 아닌데 부자라고 했다는 말은 아닙니다. 라오디게아 교회는 부자입니다. 부요하고 부족할 것이 없는 교회입니다. 그들은 부자인 그것을 놓고 교회라고 하지만 예수님께서는 딴 것을 보고 교회라고 하셨다는 말씀입니다. 예수님께서 보시는 것은 라오디게아 사람들이 보는 그 교회가 아닙니다. '라오디게아 교회에는 이것이 이상적이다. 이것에 비춰 보면 너는 굉장히 가난하다. 곤고하다. 가련하다. 눈멀고 벌거벗었다' 하신 것입니다. 그러니까 이것은 사람들이 현저하게 잘 알 수 있는 어떤 교회의 증상들을 의미하는 것이 아닙니다. 교회라는 신비한 원형과 또 개(個) 교회가 가지고 있어야 할 당위의 결실 속에서 그런 것을 하나의 표준형으로 놓고 그 교회를 타매(唾罵)도 하시고 논란하시고 비판하시고 평가하시는 것입니다. 그런 점을 참 주의해야 합니다.

교회가 딴 길로 가게 되는 원인

주께서 교회를 말씀하실 때에는 사람들이 보통 생각하는 교회와는 여러 모로 다른 점이 많이 있습니다. 사람들은 '교회는 이런 것이다' 생각하고 라오디게아에 있는 교회를 보고 '참 부자다. 부요하다. 참 훌륭하다. 아주 눈이 밝다' 그렇게 말을 하고 있습니다. 그런데 예수님께서 내리신 평가는 그렇지 않습니다. 예수님께서 교회라고 보시는 것은 그런 것이 아닙니다. 그렇다고 교회가 전혀 별다른 것으로 딴 데에 있다는 것은 아닙니다. 그 속에 다 있습니다.

예를 들어 에베소 교회는 자칭 사도라 하되 아닌 자를 시험해서 가려냈고 악한 자들을 용납지 않았다고 하시면서 그들이 가지고 있는 어떤 교리적인 활동을 칭찬하셨습니다. 그러나 책망할 것은 처음 사랑을 버렸다는 것입니다. 에베소 교회 안에 분명히 자칭 사도라 하되 아닌 자가 들어와 있는 것을 비판하는 행동이 있었습니다. 그러면 예수님은 그것은 예수님께서 이상형으로 그리고 계신 에베소 교회가 당연히 할 일이라고 생각하신 것입니다. 그런데 현실 에베소 교회도 실제로 그것을 했습니다. 그런 점에서는 부합해 있습니다. 그러나 이상형인 에베소 교회는 처음 사랑을 그냥 유지하고 있어야 하는데 현실 에베소 교회는 그것을 포기했다는 것입니다. 그러니까 진짜 에베소 교회가 이상형으로 예수님의 안중(眼中)에 있는데, 그것으로 바라볼 때 어떤 것은 부합하지만 어떤 것은 포기해 버려서 이지러진 자태라는 것입니다.

그렇다면 에베소 교인들은 자기네가 처음 사랑을 버린 것에 대해서 '우리가 참 잘못했구나! 이것이 진짜 교회로서의 요구라면 이것을 포기하다니 될 말이냐?' 했느냐 하면 별로 그런 흔적은 없습니다. 그리고 그 후에도 에베소 교회는 확실히 회개했다든지 어쨌다든지 그런 이야기가 별로 없습니다. 사람들이 많이 하는 이야기는 '에베소에는 폐허만 남았다'는 것입니다. 일제히 한 번 회개를 했겠지요. 그렇지만 그 정신을 캐치(catch)하지 못했습니다. 예수님께서 말씀하시는 참교회가 그 속에 들어앉아 있어야 하는데 참교회의 반쪽은 벌써 달아나고 한쪽만 그 교회 안에 붙어 있습니다. 정당한 비판 운동은 에베소의 참된 이상형 교회의 한쪽입니다. 교인들 가운데 비판 정신은 차 있었지만 참사랑, 첫사랑이라는 것은 에베소 교회와는 분리되어 있습니다. 교회라는 형태를 그렇게 비꾸러지게 끌고 탈선하고 나가니까 그것을 바로잡으라고 하시는데도 현실 에베소 교회는 벌써 이렇게 궤도에서 벗어나서 딴 데로 가기 시작했습니다. 이러한 것이 에베소에 있는 사람들에게는 안 보였습니다.

교회는 어디로든지 갑니다. 단지 궤도 위에 올라섰는가 궤도를 벗어났는가, 즉 예수님이 요구하시는 이상형의 당위 가운데 그냥 서서 가는가 그렇지 않으면 이상형의 당위에서 벗어나서 자기네 식의 교회관이나 자기네 식의 표준에 의해서 행동하는가 하는 것이 문제입니다. 에베소 교회 사람들이 '교회는 이래서는 안 되는데……' 하면서 점점 불가부득 그렇게 딴 길로 간 것이 아닙니다. '교회는 이렇게 해야겠다' 생각한 다음에 '교회는 마땅히 이렇게 가야 한다' 하고서 간 것입니다. 어느 교회든지 자기네 교회의 현실 증상을 '그래서는 안 되는데……' 하면서 불가부득 나타내는 일은 드뭅니다. 외부의 강력한 압박이 있어서 밀어내기 전에는 좀처럼 그렇게는 안 됩니다.

외부의 강력한 압박이 있을 때에 교회가 어떻게 해야 할 것인지는 자명합니다. 그때는 당연히 할 바를 그대로 하면 그만입니다. 그러나 그렇게 하지 않고 딴 생각을 하는 것은 압박 때문에 그러는 것이 아니라 생각을 그렇게 한 것입니다. 예를 들어 과거에 대한예수교장로회가 신사 참배(神社參拜) 문제로 강압을 당할 때에 신사 참배라는 문제가 와서 교회에서 회집을 해 가지고 모이면 대마(大麻)에다 절을 하게 하고 신사로 가라고 했을 때에 '회집을 차라리 안할지언정 교회의 순수성과 정절을 지키겠다' 했으면 그만입니다. 생각을 그렇게 했으면 다 그렇게 나갈 것입니다. 적어도 그렇게 가르쳤으면 그렇게 하지 않는 사람은 교회의 대종(大宗)에서 벗어나서 저희끼리 도당을 만들어 가지고 떠드는 일이 되었을 것입니다. 그러나 교회의 회의가 그렇게 하지 않았습니다. 그것은 외부의 압박에 못 견뎌서 그런 것이냐? 외부의 압박이 없었더라도 생각을 비뚤어지게 하는 저급한 정도에 머물러 있으니까 궤도에서 벗어났던 것입니다. 벌써부터 궤도에서 벗어나서 이미 딴 길을 가고 있었으니까 압박을 가했을 때에 딴소리를 한 것입니다. '어떤 일이 있든지 교회를 지켜야 한다' 하고 되지못한 소리를 한 것입니다. 사람들이 그렇게 생각을 했습니다. 그러면 어떤 일이 있든지 지키겠다는 교회는 대체 어떤 교회입니까? 우상에게 절해 가면서라도 지키겠다는 교회는 무엇입니까? 그것은 자기네 교당에 불과한 것입니다.

그러니까 외부의 압박이 있든지 내부의 무엇이 있든지 그것이 문제가 아니고, 제일 중요한 갈림길은 어디에 있느냐 하면 교인들이 잘못 생각을 한다는 것입니다. 잘못 생각해서 아닌 것을 긴 것으로 알고 자꾸 그렇게 경영해 간 것입니다. 이렇게 잘못된 생각이 그 기저 가운데 있습니다. '이세벨을 왜 용납하느냐? 이세벨을 용납하면 안 되겠다' 하는 것을 교인들이 자각했으면 용납하지 않았을 것입니다. 누군가가 '용납하지 않으면 가만두지 않겠다' 하고 야단을 낸 것이 아닙니다. 누가 가만두지 않겠다고 야단을 내더라도 안 해 버리면 그만입니다. 아주 어려운 이야기가 아닙니다. 교회가 이단을 용납할 때에는 '불가부득 그럴 수밖에 없다' 하고서 용납하는 법은 없습니다. 왜냐하면 하나님께서는 어떤 사람의 양심도 구속하지 않으시기 때문입니다. 또한 어떤 사람도 다른 사람의 양심을 구속하지 못합니다. 사람을 그렇게 만드시지 않았습니다. 자기 마음 가운데 '그 이단은 듣기 싫다' 하고서 자기가 싫으면 안 듣는 것입니다. 그런데도 불구하고 받아들였다면 그 사람이 그것을 받아들인 것입니다. 그러니까 '왜 이세벨을 용납하고 왜 니골라당을 용납하느냐?' 하신 것입니다.

그런 관점에서 이것을 바라보면 각 교회마다 가지고 있는 큰 오해들이 있다는 말입니다. 그 오해에 기인해서 각각 자기네에게 비근(卑近)한 중요한 것을 정당한 것인 줄 알고 따라갔다는 것입니다. 이렇게 비근한 중요한 것을 정당한 것으로 알고 따라가는 자태가 에베소 교회에는, 처음 사랑을 버렸지만 그것을 알지 못하고 '교회는 당연히 이렇게 나가는 것이 좋다' 생각하고 나가는 상태로 나타났습니다. 또한 버가모 교회는 니골라당을 용인했지만 니골라당을 용인한다는 것이 무슨 큰 잘못이 아닌 줄로 알고 믿고 나갔고, 두아디라 교회는 이세벨을 용납했는데 '이세벨이 있는 것이 굉장히 잘못된 것일까?' 하고 교회적으로 생각한 것입니다. 사데 교회는 '살았다는 이름은 있으나 실상은 죽었다' 했는데 막상 자기네들은 그 사실을 모르고 있습니다. 이렇게 모르는 것을 지금 집어내서 '너희들은 이것을 모른다' 하고 말씀하신 것입니다.

원형의 교회에 대한 각성

주께서 우리에게 말씀하실 때에는 다 알고 있는 이야기를 되뇌어 가지고 당신의 권위를 세우려고 또 이야기하시는 것이 아닙니다. 깨닫지 못하는 것을 깨닫게 하시는 거룩한 계시이고 조명(照明)입니다. '왜 이 모양이냐, 그것을 모르느냐? 내가 일러 줬으니 이제는 회개해라' 그것입니다. 이런 관점으로 볼 때 첫째로 '참교회는 무엇이냐?' 둘째는 '각 교회가 참교회를 실현할 때는 어떤 특성을 마땅히 나타내야 할 것이냐?' 그것을 잘 알고 있어야 합니다. 그것이 없으면 딴 짓을 해도 딴 짓을 하는지 모르고 궤도를 벗어나도 벗어난 줄 모르고, 자기가 잘못했어도 잘못한 줄 모르고 잘되는 줄만 아는 것입니다.

잘못한 줄을 알았으면 개혁은 벌써 했을 것입니다. 왜 천 년 이상 개혁을 못했느냐 하면 그것이 교회인 줄 안 까닭에 그렇습니다. 교회론에 대한 각성이 왔을 때 비로소 개혁을 한 것입니다. '교회는 이래서는 안 된다' 할 때 거기에 대해서 정신 차린 사람은 개혁에 따라 나서고, 그때도 정신 못 차린 사람은 '이런 것을 조금씩 고쳐 가면서 하면 되는 것이다. 개혁까지 할 것은 없다' 하고 마는 것입니다. 그것은 지금도 마찬가지입니다. 이런 것들이 여기에 나타나 있는 중요한 도리입니다.

이제 중요한 문제는 원형의 교회, 이상형의 교회, 즉 우리가 당연히 가져야 할 그 교회의 자태가 무엇인지를 늘 알고 있어야 한다는 것입니다. 그런데 여기 잘못을 지적한 데를 보면 교회의 잘못이 각각 다릅니다. 똑같은 것을 지적하고 또 지적하고 하지 않았습니다. 그 근방에 있는 일곱 교회를 골라 놨는데도 불구하고 그 잘못에 각각 특성이 있습니다. 여기서 또 한 가지 알려 주시는 것은 결국 각 교회가 교회에 대해서 이해할 때에 한결같이 꼭 한 가지로만 생각하지 않았다는 것입니다. 그런 까닭에 잘못이 다른 데서 빚어져 나간 것입니다. 그리고 각 교회가 당하는 사정이 모두 다르다는 것입니다. 지역은 비교적 서로 가깝다고 할지라도 당하는 사정들이 각각 달라서 그 취약한 데를 마귀가 시험하고 넘어뜨리고 거기서 큰 결점을 드러냅니다.

그렇게 각 교회가 원형의 교회를 바르게 안다는 것이 첫째로 중요합니다. '원형의 교회의 위치에서 어떤 문제에 대해서 어떻게 태도를 취하는가?' 하는 것이 거기에 나오는데, 이 일곱 교회는 각각 자기네에게 당한 문제에 대해서 어떤 것은 조금 알아서 그래도 정당한 태도를 취하였지만 어떤 것은 그러지 못한 까닭에 원형의 교회에 비해서 큰 결핍을 가지고 있습니다. 이상형이 아니라는 것입니다. 잘못만 하고 만 것은 아니고 어떤 것은 원래 이상형에 맞춰서 다소 해 보느라고 했지만 어떤 부분은 그 이상형을 굉장히 상실해서 아주 큰 결점을 드러내고 말았습니다. 1세기인데도 벌써 교회에 대한 이미지를 이지러뜨리고 부분적으로 그 진자(眞姿)를 상실한 것입니다.

에베소 교회가 교리에 명확하게 서서 비판 운동을 했다는 점이 좋은 일이지만 교회는 그것만 잘 가지고 있으면 된다고 생각을 해서인지, 처음 사랑을 버리고도 그 사실을 모르고 있었던 것입니다. 그 사람들이 사랑이 없었다는 말은 아니고 다만 처음 사랑을 버렸다는 것입니다. 만약 처음 사랑을 가졌다면 에베소 교회는 당면한 문제에 대해서 책망할 것이 없는 자태를 정비하고 서 있었을 것입니다. 그렇다면 그것이 모든 교회의 원형이냐 하면 그것은 아니고 에베소 교회로서는 그렇다 하는 이야기입니다.

서머나 교회나 빌라델비아 교회는 예수님께서 말씀하시는 이 당시에 그만큼 예수님의 위로와 승인을 받았습니다. 그러나 그와 같은 모양으로 있으면 언제까지든지 예수님께 위로와 승인을 받는다 하는 이야기가 아니라는 것을 주의해야 합니다. 그 당시 그 사람들에게 닥쳐온 환난이나 시험 앞에서 교회는 바른 자태를 유지했습니다. 그것은 물론 실력을 테스트하는 시험이 몰아닥칠 때 흔들리지 않고 서 있을 만한 장성과 준비와 순정성(純正性)을 평소에 갖추고 있었기 때문입니다. 그러면 이 교회는 항구(恒久)히 칭찬만 받게 될까요? 만약 그것을 그대로 유지하면서 장성해 가면 그렇겠지만, 그 시점에서는 그랬을지라도 그대로 유지하지 못하고 그 후에 병폐에 넘어지든지 쇠약해지든지 하면 이번에는 다른 교회들처럼 책망을 받을 수 있는 것입니다.

교회는 시대적 사명을 감당해야 함

그런고로 예수께서 이 교회들에 대해서 책망과 칭찬을 하시는 일은 역사의 어떤 일정한 시기를 끊어 놓고서 그때까지의 사실을 가지고 이야기하는 것이지 그 후로 백 년이나 이백 년 후에 올 이야기를 하신 것이 아닙니다. 이것이 항구한 사실은 아닙니다. 교회는 살아 있는 유기체인 까닭에 자꾸자꾸 장성해 나가는 것이지 그냥 고정적으로 딱 한번 만들어 놓으면 금강석같이 변치 않는 것이 아닙니다. 그러니까 빌라델비아 교회나 서머나 교회가 예수님이 비판하시는 그때까지 그 교회의 자태와 결과로 내놓은 역사적인 결과와 현실은 위로를 받을 수 있는 정도였다 하는 말입니다. 원형의 교회를 그대로 유지하고 약간의 힘을 가지고, 쓸 만한 적은 능력을 가지고 그렇게 했다는 것이지 훌륭하다고 막 굉장히 추켜세운 것은 아닙니다. '네게 약간의 힘이 있을지라도 그것을 가지고 유지하고 나갔다' 하고 말씀하신 것입니다.

그것이 중요한 사실이고 역사에 비춰 볼지라도 자명한 도리입니다. 한때 역사에 찬연히 빛나는 일을 했던 교회가 그 후의 역사에서는 아무런 자취도 없이 사라지고, 거기에 교회가 있기는 하지만 역사의 유물로밖에 존재하지 않는 그런 교회가 많이 있습니다. 제네바에 가서 칼빈 선생이 활동하던 교회를 보면 일찍이 그렇게 구라파에 가장 큰 영향을 끼치던 그 본부가 오늘날에는 역사의 유물에 불과하고 아무런 빛이 없는 데가 되고 말았습니다. 일찍이 히포에서 전 라틴 교회를 지도하고 가르쳤던 어거스틴 선생의 교회가 오늘날에도 아프리카에 훌륭한 교회로 서 있어서 세계에서 우러러보고 있느냐 하면 지금 우리는 히포가 어디에 있는지도 잘 모르지 않습니까?

그런 것에 비춰 보면 교회는 역사 위에서 정상적으로 늘 장성해 가야지 한때 칭찬을 받았다고 해서 항구히 칭찬을 받는 것이 아니라는 것입니다. 물론 한때 책망을 받았다고 해서 항구히 책망만 받는 것도 아닙니다. 여기서는 칭찬을 받은 그 시점에 역사의 현실을 담당하고 있는 그 세대(generation)에게 하는 말씀입니다. 그 세대는 그만한 자격과 그만한 태도를 취했다는 것이고 다음 세대가 잘못되면 할 수 없는 것입니다. 그러니까 그 칭찬은 영구한 것이 아닙니다. 교회의 볼 수 있는 형태라는 것은 영구히 같은 질(質)을 늘 유지하고 나아가는 것은 아닙니다. 그런고로 우리가 여기서 알아야 할 것은 우리는 우리 앞에 당면한 이 역사의 현실에서 나의 생전에 내 세대에 나의 할 일을 다해야 한다는 것입니다. '우리는 잘하지 못하지만 자라나는 후생(後生)들이나 바라보고 삽시다' 하는 말은 언제든지 도피입니다. 후생은 후생대로 자기 책임을 이행해야 하고 지금은 지금 자기의 책임을 이행하도록 주께서 각 세대에 부여된 역사의 과제에 대한 의무와 책임 이행 여부를 물으시는 것입니다.

참교회의 자태는 어떻게 입증되는가

그렇다면 우리가 지금 당연히 가져야 할 참교회의 자태를 잘 지니고 있는지를 무엇으로 알 수 있습니까? 물론 기본적인 것들이 있습니다. 그러나 이 원덕(元德)이라는 것, 즉 기본적인 덕, 그리고 기본적인 우리의 능력, 기본적인 생명의 자태라는 것은 문제에 부딪쳐서야 그것이 진짜인지 가짜인지를 드러내는 것입니다. 예수께서도 여기서 교회의 원론을 하나하나 하시지 않고 '너희가 어떤 문제에 부딪쳐서 이렇게 했고 저렇게 했다' 하는 것을 짚어서 말씀하신 것입니다. '너는 왜 이세벨을 용납했느냐?' 이세벨이 잠입했을 때 그것을 용납했다는 것입니다. '너는 왜 니골라당을 그냥 그대로 붙들고 있느냐?' 니골라당이 그 속에 파생해 나가는데도 그에 대한 교회의 적절한 태도를 취하지 못했다는 것입니다. 그것을 하지 못했다는 것은 기본적인 교회의 능력과 지혜가 그만큼 우준하고 그만큼 미약했다는 것을 반증합니다. 이것이 참 중요합니다. 기본적으로 어떻다 하는 것보다도 문제에 부딪혔을 때 어떻게 했는가를 가지고 지금 논란하시는 것입니다.

그런데 그 문제는 반드시 어떤 사회적인 사건만은 아닙니다. 사상적인 문제도 있습니다. 교회에 대해 책망하신 것을 보면 사상적인 문제를 가지고 이야기한 것도 있습니다. 그 정신적인 기본 능력이 발휘되지 아니한 것을 가지고 이야기하셨는데 예를 들면 에베소 교회가 처음 사랑을 버렸다는 것은 '누구누구가 너희에게 있어서 어떻게 해야 할 텐데 왜 안 했느냐' 하는 사건을 들어서 이야기한 것이 아닙니다. 버가모 교회의 니골라당이라는 것은 분명히 한 개의 분파(sectarianism)입니다. 또 두아디라의 이세벨이라는 것은 그게 상징적인 용어일지라도 어떤 사건입니다. 주로 사건하에서 말씀하시는 것입니다. 그러나 결국에 지적하시는 것은 사건 그 자체가 아니라 그 사건에 부딪혀서 나타난 그 사람들의 속입니다. 가령 두아디라의 이세벨 문제는 결국은 배교 이야기입니다. '너희는 왜 배교했느냐? 왜 훼절(毁節)했느냐?' 하는 것입니다. '그리스도에 대한 정절을 지켜야 하는데 왜 너희는 훼절하고 우상을 섬기고 우상과 더불어 부동(符同)하려고 하느냐?' 우상에 아주 딱 들어붙어 버린 것입니다. 버가모 교회의 니골라당보다 더 심합니다.

에베소의 '처음 사랑'이라든지, 사데의 '살았다는 이름은 있으나 실상은 죽은 것'이라든지, 라오디게아 교회에 대해서 '부요하여 부족할 것이 없다. 뜨뜻미지근하다' 하신 이야기를 가지고 거기에 무슨 사건이 있었는지 추측할 길은 없습니다. 그러나 사건이 있어서 직접 그 사건을 가지고 이야기하셨든지 그 사람들의 정신적인, 사상적인 자세 여하를 지금 형형한 눈으로써 바라보신 주님으로서 이야기를 하셨든지 결국 마찬가지입니다. 그들이 가지고 있는 능력과 현실에 관한 것입니다. '교회란 무엇이냐? 교회는 외형이 아니다. 사건을 처리하는 손과 발이 아니다. 교회라는 것은 그 속에 있는 심장부다.' 카르디아(καρδία)가 어떻게 생겼느냐 하는 문제라는 말씀입니다.

'너희들은 처음 사랑을 버렸다. 그것이 교회냐?' 그러면 처음 사랑을 버린 것을 어떻게 아십니까? 예수님은 그 심장을 꿰뚫어 보시니까 아시는 것입니다. 무슨 사건이 나서만 그러는 것이 아닙니다. 지금 시시한 사건을 일일이 다 매거(枚擧)한 것도 아닙니다. 분명히 에베소 교회 안에는 처음 사랑이 나타나야 할 확실한 여러 가지 크고 작은 일들이 많이 있었을 것입니다. 사랑은 속에다 품고만 있는 것이 아닙니다. 자꾸 바깥으로 나타나서 그것이 어떤 생활 태도를 취하게 하는 것입니다. 생활 태도니까 만사에 그 사랑이 섞여 나오는지 안 나오는지가 확연히 드러나는 것입니다. 그런데 그런 만사에서 에베소 교회는 처음 사랑을 버렸다는 말입니다. 물론 유지하고 있는 것이 있습니다. 서로 신의도 있고 또 어려운 것을 도와주는 맛도 있지만 그런 정도지 처음 사랑은 버렸다는 것입니다.

　에베소의 처음 사랑에 대해서는 일반적인 이야기를 지난번에 한 번 했습니다. 왜 '처음 사랑'이라는 말을 썼느냐 하면, 그리스도께서 부르사 그를 하나님의 나라로 옮기실 때에 베푸신 그 사랑, 그때 그의 마음이 환연히 바뀌어서 그리스도에 대해서 지금까지 전혀 알지 못했던 아주 환한 세계를 보는 것과 같은 어떤 환희 가운데 들어가 있는 관계가 처음 사랑입니다. 그런 말을 쓰기는 했지만 여인이 남편을 연연불망(戀戀不忘)하는 그와 같은 사랑이 아닙니다. 예수님과의 관계에 있어서 처음에 얻어서 가지고 있던, 성신님으로 말미암은 환희와 간절한 심정과 순종하는 심정에서 출발한 사랑을 의미합니다. 여기 처음 사랑이라는 말을 쓴 것은 하나님께서 먼저 사랑하시고 그로 인하여 하나님을 사랑하고 그리스도를 사랑하는 사랑의 관계를 나타내기 위함입니다. 그리고 처음 사랑 아닌 다른 사랑이 아니라는 것을 가르치기 위해서입니다.

　에베소 교회에는 처음 사랑 이외에 다른 사랑들이 많이 있었을 테지만 그런 것은 안 받는다고 하신 것입니다. 거기에 우정도 있고 친절도 있고 봉사도 있고 남을 도와주는 심정도 있고 다 있습니다. 그러한 인문적(人文的)인, 문화적인 사랑, 인정적인 사랑을 버렸다는 것이 아닙니다. 그러나 교회는 그런 것으로 구성되지 않습니다. 요컨대 수가 많든지 적든지 사람끼리 서로 사랑하는 단체라는 것은 교회 외에도 많이 있습니다. 가장 정답게 사는 부부는 사랑하고 사는 하나의 단체입니다. 많은 교회는 정답게 서로 사랑하고 사는 부부간의 사랑만 못한 것이지 그보다 더 낫다고 할 수가 없습니다. 옛날에 다정한 부부는 남편이 죽으면 아내가 '살아서 무엇하랴?' 하고서 죽은 남편의 뒤를 따라갈 만큼 사랑했습니다. 그것은 의리를 위해서 순절(殉節)하는 것이 아니고 정에 의해서 '남편이 없는 세상에서 나 혼자 살아서 무엇하느냐?' 하고 자기의 전 세계를 잃어버린 그 공허감에서 그만 남편의 뒤를 따라갈 만큼 절절히 사랑하고 가는 사람들도 있었던 것입니다. 교회에 그런 사랑은 없습니다.

오늘날 세계의 교회는 더군다나 냉랭하게 된 것입니다. 생활이 착잡하니까 자기 생활을 자기가 경영하다 보면 자연히 남에 대해서 냉랭하게 되는 것입니다. 그러니까 그저 교인의 의리가 있어서, 이 세상 식으로 말하면 그게 의리인데 교인으로서의 자각이 있는 까닭에 그 의리를 지켜 주는 것입니다. '안됐다' 하고서 조금 문안도 해 보고 알아도 보지만 그러나 그렇게 간절한 것은 아닙니다. 간절하지 않은 상태가 참 많이 있습니다. 간절하려고 해도 할 수 없는 것입니다. 오비(吾鼻)가 수삼척(數三尺)인데 남의 일까지 간절하게 할 수가 없는 것입니다. 그러니까 그렇게 하지 않을 만한 대범한 연결과 유대 가운데서 서로 어느 정도만큼의 의리를 지키고 살면 된다는 관계의 한계를 스스로 다 정하고 있는 것입니다. 어떤 교회든지 다 그렇습니다. 이런 것을 처음 사랑이라고 하지는 않습니다.

어떤 사회 단체든지 그 단체를 유지하려면 한계를 정하는 것입니다. 어느 정도만큼의 친분을 가지고 이 단체를 움직여야 할 것인가를 정하는 것입니다. 계를 묻더라도 어느 정도만큼의 신뢰를 가지니까 계를 묻지 전혀 신뢰할 수 없는 사람과는 계를 하지 못합니다. 가령 로터리 클럽 같은 것도 구성원 간에 어느 정도만큼의 신용을 서로 가지는 것입니다. 로터리 클럽의 멤버라고 하면 무뢰한(無賴漢)이나 폭한(暴漢), 혹은 사기배(詐欺輩)나 무신배(無信輩)는 아니라는 것을 압니다. 그래도 그 사회에서 신사라고 하는 사람들이니까 체면을 유지하는 것입니다. 그러니까 무슨 돈을 내서 문화 사업을 하자고 하면 남에 대한 자기의 체면 때문에 돈이 나오는 것입니다. '저 사람도 체면 때문에 그 돈을 거절 못할 것이다' 하는 것을 알고 그만한 정도 안에서 액수를 정하는 것입니다. 이것이 이 사회를 운영하는 방법 아닙니까? 그러니까 많은 종교 단체가 거의 다 그런 식으로 나갑니다. 불교와 같이 특수한 종지(宗旨)가 있어서 그 종지에 의하여 모든 것을 다 털어 버리고 일체 적멸(一切寂滅)이라 하고서 그것을 아주 다 털고 절연(絶緣)을 하고 나오는 그런 식 생각도 없는 것은 아닙니다. 그러나 적어도 그것이 사회 안에 작은 사회로서 엄연히 존재하면서 그 명맥을 유지하고 활동을 해 나가려고 하면 일반적으로 흐트러져 있는 사회보다는 좀 더 가까운 유대와 친밀한 감정을 서로 가져야 합니다. 그런데 그것은 단체 여하에 따라 친밀도가 다릅니다.

교회도 천차만별입니다. 어떤 교회에 가면 친밀도가 약하고 한 교회에 다닌다는 정도의 의리는 있습니다. 또 어떤 교회에 가면 친밀도가 훨씬 강합니다. 그러나 아주 가까워서 친밀도가 농밀하다고 하더라도 가장 사랑하는 불신자 부부만큼 가까울 수는 없는 것입니다. 그러니까 교회는 결국 이 세상에서 가정만 못하다는 이론이 생기는 것입니다. '교회가 가정만 못하다. 가정이 첫째다.' 그러니까 불신자라도 가정을 중심 삼아서 자기를 희생하려고 하는 것입니다. 하지만 교회를 중심 삼아 가지고 그런 생각은 안 드는 것입니다.

처음 사랑

그런 점으로 볼 때에 그리스도께서 우리에게 처음 사랑이라고 말씀하신 것은 교회가 가지고 있는 사랑의 가장 독특한 것, 교회에 없어서는 아니 될 것, 교회의 생명의 요소라고 할 것을 지금 지적하는 것입니다. 지난번에 생명의 요소, 그것 없이는 교회가 아니라고 하는 데까지는 이야기하고 사랑에 대한 이야기를 하다가 그것 하나만 자꾸 이야기하다 보면 많은 시간이 갈 테니까 중단을 하였습니다. 그것을 이론으로만 자꾸 이야기해 봐야 우리에게 얼마나 투철하게 되는지 의문입니다. 얼마 동안 지내면서 차례차례 조금씩 이야기하겠습니다만 특별히 그리스도적인 사랑이라는 문제는 쉬운 문제가 아닙니다.

흔히 우리는 무슨 사랑을 갖는가 하면 인정(人情) 혹은 동지애(同志愛), 혹은 같은 교를 믿는 사람이고 같은 교회에 있고 개인적으로도 친하니까 거기에서 개인적인 친분과 같은 교회라는 띠로 매었다는 것이 뒤섞여서 나오는 것입니다. 개인적으로 친분이 가까우면 그만큼 더 자별한 것이고 같은 교회라도 우리 교회는 수가 적으니까 그렇지만 큰 교회에 가면 서로 멀어서 길가에서 만나도 서로 한 교회에 다니는지 마는지 모를 수도 있는 것입니다. 한 교회에 다닌다고 해서 '아, 한 교회에 다니는데……' 하고서 특별히 무엇을 돌아보아야겠다는 그런 생각을 반드시 일으키는 것은 아닙니다. 한 교회에 다닐 뿐 아니라 친해야 합니다. 그러니까 한 교회라는 조건도 있고 의리 관계도 있고 거기에 더해서 개인적인 친분, 우정 이런 것들이 모두 섞여 가지고 그리스도의 사랑이라는 말로 호도(糊塗)를 하지만 그것이 교회에서 말하는 처음 사랑은 아닙니다.

그러니까 이런 점으로 볼 때 에베소 교회에 사랑이 없었던 것은 아닙니다. 사랑이 없다고 지금 나무라는 것이 아니라 처음 사랑을 버렸다는 것을 나무라는 것입니다. '너희에게는 사랑을 눈에다가 약을 하려고 해도 볼 수 없다' 이렇게 말씀하시는 것이 아닙니다. 그렇게 명확하게 교리의 명확성을 가진 그 사람들로서 그만큼 사도의 교훈을 잘 알았으니까, 알았으면 자기네끼리 서로 사랑하려고 노력했을 것입니다. 사도 요한은 특별히 사랑에 대해서 편지도 많이 쓴 분 아닙니까? 그런데 거기에 대해서 몰랐다고 말할 수 없습니다. 다 잘 알고 있고 힘껏 자기네끼리 해 보느라고 했겠지만 그것은 그거고 처음 사랑을 버렸다는 것입니다.

그러므로 교회의 참된 자태가 무엇인지 알려면 그것을 체득할 만큼 예수 그리스도로 말미암은 새로운 생명과 인격의 장성이 필요합니다. 새로운 생명으로 말미암은 인격의 장성이 없이는 참교회의 자태를 나타내지 못하는 것입니다. 그냥 조직된 교회를 잘 유지하고 보존하고 서로 친분을 두터이 가지고 옛날 우리나라의 위친계(爲親契)나 상조계(相助契)처럼 어려운 일이 있을 때 서로 돌아보아 주는 정도의 의리 관계와 친분 관계와 인정 관계로 얽히는 것을 가지고 참된 교회의 모습이라고 하지 않는 것입니다. 그런 것은 못쓴다는 것이 아니라 그런 것 가지고는 교회의 충분한 자격을 가졌다고 말하지 못한다는 것입니다. 에베소 교회도 그런 것이 없어 가지고 책망을 받지는 않았을 것입니다. 친한 사람은 친하고 서로 찾는 사람을 찾고 그랬을 것입니다. 그러니까 예수님께서도 '서기관이나 바리새인들도 다 찾는 사람들이 찾고 문안하는 사람들은 문안하고 그렇게 하는 것이다. 너희들도 그러하다면 너희 의가 서기관이나 바리새인보다 낫지 못하고 절대로 하나님 나라에 못 들어간다' 하신 것입니다. 그 이상으로 올라가야지 그러지 않고서는 안 된다는 이야기입니다.

이것이 하나의 예인데 참교회의 자태를 바르게 그려 놓고, 우리 주님이야 참교회의 자태를 당신이 친히 제정하신 분이니까 '이것이 참교회다. 그런데 너희에게는 없지 않으냐? 여기서 떨어지지 않았느냐?' 하시고 에베소 교회에게 '어디서 떨어졌는지 회개하라' 하고 말씀하셨습니다. 떨어진 데가 있다는 것입니다. 없었던 것이 아니라 한

번 가졌던 것이지만 중간에 그것을 슬그머니 잃어버렸으니까 잃어버린 데가 어딘지 차츰차츰 면밀하게 검토하고 조사해서 올라가 보라는 것입니다. 어딘지 잃어버린 데가 있어서 '아, 여기구나' 하고 발견해서 거기서부터 왜 그렇게 되었는지 그 이유를 따져 보라는 말씀입니다. 어디서 떨어졌는지 모르고 있고 그런 것을 지금 생각하지 않고 있으니까 이런 말씀을 하신 것입니다.

그래서 이 말씀에 의해서 정신을 차려서 그들이 사랑을 하지 않는 것은 아니지만 그들이 가지고 있는 모든 덕과 모든 우정과 인정, 친절, 봉사, 상호 부조 이런 것을 교회의 기본적인 것, 교회의 독특한 것으로서 용인하시지는 않는다는 것을 알라고 하신 것입니다. 그것이 나쁘다는 것이 아닙니다. 사람은 상냥해야 하고 우정도 있어야 하고 마음도 따뜻해야 하지만 그런 것을 가지고 교회가 가져야 할 원덕(元德)을 대신해서는 안 된다는 점을 여기서 지적하신 것입니다. 그러니까 참교회가 된다는 것이 쉬운 일이 아닙니다.

이상으로 오늘 읽은 데에서 우리가 주의해야 할 몇 가지를 생각해 봤습니다. 여기에 나온 문제점을 지금 다 이야기한 것은 아닙니다. 교회의 원형, 그 원형이 가져야 할 생명, 원덕, 사랑, 처음 사랑 이런 것들이 대체 무엇인가 하는 것들은 따로 계속 생각해 나가야 할 것입니다. 그것은 그리스도로 말미암은 새로운 생명과 아주 밀접하게 관계되어 있고 그것을 떠나서는 존재하지 않는 것들입니다.

기도

거룩하신 아버지여, 사랑하시는 주께서 계시록 가운데 일곱 교회에 서한을 기록하여 보내라고 말씀하셨을 때 그 형형한 거룩한 눈으로 교회의 현상을 다 뚫어 보시고 그 속에 있는 사람들이 스스로 알지 못하는 것들을 척결해 내셔서 그것을 하나씩 가르쳐 주시면서 오늘날 이 시점에서 저희들이 가지고 있는 결핍과 마땅히 채워야 할 것이 무엇인가를 이제 주의 깊게 듣고 그것을 받고 채워야 할 것이라고 명령하셨사옵나이다. 거룩한 원형의 교회와 원형의 교회가 각 지교회에서 자태를 나타낼 때 그 지교회의 특수한 문제에 부딪혀서 나타나는 결함이 어떻게 완전히 메워져서 바르게 나타나야 할 것인가를 친히 보시고, 또한 교회의 원형이 가지고 있는 원덕이 무엇이며 그것이 어떻게 바르게 나타나야 할 것인가에 대해서 이상적인 교회를 보시는 주님의 눈으로 그것을 보시고 그들에게 주의를 주시고 경고하신 것을 믿사옵나이다. 여기에 오늘날 저희 교회에도 경고하시는 말씀이 있는 것을 저희가 듣게 하시고 저희가 스스로 막연한 가운데 있지 않고, 평범한 가운데 주께서 하시는 이 말씀들을 그냥 보아 넘기지 않게 하시옵소서. 주님의 형형한 눈으로 보시는 교회의 비위(非違)에 대한 척결을 저희들도 깊이 느끼고 참된 거룩한 교회의 자태를 저희들 눈앞에 이상으로 그리면서 그것이 우리에게 충분히 나타나든지 못 나타나든지 둘 중 하나인 것을 알게 하시고 정성을 들여서 주님의 은혜를 받아 그런 거룩한 위치로 올라가게 하여 주옵소서. 그러지 아니하면 우리가 형식을 아무리 달리한다 할지라도 세상의 수많은 교회의 비꾸러진 길로 가는 것과 같은 그 길을 그대로 걸어갈 수밖에 없사옵나이다. 이는 길을 벗어난 양과 같이 될 것이고 역사 위에 결국은 미로(迷路)에 들어서 방황하다가 말 뿐일 것이옵나이다.

　주여, 저희들이 주님 앞에서 특별한 은혜를 원하고 특별히 주님을 기쁘시게 하려는 확실한 각오가 있어서 바른길을 걷게 하시고 좌우로 치우쳐서 곁길로 가면서 스스로를 위로하고 되지 못하고 된 줄로 알고 차츰차츰 멀리 떠나서 방황하는 길로 들어가면서도 스스로를 항상 타당하다고 인정하는 그릇됨 가운데 빠져들지 않게 하시옵소서. 예수님의 이름으로 기도하옵나이다. 아멘.

1971년 11월 17일 수요 기도회

제5강

교회와 하나님의 나라

요한계시록 4:1-11

요한계시록 4:1-11

^{1}이 일 후에 내가 보니 하늘에 열린 문이 있는데 내가 들은 바 처음에 내게 말하던 나팔 소리 같은 그 음성이 가로되 이리로 올라오라 이후에 마땅히 될 일을 내가 네게 보이리라 하시더라 ^{2}내가 곧 성신에 감동하였더니 보라 하늘에 보좌를 베풀었고 그 보좌 위에 앉으신 이가 있는데 ^{3}앉으신 이의 모양이 벽옥과 홍보석 같고 또 무지개가 있어 보좌에 둘렸는데 그 모양이 녹보석 같더라 ^{4}또 보좌에 둘려 이십사 보좌들이 있고 그 보좌들 위에 이십사 장로들이 흰옷을 입고 머리에 금 면류관을 쓰고 앉았더라 ^{5}보좌로부터 번개와 음성과 뇌성이 나고 보좌 앞에 일곱 등불 켠 것이 있으니 이는 하나님의 일곱 영이라 ^{6}보좌 앞에 수정과 같은 유리 바다가 있고 보좌 가운데와 보좌 주위에 네 생물이 있는데 앞뒤에 눈이 가득하더라 ^{7}그 첫째 생물은 사자 같고 그 둘째 생물은 송아지 같고 그 셋째 생물은 얼굴이 사람 같고 그 넷째 생물은 날아가는 독수리 같은데 ^{8}네 생물이 각각 여섯 날개가 있고 그 안과 주위에 눈이 가득하더라 그들이 밤낮 쉬지 않고 이르기를 거룩하다 거룩하다 거룩하다 주 하나님 곧 전능하신 이여 전에도 계셨고 이제도 계시고 장차 오실 자라 하고 ^{9}그 생물들이 영광과 존귀와 감사를 보좌에 앉으사 세세토록 사시는 이에게 돌릴 때에 ^{10}이십사 장로들이 보좌에 앉으신 이 앞에 엎드려 세세토록 사시는 이에게 경배하고 자기의 면류관을 보좌 앞에 던지며 가로되 ^{11}우리 주 하나님이여 영광과 존귀와 능력을 받으시는 것이 합당하오니 주께서 만물을 지으신지라 만물이 주의 뜻대로 있었고 또 지으심을 받았나이다 하더라

제5강

교회와 하나님의 나라

하나님의 자녀와 교회

  우리가 계시록을 읽기 전에 한 가지 생각해야 할 문제는 교회가 무엇이냐 하는 것입니다. 그것이 항상 중요한 문제입니다. 그 문제를 한 번에 다 알 수 있는 것은 아니지만 조금씩 더 깊이 알아서 교회의 그 특이한 본질적인 것이 우리에게 필연적으로 요구하는 바를 나타내고 살아야 할 것입니다. 교회가 요구하는 것이 무엇이고 교회적 사명이 무엇인지 잘 알지 못한다면 아무리 설교를 잘한다고 해도 교회가 마땅히 해야 할 것과 하나님께서 우리에게 요구하시는 바를 잘 알 수가 없고 따라서 어떻게 할 길이 없는 것입니다. 사람이 이 세상에서 하나님의 부르심을 입고 구원을 받아서 하나님의 자녀로 산다고 하지만 하나님의 자녀라는 것이 무엇을 의미하는지에 대해서는 본래 가지고 있던 개인주의적 사상에서 조금도 더 나아가지 못하고 모든 것을 해석하고 생각하는 경향을 강하게 가지고 있습니다. '내가 이 세상에서 하나님의 자녀다' 할 때는 결국 '내가 하나님의 자녀다' 하는 생각에 그치고 맙니다. 다른 말로 하면 '하나님의 자녀로서 좀 더 보람 있고 의의 있고 유효한 생활을 해야겠다' 하는 정도에서 '내가' 어떻게 되어야겠다는 생각을 벗어나지 못하고 있다는 것입니다.

하나님께서 '너는 내 자녀다' 이렇게 부르시는 말씀은 대체로 복수적인 관념을 늘 가지고 있습니다. 아들(υἱός, 휘오스)이라는 말을 쓰지 않고 자녀(τέκνον, 테크논)라는 말을 썼습니다. 영어로 하면 칠드런(children)이라는 말입니다. 이것은 전체를 두루쳐서 부르는 소위 집합명사(collective noun)를 생각하시면 좋습니다. '나 혼자 하나님의 아들이다' 이렇게 생각하지 않고 '우리가 하나님의 자녀다' 하는 생각입니다. 이것은 하나님과의 혈통적인 관계와 아버지 되신 하나님과의 상속 관계, 즉 법적인 관계를 상정(想定)하고서 하는 말이지만 그 말 가운데 항상 포함되어 있는 큰 사상은 하나님께서 부르신 그 자녀들이 결속되어 있는 하나의 큰 몸뚱이를 생각하게 합니다. 그 결속된 몸뚱이를 그리스도와 생명으로 연결된 위치에서 '교회'라고 부르는 것입니다. 그런고로 우리가 하나님의 자녀라는 말은 '우리는 예수 그리스도를 머리로 삼고 있는 교회다' 하는 의미입니다. 이 두 가지가 나타내는 특성은 다를지라도 같은 것을 이야기하려고 하는 것입니다. 교회에 있는 한 분자인 내가 하나님과의 관계만을 이야기하면 끝나는 그러한 식 생각이 아닙니다.

이와 같이 '교회'라는 생각과 '하나님의 자녀'라는 생각은 다 같이 그 기초가 무엇이냐 하면 예수 그리스도와 생명으로 연결되어서 그리스도적 생명으로 다시 났다는 하나님과의 교통의 관계와 '자기 아들을 우리에게 주시기를 아끼지 아니하셨으니 그리스도와 함께 만물을 우리에게 후사로 주신다'(참조. 롬 8:32) 하는 하나님과 우리와의 은혜의 관계, 즉 우리를 높이 대접하셔서 상속자로 세우시고 하나님의 집안 식구로 대접하시는 관계입니다. '하나님의 자녀'라 할 때 아버지는 하나님이시고 그러므로 하나님의 자녀로서는 '하나님의 집'이라는 것을 예상하도록 하신 것입니다.

사도 바울 선생은 "이 집은 살아 계신 하나님의 교회요 진리의 기둥과 터이니라"(딤전 3:15) 해서 교회를 하나님의 집(οἶκος τοῦ θεοῦ, 오이코스 투 쎄우)이라는 말로 썼습니다. 그러니까 결국 하나님이 가장이 되셔서 다스리시는 집안에 하나님의 혈통으로 난 자들이라는 의미에서 '하나님의 자녀'라는 말이 성립하는 것입니다. 이런 점에서도 또다시 명확하게 교회라는 생각을 불러일으키는 것입니다. 그것을 떠나서 '나는 하나님의 자녀다' 하는 생각을 한다면 그것은 성경에서 예상하고 있는 자녀의 개념의 중요한 것을 일부러 빠뜨리고 이 세상 사람 식으로 아버지와 자식 간의 개인 관계만을 생각하는 것입니다.

이런 생각이 현대에 이르러서 더 심하게 되었습니다. 현대와 같이 착잡한 도시 생활을 하게 되니까 횡으로 형제라는 관념은 점점 엷어지고 다만 남아 있는 그 윤기(倫紀)는 자기를 낳으신 부모와 자기와의 관계만을 주로 생각하게 됩니다. 옛날에도 그런 경향이 많았지만 그래도 대가족 사회에서는 횡으로의 공고한 혈속(血屬) 관계를 늘 주장했습니다. 그래서 하나의 혈속이 하나의 강한 공동체(community)를 조직하고 살게 되어 있었습니다만 오늘날과 같이 개개인이 시민 생활을 하도록 굉장히 착잡하게 기계적으로, 대도시적으로 발전해 버린 이후로는 횡으로 강하게 묶여 있는 하나의 가족 사회라는 것을 깊이 생각하지 못하고 사회라고 할 때는 시장에 가서 서로 만나는 사람들과 같은 그런 널리 퍼져 있는 사람들을 상상하게 된 것입니다. 그래서 지금은 그보다 더 가까운 공고한 사회가 있어야겠다는 생각을 많이 하지 않습니다. 그러나 무엇인지 부족함을 느끼는 까닭에 자기네끼리 클럽을 만들고 무슨 동호회를 만들고 혹은 학회를 만들어서 결속해서 같이 움직이는 일이 있지만 그것은 그 인생을 기초로 해서 전체 인생 생활을 윤택하게 하기 위한 전체적인 의미의 회가 아닙니다. 학회는 어떤 일정한 학문의 제목을 놓고 비로소 모이는 것이지 그것을 떠나서는 회가 존재하지 못합니다. 사회사업을 하는 클럽도 라이온스 클럽이든지 로터리 클럽이든지 각각 어떤 일정한 주제가 있습니다. 조건이 있어서 조건하에서만 모이는 것입니다. '우리가 사람들이니까 그리고 서로 친하게 지내고 같이 결속해서 살아야 하니까 모인다' 해서 모이는 집단은 없습니다.

교회와 하나님의 나라

그렇다면 교회는 무엇입니까? 교회는 어떠한 사업을 하기 위해서 결속한 동맹체가 아닙니다. 교회는 내가 거기에 가담해서 비로소 교회를 만들어 낸 것이 아니라 하나님께서 생겨나게 하셔서 나온 것입니다. 교회에 속한 사람은 자기네가 무슨 사업을 하겠다든지 자기네의 정신 활동의 어떤 부분을 특별히 연마하기 위함이라는 주장을 하는 일이 없습니다. 단지 하나님께서 가장이 되시고 우리를 자녀로 낳아 놓으셨으니 우리는 하나님의 가족으로 같이 있는 것입니다. 그런고로 무슨 성경 공부를 하기 이전에 벌써 있는 것이고 같이 모여서 예배를 드리기 이전에 존재하는 것입니다. 교회는 하나님이 낳아 놓으시니까 있는 것입니다.

그러나 교회는 그냥 있는 것이 아니라 어떤 목표를 향해서 늘 전진하도록 의식 작용을 요구합니다. 그 의식 작용은 교회적인 사명, 즉 각 시대에 하나님의 나라를 어떻게 구체적으로 구현해 나가느냐 하는 큰 사명을 뜻합니다. 그것이 아주 근본적으로 붙어 있습니다. 그리고 하나님의 나라는 성신 안에서 의와 평강과 기쁨이라는 성격을 가진 그리스도의 통치의 대주재권(大主宰權) 아래에 있는 통치권의 발휘 영역입니다. 그리스도의 통치의 대권은 국가 정부의 다스림 아래 있는 단순한 행정적인 조치와 같은 것이 아닙니다. 예수님께서는 "내 나라는 이 세상에 속한 것이 아니라 만일 내 나라가 이 세상에 속한 것이었더면……"(요 18:36) 하고 말씀하셔서 그 나라가 세상 나라의 형식과 다르다는 것을 가르치셨습니다. 그리고 그리스도의 통치는 우리 마음의 세계에서 그릇된 것을 바로잡고, 이 세상으로 흘러가는 것을 항상 경고하고 경책하시면서 바로잡아 주시는 교정의 방식도 있고 또한 하나님 나라의 거룩한 품성과 그 목적을 향한 거룩한 행진을 북돋아 주셔서 더욱 장성시키는 면이 있습니다.

그렇게 해서 특별히 하나님의 나라를 나타내야 할 교회가 적으로 삼고 명확하게 대처해야 할 것은 무엇이냐 하면 온 세상, 즉 호 코스모스 홀로스(ὁ κόσμος ὅλος)입니다. 세상이라는 것은 단순히 어떤 정치 기구나 어떤 운동에 대한 반세력(反勢力)으로 존재하는 것이 아닙니다. 기독교 운동, 기독교적인 사회운동 또는 어떤 인도주의적인 운동에 대한 반세력으로 존재하는 것을 코스모스란 말로 부른 것이 아니고, 무릇 하나님께로부터 나온 새로운 품성과 새사람의 생활을 가지지 아니한 곳에 존재하는 자연스러운 인간적인 생활 상태 전부를 '호 코스모스'(ὁ κόσμος)라 부른 것입니다. 그런고로 사람은 그냥 두어두면 세상에 있는 것입니다. 특수한 그리스도의 사역으로 말미암은 조처가 사람 위에 임하기 전에는 나면서부터 자연스럽게 호 코스모스에 있는 것이지 여기도 아니고 저기도 아닌 중간 지대에 있는 것이 아닙니다.

교회 안에서 참으로 나타내야 할 그리스도의 나라를 생각할 때에 아주 중요한 기본적인 것이 있습니다. 그리스도의 나라의 성격은 그리스도께서 내 맘에 통치하시사 성신으로 말미암은 의와 평강과 기쁨이라는 덕을 우리 안에 세워 주시는 것인데 이런 그리스도적인 큰 은덕은 나의 품성을 기초로 하고 받는 것이고 서 있다는 것입니다. 즉 성신의 열매를 가지고 있는 품성 위에 세워 주시는 것입니다. 그러므로 성신의 열매로 말미암은 품성의 작용이 아닌 곳에는 하나님의 나라가 나오지 아니할뿐더러 그 대신에 이 세상 나라가 나타나는 것입니다. 이렇게 우리의 품성에서 하나님으로 말미암은 하나님 나라 분자다운, 시민다운 그 나라의 성격을 명확하게 능력 있게 파악하고 드러내는 일이 없을 때에는 선량하고 인정이 많고 관대하고 열심이 있고 또 모든 좋은 덕을 가졌다고 할지라도 그런 것들은 '호 코스모스 홀로스'에 다 포함되어 있고 속해 있는 것입니다. 그런 점을 우리가 참으로 주의해야 합니다.

본질적인 교회의 자태를 증시하는 교회가 필요함

그런데 심히 중요한 문제는 교회의 본질적인 품성과 교회로서의 각성과 그 본질을 나타내는 생활이 나에게 없다면 교회의 사명도 할 수 없다는 것입니다. 교회의 사명은 별다른 데 있는 것이 아닙니다. 성경을 많이 아는 데에 있는 것이 아닙니다. 교회의 사명이라고 할 때에는 기본적으로 '어떠한 사람이 할 수 있는 일인가'를 먼저 논하고 그 후에 '어떻게 해야 할 것인가'를 논해야 합니다. 능력과 방법이라는 것은 하나님의 나라의 성격과 그것을 나타낼 수 있는 나의 품성 위에서 성신님께서 지시하시고 내려 주셔서 감당도 하고 실현도 할 수 있는 것입니다. 이것이 아주 큰 강령이니까 우리 교회 여러분들이 늘 잘 기억하시기 바랍니다.

우리 교회는 비록 소수일지라도 본질적인 교회를 나타내면서 교회적 사명의 각성 위에서 그것을 이뤄 나가는 것을 하나의 큰 목표로 하고 서 있습니다. 그런데 이러한 고도적인 특수한 소명을 가진 교회로서는 그것을 이뤄야지 만약 못 이룰 때는 양실(兩失)을 하는 것입니다. 차라리 다른 여러 교회가 하는 것과 같이 교세를 확장하고 전도운동을 해서 기본적인 것을 널리 퍼뜨려 나가는 것만도 못하게 됩니다. 이렇게 고도적인 사명에 대한 각성을 하나의 관념으로 그냥 존치해 두는 데에 그치고 실현하지 못하는 미숙한 위치에 언제든지 머물러 있다면 교회는 하나님 앞에서 책임을 면치 못하는 것입니다. 쉬운 말로 하면 굉장한 손해를 보는 것입니다. 그럴 바에는 너무 이렇게 고도적인 것을 자꾸 이야기할 것이 아니라 복음의 일반적인 이야기를 하고 아직도 한국 땅에 복음의 빛이 들어가지 못하고 받지 않은 사람 수가 많이 있으니까 그 사회로 들어가면서 개척하고 교회를 또 세우고 해서 차라리 기초적인 교회나 많이 낳아 놓았다면, 그것이 초창기에는 필요하니까 그랬다면 나을 뻔했다는 생각이 나는 것입니다. 이렇게 고도적인 것으로 나아가려고 할 때에는 이런 기초적인 것을 희생하고 돌아보지 않는 대신에 그보다 더 귀하고 없어서는 안 될 것을 얻고자 하는 것인데 그 귀중한 것을 항상 관념으로 '합니다' 하는 말만 하고 실질상 그것이 나타나지 않고 이대로 나아가기로 한다면 참 큰 문제인 것입니다.

교회가 한 사회로 발전하는 것도 중요한 문제입니다. 발전하지 않으면 안 됩니다. 불신 사회에 교회가 들어가면 자꾸 수가 불어 가야지 항상 하나나 둘만 있어서는 안 됩니다. 그래서 또 다시 지교회가 나와서 불어 나가고 자꾸자꾸 퍼져 나가야 합니다. 이렇게 횡(橫)으로 자꾸 퍼져 나가는 것도 심히 중요합니다. 한국은 아직도 이교(異敎) 국

가지 기독교 국가는 아닙니다. 호왈백만(號曰百萬)이라고 하지만 삼천만 인구에 백만 명 있는 것이 그렇게 대단한 수는 아닙니다. 삼천만 인구에 천만 명이 있다고 하더라도 아주 굉장히 많다고 쳐 주는 것이 아닌데 이렇게 미미한 수를 가지고 마치 기독교가 할 일을 다한 것같이 생각할 까닭이 없습니다. 생각건대 오히려 한국이라는 여건하에서 지금 중요한 것은 비교적 착실하고 건실하지만 기초적인 교회, 복음주의적인 교회로서 기초적인 교회입니다. 기초적인 것만을 가지고라도 근실하게 먹여 가면서 자꾸 교회를 퍼뜨려 나가는 일이 현재 한국에 심히 중요한 문제입니다. 그것을 하지 않고, 그것은 다 그만두고 모든 교회가 우리 성약교회처럼 나아가려고 해 본들 나가지지도 않고 나아갈 힘도 없고 그렇게 해서는 안 되는 것입니다.

 그러나 어떤 민족 사회에 교회가 섰으면 교회가 한 세기나 반세기의 역사를 가져서 상당한 수가 증가된 다음에는 무엇이 필요한가 하면 본질적인 교회의 자태를 증시하는 교회가 있어야 합니다. 그것이 없이 전부 횡으로만 자꾸 퍼져 나가기만 하면 결국 무엇이 본질적인 교회인지 몰라서 교회 안에 별 괴상한 운동들이 자꾸 생기는 것입니다. 이것이 지금 한국 교회에 발생한 중요한 사실이라는 것을 여러분이 다 목도(目睹)하고 계십니다. 무엇이 가장 기본적이고 어떠한 것이 모델이 되어야 할 것인지 잘 모르니까 이렇게도 되고 저렇게도 되고 해서 별 이상한 교회 운동이 발생해 가지고 있고 또한 성경을 하나님의 말씀이라고 믿으면 다 된다는 식으로 말하고 성경을 하나님의 말씀으로 저물도록 믿는다고 하면서도 사실상 비성경적인 노선을 걷고 나아가는 교회들을 얼마든지 볼 수 있습니다. 단지 한국만 그런 것은 아닙니다. 그렇게 표준적인 교회가 무엇인지를 눈을 떠서 보지 않고 귀를 기울이지 않는 사회는 기독교 국가라고 할지라도 그 교회가 타락해 나가는 것입니다. 여러 가지 이(異) 사상과 잡(雜) 사상이 한꺼번에 섞여서 혼탁한 교회가 되는 것입니다.

 미국의 근본주의 교회 운동이 그런 예입니다. 근본주의 교회라고 하는 사회에서 발생하는 사실들을 보면 복음주의라고 말하는 그 속에 별것이 다 들어 있습니다. 삼위일체 하나님을 믿는다든지 예수를 구주로 믿는다든지 또 성경은 하나님의 말씀으로 정확무오하며 신앙과 본분의 유일의 지침이 된다든지 하는 몇 가지 조건만 믿으면 그 나머지는 다른 것, 가령 세대주의적인 여러 가지 오물을 막 다 뒤섞어 놓더라도 문제가 되지 않습니다. 또 여타의 어떠한 한 방면을 강조한 나머지 대본(大本)이 아닌 문제를 가지고 교회의 쟁론점을 삼으려는 교회들이 자꾸 발생하는 것입니다.

 이런 것은 어느 시대에든지 있습니다. 개혁시대에도 개혁의 대도에서 벗어나서 '너희들 다 잘못되었으니까 이렇게 해야 한다' 해서 소위 경건주의(Pietism) 운동도 일어났고 부전주의(不戰主義)를 주장하고 집총을 거부하는 운동이나 혹은 '우리들이야말로 가장 바른 교회 전통을 받았다'고 하면서 재세례파(Anabaptist)의 열광주의적 계통을 받은 사람들이나 혹은 진젠도르프(Zinzendorf, 1700-1760)와 같은 주장, 즉 인간의 정념을 가지고 그 교회의 덕의 최상의 것으로 삼는 운동 등 별것이 다 일어났습니다. 그것들은 그때에 그만큼 다 활동들을 했지만 역사의 대종(大宗)을 이루지 못하고 만 것입니다.

우리 교회의 가는 길

 그러므로 표준적인 정상적인 교회가 있어야 하겠지만, 우리 교회가 그러한 것을 더욱 향상하면서 증시하는 거룩한 고도적인 사명의 길에 충실하지 못하게 될 때에는 굉장한 손실이 온다는 것을 다 명심해야 합니다. 때때로 저는 그런 생각을 합니다. 각성하지 않고 결국 이런 정도로 늘 나가게 된다면 차라리 우리가 일반적인 이야기를 하고 또 일반적으로 사람들에게 단순하게 또 솔직하게 '어떻게 예수를 믿고 의지하고 살 것인가?' 하는 것만 자꾸 이야기해서 그런 정도 안에서 교세를 확장하고 그러면 여러 사람들이 들어오니까 그런 사람들에게 자꾸 기본적인 중요한 도리만을 주고 또 나가서 전도하게 하고, 이런 일이 기본적으로 필요하니까 그렇게 했으면 사방에 개척교회라도 많이 세워서 그만큼 교회에 어떤 소망이라도 줄 수 있는 것입니다. 그러면 '높이 쌓아 올리지는 못했지만 사방에 널리 퍼져 가면서 여기저기에 자리를 잡아 놓았다' 하는 말은 할 수 있을 것입니다.

그렇게 해서 열광적인 것이나 좌우로 치우치는 것을 막고 늘 건실하게 건강한 생활과 기초적인 생활을 해 가면서 살도록 하는 그만한 정도라도 한국에서 보기가 쉽지 않습니다. 교회가 자꾸 좌우로 치우쳐 나가서 세속주의로 흘러 내려가서 순전히 사회운동 식으로 사회세력을 키워서 무슨 큰 회사를 만들어서 밀고 나가듯이 나가거나, 그렇지 않으면 일종의 열광주의로 나가든지, 무슨 기괴한 종교 정념 가운데 자꾸 빠져 들어가려고 방언을 한다든지, 그런 것을 자꾸 해 가지고 대중을 모으는 일을 합니다. 한국의 대중은 종교 색채가 강한 그런 데로 잘 휩쓸려 갑니다. '종교라면 그런 무슨 이상한 맛이 있어야 하지 않느냐?' 하고서 기도를 하면서도 이상하게 해야 하고 콕콕 찌르는 맛이 있어야 하겠으니까 감성적으로 자극도 하고 또 무슨 이상한 방언이라도 자꾸 이야기해야 합니다. 대중들이 좀 더 강렬한 종교 색채를 가진 것을 요구하는 사회입니다. 그러니까 그런 것들이 자꾸 세력을 얻습니다. 그러한 방식을 취하면 대중이 따라오기가 편하고 얻기가 쉬운 것입니다. 그러니까 그것이 좋다거나 그렇게 하는 것이 나을 뻔했다고 생각하는 것이 아니고, 만일 우리의 나아가는 길에서 확실한 높은 차원에 올라서지 못한다면 다 잃어버리는 줄 알라는 것입니다. 속담에도 '칼 물고 뜀뛰기'라는 말이 있는데 그런 식으로 몹시 위태로운 일이 되는 것입니다. 그러나 만일 우리가 진실히 나아간다면 그만큼 보람이 있을 것입니다.

우리는 수(數)에 대해서 별로 큰 관심을 안 갖고, 우리가 처음 조직했을 때를 중심으로 해서 불과 한 일 년 내에 점점 진정으로 형성한 그 수가 지금도 그대로입니다. 보문동에서 우리가 시작할 때에 모인 수만큼 그냥 가지고 있습니다. 처음부터 수에 대해서 전혀 생각하지 않은 것입니다. 처음부터 우리 식구가 아닌 사람들은 도중에 나가기도 하고 처음부터 지나가려고 한 사람들은 지나가고 말았고 그 나머지가 지금 이 수입니다. 그리고 그 후에 많은 수가 가담하지 않았습니다. 큰 수가 가담하지 않았다면 그것을 어떻게 보아야 합니까? 우리가 기도회를 시작한 때가 1962년 11월 이십 며칠입니다. 그 이듬해 1963년 정월부터는 기도회에 다 같이 모이셨습니다. 그래서 일 년을 지내고 1964년부터는 교회라고 이름을 딱 내고서 시작한 것입니다. 교회라는 이름을 가지고 시작한 때로부터 보더라도 지금 8년이나 되었습니다. 그런 긴 세월 동안에도 수가 늘지 않았습니다. 그것이 잘한 것이냐 하면 '아, 그거 잘하는 것이다' 아무도 대답하지 못합니다. 누가 저에게 '8년이나 된 교회가 항상 처음에 시작할 때의 수만 딱 유지하고 있는 것이 뭐 그렇게 잘하는 교회인가? 그거 잘하는 교회가 아니다' 하고 말했습니다. 물론 잘하는 것이 아닙니다. 그러면 왜 그러고 있는가? 재주가 없어서 그렇습니까? 물론 재주도 없지만 재주나 인기를 가지고 사람을 모아서는 결국 교회는 안 되는 것입니다.

그러면 왜 그러고 있습니까? 그런 것을 참아 가면서 값을 지불하는 것은 그 대신에 얻는 것이 있기 때문입니다. 그것이 무엇이냐 하면 모델 처치(model church), 즉 원형적인 교회라는 것을 지향해서 지금까지 걸어온 것입니다. 모델 처치를 지향하기 위해서 특수한 인물들만 모인 것은 아닙니다. 각각 어려운 사정이 있는 교우들이 모여서 한 신성한 가족을 이뤄 나갔는데 모두 다 문제를 가지고 있고 어려움을 가지고 있지만 어디든지 있을 수 있는 이러한 환경에서 사는 하나님의 자녀들이 모여 가지고 하나님이 주시는 은혜를 받으면 어떻게 전형적인 교회가 되는가를 증시하겠다는 것입니다. 학자들만 모아 가지고 만든 교회도 아니고 서울에서 얻을 수 있는 중견, 그러니까 대한민국에서 얻을 수 있는 중견이 모여 가지고 이루어진 교회입니다. 시골 교회와 같이 그냥 아무것도 알지 않기로 작정한 것도 아니고, 그렇다고 내로라하고 뽐내는 하이칼라들이 모여 있는 교회도 아니고, 지식을 추구하겠다고 떠들고 돌아다니는 학생들이 많이 모인 것도 아닙니다. 반드시 다 여유 있는 생활을 하는 것이 아니지만 건실하게 살면서 부지런하게 손으로 근로해 가면서 생활을 합니다. 그러면서 이 세상 사람 누구든지 다 가지고 있는 인생고를 다 지니고 있고 어려운 문제도 가지고 있고 인생이 이 세상에서 맛보는 것을 다 맛보아 가면서 사는 그런 정도입니다. 하나님께서는 그런 사람들을 택하사 참된 교회를 이루어 나가신다는 것을 우리 스스로 경험하고 세워 나가야겠다고 처음부터 생각한 것입니다. 그러므로 하나님의 말씀을 공급하고 성신님께서 역사하시면 그렇게 하신다는 것을 믿고 지금까지 나아왔습니다.

지금 우리가 모이는 수를 다른 사람이 보면 참 지지부진하다고 할 것입니다. 도무지 진작되지 않고 왕성하지 않고 미미하다고 할 것이지만 우리의 수가 모델 처치를 이루기에 부족한 수는 아닙니다. 우리들이 능력이 부족하니까 수가 많으면 많을수록 부담이 큰 것입니다. 원형적인 교회를 이뤄 가려면 수가 많으면 개개인이 그만큼 부담을 크게 해야 합니다. 가족 수가 큰 가족 안에서는 그 가족에 대한 개개인의 책임도 중해지는 것입니다. 수가 소수면 소수인 만큼 자기가 그 소수에 대한 책임을 지는 것입니다. 하나님께서 우리의 능력을 잘 아시는 까닭에 이 수밖에 안 주시는 것 같습니다. '이 수만 가지고라도 어디 참으로 원형적인 교회를 한번 해 보아라. 이 수만 가지고 서로 사랑하고 서로 돕고 교회가 가지고 있는 하나님의 사랑이 무엇인가를 한번 실현하고 발휘해 봐라' 하시는 것입니다.

 열 사람을 사랑하는 것보다 한 사람을 사랑하는 것은 힘이 좀 덜 들 것입니다. 왜냐하면 사랑이 현실화할 때에는 여러 가지 힘을 거기에 넣어야 하기 때문입니다. 똑같이 정력을 들여서 백 사람을 다 사랑하려고 하면 힘이 많이 드는데 우리는 수가 많지 않으니까 찾고 생각하고 위해서 기도하는 이런 일에서 이보다 훨씬 큰 수에 대해서 하는 것보다는 힘이 들지 않을 것입니다. 그러나 이것도 전력을 기울여야 한다고 가르치신 것입니다. 작은 일에 충성을 한번 해 보라는 것입니다. 이것도 전력을 기울여야 합니다. 우리가 사랑을 한다고 할 때에는 사람의 수에 비례해서만 하는 것이 아니라 가지고 있는 문제에 비례해서도 하는 것입니다. 모두 다 문제점을 가지고 있으니까 거기에 대해서 관심을 가지려고 하면 힘이 드는 것입니다.

 지금 이러한 상태 가운데에서 우리는 교회로서 실패하지 않고 좌절하지 않고 소기의 목표를 향해서 매일매일 건실하게 나아갈 수밖에 없는 것입니다. 만약 그렇게 안 하겠다면 어떻게 합니까? 우리가 이런 현실에서 그렇게 하지 않기로 하면 편성을 고쳐 가지고 대중화하는 교회로서 한번 개편을 해야겠습니까? 그러려면 어려운 설교를 다 그만두고 될 수 있는 대로 안 믿는 사람을 자꾸 끌어다가 전도하여 데리고 오면 그 사람들이 알아들을 수 있는 이야기를 해야 할 것입니다. 현재는 어떤 사람이 어쩌다 한번 오면 무슨 이야기인 줄도 모르고 재미없으니까 와서 앉았다가 다시는 안 오고 그런 식입니다. 그렇게 하지 않고, 재미있게 들을 수 있는 이야기를 하는 식으로 고칠 수 있느냐 하면 고칠 수가 없습니다.

하나님께서 우리에게 주신 은사와 그 특성이 그런 것이 아니고 그렇게 안이하게 혁면(革面)만 하고, 겉만 고치고 갈 수는 없습니다. 그러니까 그런 줄 아시고 교회로서의 참된 각성을 가지는 데에 해당하는 인격과 품성을 가져야 할 것입니다. 그것에 의해서 하나님 나라를 포회(包懷)하고 나타내고 살아가야 할 것입니다. 그것이 우리에게서 늘 중요한 문제입니다.

하나님 나라는 이 세상적인 선행과 의와 선미(善美)의 인격을 가지고 사는 것이 아닙니다. 하나님 나라는 성신으로 말미암은 그 인격적인 열매 위에서, 인격적인 상태 위에서 성신으로 말미암은 의와 평강과 기쁨이 점점 장성해 나가는 것입니다. 그러고서야 교회적 사명에 대한 각성도 깊어지는 것입니다. 우리는 왜, 무엇을 위하여 세상 많은 교회들이 가고 있는 그 길로 가지 않고 이렇게 항상 열세로 미미한 듯하게 있는가? 우리는 다른 사람들 보기에 외견상 대단히 미미한 수인데 과연 그렇지 않다고, '어디 실험을 한번 해 보자' 하고서 그것을 반증할 만한 것을 가지고 있습니까? 갈멜 산에서 하나님을 섬기고 있는 선지자인 엘리야 한 사람과 아세라와 바알의 선지자 사백오십 인이 모였는데 '누가 참하나님을 섬기고 사는지 실증을 해 보자' 해서 결국 엘리야가 수백 명을 다 이기고 말았듯이 그런 능력을 우리가 가지고 있습니까? 만일 그런 능력이 없다면 참 큰 문제인 것입니다.

실제적인 장소로서의 하늘

시간이 많이 갔지만 계시록 4장을 잠깐 보겠습니다. 이제부터 교회에 보내는 편지는 끝나고 사도 요한은 묵시 가운데 천계에 있는 크고 영광스러운 정경을 보는데 그것이 4장과 5장에 있는 이야기입니다. 그러고서 그다음에 역사가 전진해 나가는 큰 사실로 칠 인 봉서(七印 封書), 즉 인을 친 일곱 개의 편지를 하나씩 떼어 나가는 이야기가 나옵니다. 여기 일곱이라는 수가 상징적으로 나타납니다. 계시록에는 칠 인 봉서가 있고 일곱 나팔, 일곱 대접이 나옵니다.

4장에 있는 내용은 하나님의 영광을 중심으로 해서 하나님의 통치의 엄위가 있는 보좌에서 하나님의 거룩하신 속성들이 땅 위의 역사에 어떻게 작용하고 있는지 그 근원을 보여 주는 장면입니다. 특별히 여기 나타나는 '하늘'은 하나의 상징에 불과한 것이 아니고 실제로 어떤 공간 혹은 장소로서 성경 다른 여러 군데에서 가르쳐 주셔서 알게 하신 그 하늘을 가리킵니다. 하늘에 대한 묘사를 이렇다 저렇다 하고 자세하게 구체적으로 하면 땅에 있는 물건과 땅에 있는 현상을 가지고 하늘을 설명하는 이야기가 되어서 도저히 하늘의 경지를 바르게 알 수 없게 됩니다. 그래서 가장 상징적인 몇 가지 용어만을 가지고 이야기를 하고 또 자세한 묘사를 하지 못하니까 그냥 하지 않고 있는 것입니다. 하늘은 결국 하늘입니다. 이러한 어떤 일정한 장소가 있는 하늘이라는 말을 다른 말로 하면 천당(天堂)이라는 말로도 할 수 있습니다.

천당은 무엇입니까? 영혼이 가는 곳이라고 생각하는데 과연 그렇습니다만 천당은 하나님께서 보좌를 베풀고 앉아 계셔서 그 거룩하신 엄위와 자비의 속성이 여러 가지 형태로 땅 위에 인간계 위에 항상 작용하는 그 진원지입니다. 거기는 천천만만 천군 천사가 모시고

서 있는 곳이고 스랍이라든지 그룹이라는 영물(靈物)들이 있는 곳입니다. 그리고 신비하게 있는 교회, 참된 보편의 교회의 모든 대표가 하나님의 영광 앞에 찬송을 올리며 있는 곳입니다. 또한 땅 위에 있던 성도들이 그 영혼이 부름을 받았을 때에 땅 위에서는 자되 거기에 가서는 하나님의 영광 앞에서 영광을 찬송하면서 사는 곳입니다. 이런 곳일 뿐 아니라 거기로부터 예수님이 내려오셨다고 그랬고 예수님은 승천하신 다음에 그리로 올라가신 것입니다.

하나님은 계시지 아니하신 곳이 없다고 할지라도 하나님은 '하늘에 계신 하나님'이라고 했습니다. 그러므로 계시지 아니하신 곳이 없는 무소부재(無所不在)는 하나님만이 가지시는 속성이지만 우리들과 관계를 맺으시고 우리를 거둬들이시고 마지막에 모든 일을 완성하시기까지 받아 두시는 하나님의 품이 하늘이라는 말로 표시된 것입니다. 그리고 그 하늘에 하나님이 계신다고 이야기한 것입니다. 그러므로 이 말은 '땅에 하나님이 계신다' 하는 말과 같은 의미가 아닙니다. 하나님이 땅에 계신다는 말은 무소부재하신 하나님이 여기도 계신다는 말이 되지만, 하나님이 그 엄위와 자비와 구체적인 인격의 속성을 발휘하시는 그 근본이 되는 곳 혹은 근원이 되는 곳을 이야기하려고 할 때는 하늘이라는 말을 쓴 것입니다. 하늘의 정경이라는 것은 그것대로 따로 있는 것입니다. 그런고로 성경에는 그렇게 안 썼지만 그것을 우리말로 쉽게 천당이란 말로 씁니다. 혹은 요새는 일본식을 따라서 천국이란 말로 씁니다.

천국이라는 말의 두 가지 의미

천국이라는 말은 두 가지 의미를 가지고 있습니다. 첫째는 땅 위에 예수 그리스도께서 통치하시는 그리스도의 나라를 천국이라고 합니다. 마태복음 13장에 있는 '천국은……' 하는 말씀은 천당을 의미하는 것이 아니라 땅 위에서 그리스도의 통치가 작용하는 세계를 가리킵니다. 둘째는 이 땅이 아닌 곳, 땅의 역사가 전제되지 않는 곳으로서 별다른 영계(靈界)의 영광이 있는 곳을 가리킵니다. 그곳은 구원받은 성도들이 지금 가서 있는 곳으로서 차라리 '천당'이라고 하는 것이 더 명확한 말입니다. 우리는 하나님의 성신으로 말미암아 우리에게 계시하신 그 말씀에 의해서 천당이 분명히 있다는 것을 믿고 살아갑니다. 그리고 장차 우리 주께서 거기로부터 재림하신다는 것도 믿고 있는 것입니다. 재림하시는 그때에 그리스도 안에서 자는 자들과 이 땅에 남아 있는 그리스도에게 속한 자들이 홀연히 다 변화해서 영광의 몸으로 화해서 육신과 영혼이 합하여 새로운 거룩한 개체가 되어서 영원히 거할 그 장소입니다.

 이것은 부활이라는 사실을 땅 위에서 증명할 때에 필연적으로 부활의 내용으로, 부활과 관계되어 있는 배경으로서 중요한 사상입니다. 우리 교회가 장례식이나 그런 때에 쓰고 있는 중요한 하나님의 말씀과 그 해석에서 분명히 보듯이 성경에서 그리스도교의 중심 사상으로서, 그것이 없으면 그리스도교는 헛것이라고 내보인 가장 강렬한 조건이 무엇이냐 하면 부활입니다. 부활은 상징적인 표현이 아니라 육체가 부활한다는 이야기입니다. 육체가 예수 그리스도의 열매와 똑같이 다음 열매를 입는다는 것입니다. 육체가 부활한다는 것은 육체가 그 영광의 몸을 입고 영광의 몸에 해당하는 그곳에, 즉 파라다이스에 그리스도와 함께 항상 있다는 사실을 가리킵니다. 이런 의미에서 천당은 부활하여 영구히 살 곳을 뜻합니다.

 "그리스도께서 만일 다시 살지 못하셨으면 우리의 전파하는 것도 헛것이요 또 너희 믿음도 헛것이며"(고전 15:14), 이것이 바울 신학의 중심 사상이고 기독교의 중심 사상입니다. 이 세상 사회에서 무슨 봉사를 하고 세상에서 얼마만큼 인간적으로 살고 얼마만큼 남을 사랑하고 돕고 사는 그것이 기독교의 중심이 아닙니다. 가장 중심은 어디에 있는가 하면 부활이라는 목표를 향해서 전진한다는 것입니다. 그러므로 죽어서 천당에 간다는 것이 중심이 아닙니다. 얼른 보면 비슷한 것 같지만 아주 주의해야 합니다. 그러니까 죽어서 천당에 가기 위해 노력한다는 것은 아주 그릇된 사상입니다.

천당이 있다는 것과 또한 부활해서는 반드시 거기서 영원히 산다는 것입니다. 세상에 있는 동안에 영혼이 주의 부르심을 받았을 때에는 반드시 거기에 가서 있게 되는 곳, 즉 예수님께서 십자가상에서 도적에게 "오늘 네가 나와 함께 낙원에 있으리라"(눅 23:43) 하고 약속하신 말씀에 나오는 낙원, 나사로와 부자의 이야기(눅 16:19-31) 가운데서 '아브라함의 품'이라 말씀하신 어떤 일정한 위치가 천당입니다. 이러한 사실을 부인하고서는 기독교가 성립하지 않습니다. 사도 바울 선생은 이것이 없으면 '너희 믿음도 헛것'이라고 했습니다. 그런 고로 우리의 믿음이 참으로 실효가 있으려면 그런 것을 경홀히 하지 않고 확신해야 합니다. 그리고 그것을 확신한 사람답게 땅 위에서 감투(敢鬪)하고 그러한 세계를 이 땅 위에서 소개하면서 또 그러한 세계에서 파견된 사람과 같이 땅 위에서 그리스도의 나라를 이루어 나가는 것이 중요합니다. 만약 나만 그리로 홀딱 가려고 하고 날마다 울면서 그것만 기다리고 앉아 있다면 그것은 절대로 정당한 사상에서 비롯된 태도가 아닙니다.

그런 까닭에 우리 교회가 항상 꼭 잡고 나가야 할 중요한 문제는 종말론입니다. 특히 개인 종말론을 분명히 가져야 할 것입니다. 종말론에는 개인적 종말론과 일반 종말론 두 가지가 있습니다. 개인 종말론은 개인이 죽은 다음에는 어떻게 될 것인가 하는 문제입니다. 그리스도 안에서 믿고 살다가 죽은 성도는 어떻게 되며 믿지 않고 살다가 죽은 사람은 어떻게 되는가 하는 것은 성경에 명백하게 나와 있습니다. 일반적인 종말론이라는 것은 이 세계가 마지막에 어떻게 되겠는가 하는 문제입니다. 예수님의 재림이 있고 심판이 있고 그다음에는 영원무궁한 세계가 거기에 나타난다는 것입니다.

개인 종말론은 예수님께서 우리에게 의심할 여지가 없이 가르치셨습니다. "내가 너희를 위하여 처소를 예비하러 가노니 가서 너희를 위하여 처소를 예비하면 내가 다시 와서 너희를 내게로 영접하여 나 있는 곳에 너희도 있게 하리라"(요 14:2-3). '간다', '거기서 준비한다', 그리고 '다시 와서 너희를 데려간다' 이렇게 말씀을 했지 여기가 거기라고 가르치지 않으셨습니다. 상징적으로 가르치지 않으시고 분명히 오고 간다는 이야기를 한 것입니다.

그래서 하늘, 하늘나라, 천국 혹은 하나님의 나라라고 할 때는 두 가지의 의미를 갖지만 '천당'이라는 말을 쓸 때에는 분명히 거기에 있는 한 세계를 가리킵니다. 이 천당은 우리 하나님 아버지께서 계신 곳이고 또 천사들이 있는 곳이고 부활하신 후에 승천하신 우리 주님이 거기 거하셔서 하나님 보좌 우편에 앉아 계십니다. 그것은 스데반이 순교하기 직전에 눈을 들어서 본 정경의 한 부분입니다. 또한 거기로부터 그리스도께서 과거에도 오셨고 장차 거기로부터 재림하실 것이요 구원받은 성도가 있는 곳입니다. 이런 것을 항상 명백하게 생각해야 합니다.

벽옥과 홍보석

여기 2절과 3절에 보면 "보좌 위에 앉으신 이가 있는데 앉으신 이의 모양이", 이렇게 되어 있습니다. 헬라어 원문을 보면 '보좌에 앉으신 이가 이렇게 보였다' 그런 식의 말로서 무슨 '모양'이 있다는 것은 아닌데 번역은 이렇게 했습니다. 요한의 눈에는, 환상으로는 그렇게 보였다는 것입니다. "벽옥과 홍보석 같고……", 벽옥은 파랗고 맑게 비치는 수정과 같은 것을 가리킵니다. 계시록 21:11을 보면 "하나님의 영광이 있으매 그 성의 빛이 지극히 귀한 보석 같고 벽옥과 수정같이 맑더라" 하는 말씀이 있고 이스라엘 70장로가 모세와 아론과 함께 하나님을 뵈러 올라갔을 때에 "이스라엘 하나님을 보니 그 발아래에는 청옥을 편 듯하고 하늘같이 청명하더라"(출 24:10) 하는 기록이 있습니다. 벽옥은 주로 성결한 것, 거룩하고 깨끗한 것을 가리킵니다. 하나님의 성결의 영광을 특별히 표시하는 것입니다.

그리고 홍보석은 빨간 루비 같은 것인데 그 빨간 것에 가만히 빛을 비추면 활활 타는 것과 같이 밝습니다. 그러니까 격렬하고 무서운 것, 하나님의 거룩한 진노의 불길을 상징합니다. 그래서 심판의 하나님을 표시합니다. 하나님의 성결하신 속성에 의해서 죄악 세상에 대해서 그 성결한 심판으로서 나타납니다. 하나님의 청옥과 같은 의는 땅에 대해서는 홍보석과 같은 붉은 심판의 강렬한 빛으로 나타납니다. 그런고로 천당에 있는 하나님의 보좌에는 하나님의 성결, 무한히 깨끗하고 맑은 것이 있지만 땅에는 하나님의 타오르는 불꽃과 같은 눈으로 바라보시는 그 진노가 임하는 것입니다.

또한 거기에는 24장로가 면류관을 쓰고 있습니다. 거기에 원상의 교회가 있고 성도들을 대표하는 24장로가 거기에 있습니다. 이것은 상징적인 표현으로서 거기에 성도가 있다는 말입니다. 24장로는 금면류관을 쓰고 보좌에 앉아 있습니다. 그 보좌는 그리스도의 거룩한 위치인데 그러니까 그리스도의 은혜와 그 공로에 의해서 받으신 그 거룩한 기본 위치에 우리도 앉히셨다는 말씀입니다.

기도

거룩하신 아버지시여, 저희들에게 믿음의 확실한 바를 더 가지게 하여 주시고 마땅히 믿어야 할 큰 사실들을 깊이 바르게 깨달아 알게 하여 주옵시며 거룩한 교회로서 본질적인 능력과 영광을 발휘할 수 있게 각성시켜 주시고 우리가 마땅히 어떠한 신성한 사명과 의무를 지고 가는가를 깨달아 알게 하여 주셔서 주께서 저희를 선택하시사 그동안 극진하신 사랑으로 보호하시고 키워 오신 크신 뜻을 바로 이루어 나아가게 하여 주시옵소서.

주님, 저희를 극진히 사랑하시오니 이끌어 주시고 저희가 비록 소수일지라도 그 가운데서 저희가 마땅히 해야 할 일이 있고 오히려 저희의 힘에 벅찬 주님이 요구하시는 여러 가지 신성한 책무가 있사오니 이것을 각성하고 막연한 가운데 살지 않고 각성한 사람답게 살아가게 하시옵소서.

예수님의 이름으로 기도하옵나이다. 아멘.

1971년 12월 1일 수요 기도회

제6강

계시록이 보여 주는 하나님의 영광과 엄위

요한계시록 5:1-14

Expositions on Revelation

요한계시록 5:1-14
^{1}내가 보매 보좌에 앉으신 이의 오른손에 책이 있으니 안팎으로 썼고 일곱 인으로 봉하였더라 ^{2}또 보매 힘 있는 천사가 큰 음성으로 외치기를 누가 책을 펴며 그 인을 떼기에 합당하냐 하니 ^{3}하늘 위에나 땅 위에나 땅 아래에 능히 책을 펴거나 보거나 할 이가 없더라 ^{4}이 책을 펴거나 보거나 하기에 합당한 자가 보이지 않기로 내가 크게 울었더니 ^{5}장로 중에 하나가 내게 말하되 울지 말라 유대 지파의 사자 다윗의 뿌리가 이기었으니 이 책과 그 일곱 인을 떼시리라 하더라 ^{6}내가 또 보니 보좌와 네 생물과 장로들 사이에 어린양이 섰는데 일찍 죽임을 당한 것 같더라 일곱 뿔과 일곱 눈이 있으니 이 눈은 온 땅에 보내심을 입은 하나님의 일곱 영이더라 ^{7}어린양이 나아와서 보좌에 앉으신 이의 오른손에서 책을 취하시니라 ^{8}책을 취하시매 네 생물과 이십사 장로들이 어린양 앞에 엎드려 각각 거문고와 향이 가득한 금 대접을 가졌으니 이 향은 성도의 기도들이라 ^{9}새 노래를 노래하여 가로되 책을 가지시고 그 인봉을 떼기에 합당하시도다 일찍 죽임을 당하사 각 족속과 방언과 백성과 나라 가운데서 사람들을 피로 사서 하나님께 드리시고 ^{10}저희로 우리 하나님 앞에서 나라와 제사장을 삼으셨으니 저희가 땅에서 왕 노릇 하리로다 하더라 ^{11}내가 또 보고 들으매 보좌와 생물들과 장로들을 둘러선 많은 천사의 음성이 있으니 그 수가 만만이요 천천이라 ^{12}큰 음성으로 가로되 죽임을 당하신 어린양이 능력과 부와 지혜와 힘과 존귀와 영광과 찬송을 받으시기에 합당하도다 하더라 ^{13}내가 또 들으니 하늘 위에와 땅 위에와 땅 아래와 바다 위에와 또 그 가운데 모든 만물이 가로되 보좌에 앉으신 이와 어린양에게 찬송과 존귀와 영광과 능력을 세세토록 돌릴지어다 하니 ^{14}네 생물이 가로되 아멘 하고 장로들은 엎드려 경배하더라

제6강

계시록이 보여 주는 하나님의 영광과 엄위

계시의 목적

지난번 4장과 오늘 읽은 5장이 다 같이 천계(天界)의 정경인데 4장에는 창조주 하나님이 앉아 계시는 영광의 심벌(symbol)을 표현하고 있습니다. 여기 계시록에 기록되어 있는 사실은 전부 상징으로 표현되어 있는 까닭에 요한이 본 것도 상징이지 사실 그 자체는 아니라는 것을 주의해서 생각해야 합니다. 만약 여기서 묘사한 이 정경대로 영화를 찍어 본다든지 그대로 재현을 해 본다고 하면 그것이 천계의 그 무한한 영광의 빛과 영광의 내용을 표현하는 소위(所爲)는 안 될 것입니다. 천계가 그런 정도의 내용이 아닙니다. 여기서는 지금 하나님께서 그 종 요한을 통하여서 거룩한 교회에 전달하시고자 하는 중요한 것들을 상징으로 보여 주시고 그것을 기록해서 교회에 전달하게 하신 것입니다. 교회는 그것을 받아서 그 표시한 부분을 주의 깊게 생각하고 해석해서 '하나님의 본의가 무엇이고 왜 이것을 우리에게 보이시는가?' 즉 계시를 보여 주신 이유와 목적에 대해서 잘 깨달아 알기를 원하신 것입니다.

그러니까 여기 4장과 5장에 천계의 정경이 기록됐다고 할지라도 천계가 이렇게 생겼다는 것을 다 보여 주신 것이 아니라 천계에 관해 우리가 알아야 할 것들에 대해서 가르쳐 주신 것입니다. 우리가 알아야 할 천계의 사실들이 무엇인지 통틀어서 말하자면 이 땅 위에서 구원의 크신 사역이 진행되어 나갈 때에는 땅 위에서 일어난 현상이 원인이 되고 결과가 되어서 나오는 것이 아니라 그 근원은 하늘에 있다는 것입니다. 그 모든 근원의 근원이 되시는 큰 영광과 능력의 하나님께서 하늘에 앉아 계셔서 당신의 기이하시고 신비하신 섭리와 계획으로 땅 위에 여러 가지 역사적인 현실을 전개해 나가시는 것입니다. 여기 계시록에서는 땅에 있는 잡다한 여러 역사의 현실을 그냥 파노라마같이 쭉 전개하시는 것이 아니라 그것이 가지고 있는 의의와 그것이 서 있어야 할 자리를 정해서 마땅히 사람이 여러 가지 현상 가운데서 알아 두어야 할 것, 즉 그 종들 혹은 교회가 알아 두어야 할 것들을 보여 주시는 것입니다.

계시록에 나타나는 일들 가운데 어떤 것은 하늘에서 일어나고 어떤 것은 하늘 아래 땅 위에서 일어나고 심지어는 스올이라고 하는 땅 아래 음부의 세계, 유명(幽冥)의 세계에서 일어납니다. 계시록에 기록된 이런 것이 사실 그대로의 묘사는 아닙니다. 사실 그대로를 묘사하고자 하더라도 그것이 무엇인지 일일이 설명할 수가 없는 것입니다. 가령 '지옥의 불이 어떻게 타느냐?' 하고 물으면 그것을 무엇이라고 설명할 수가 없을 것입니다. 또한 천계의 아름다운 것과 영광스러운 것과 무한한 모든 덕이 어떤 식으로 항상 충만히 나타나고 있는가를 이 세상에 있는 용어를 가지고 아무리 잘 표현해 보려고 해도 표현하기 어려울 것입니다. 우리는 그 현상을 볼 수 있는 마음의 눈도 육신의 눈도 가지고 있지 않습니다. 그렇지만 '그것에 대해서 우리는 모른다' 하고 소위 불가지론(不可知論)을 가지고 일관해서 살라고 하신 것이 아니라 우리에게 필요한 분량의 계시의 내용으로 중요한 것들 가운데 우리가 알아야 할 것들을 알아야 할 그 방식으로 그 의의나 가치, 그리고 그것이 가지고 있는 세력의 역사적인 진전을 꼭 알고 있도록 하기 위해서 심벌을 가지고 이렇게 표시해 주신 것입니다.

홍보석과 녹보석

계시록을 공부할 때에는 이렇게 심벌로 표현해 주신 내용이 천계에 있는 모든 현상을 다 표시한 것은 아니라는 점을 반드시 주의해야 합니다. 그중에 우리가 알아야 할 것들을 보여 주신 것입니다. 예를 들면 4장에서는 우리가 하나님의 존재를 알 수 있도록 표상이나 상징을 써서 표시했습니다. "이 일 후에 내가 보니 하늘에 열린 문이 있는데 내가 들은 바 처음에 내게 말하던 나팔 소리 같은 그 음성이 가로되 이리로 올라오라. 이후에 마땅히 될 일을 내가 네게 보이리라 하시더라. 내가 곧 성신에 감동하였더니 보라, 하늘에 보좌를 베풀었고 보좌 위에 앉으신 이가 있는데 앉으신 이의 모양이 벽옥과 홍보석 같고 또 무지개가 있어 보좌에 둘렸는데 그 모양이 녹보석 같더라"(1-3절). 앉으신 이의 형용을 사람의 붓으로는 묘사할 길이 없습니다. 그러나 그분이 지금 전개되는 계시록에 나타나는 구원의 프로그램의 큰 사실들에 어떻게 관계하시느냐 하는 관점에서 그 보좌에 앉으신 이를 벽옥과 홍보석으로 상징한 것입니다.

벽옥 같다면 대체 어떤 모양입니까? 알 길이 없습니다. 벽옥이라는 것은 무슨 모양이 있기는 하지만 일정한 모양은 없습니다. 그것을 갈아 놓아야 모양이 있는 것이지 벽옥 그것 자체는 떠낸 그대로니까 돌 같은 것입니다. '벽옥 같다, 홍보석 같다, 무지개가 둘려 있다.' 그런 정도입니다. 요컨대 이런 것들은 우리에게 무엇을 의미하는가를 알라는 것입니다. 그러니까 계시록 이후로 이 세상에 나타나는 여러 가지 일에 대한 하나님의 거룩한 속성을 벽옥, 홍보석, 무지개 이런 식으로 표시한 것입니다. 이것을 지금 우리가 영화(映畵)같이 생각하고 벽옥과 홍보석을 가져다가 의자 위에 올려놓고 그 위에 무지개를 둘러놓으면 그것이 천계의 모습이 될 까닭이 없습니다. 그러나 여기서는 하나님에 대해서 그렇게 묘사한 것입니다. 그리고 이어서 둘러 있는 이십사 장로나 네 생물에 관한 이야기를 썼습니다.

벽옥 같은 분, 홍보석 같은 분이 결국 무엇을 하시는가 하면, 이제 앞으로 일곱 인, 일곱 나팔, 일곱 대접이 차례차례 나오고 나중에 만물이 그 안에서 통일되는 이러한 여러 가지 기묘한 것들이 필요에 따라서 자세히 묘사되어 나가는데 이것들이 벽옥 같고 홍옥 같은 그분과 상관되어 있고 당신의 보좌 주위로 무지개를 둘러놓으신 그분과 늘 상관이 된다는 것입니다. 그런고로 벽옥으로 무엇 하나를 상징한 것이고 홍옥으로 무엇 하나를 상징하고 무지개로 무엇 하나를 상징한 것입니다. 그렇지만 지금 여기서 '벽옥은 무엇이다' 하고 얼른 이야기하기 어렵습니다. 대체 무엇을 상징하려고 이 말을 썼을까요?

계시록 전체에 일어나는 여러 가지 사건들을 죽 읽은 다음에 우리가 생각하게 되는 것이 몇 가지 있습니다. 하나님은 거룩하셔서 죄에 대해서 용허(容許)하지 않으신다는 사실이 뚜렷하게 계속해서 나옵니다. 하나님의 거룩함이 죄에 대하여 어떻게 나타나는가 하면, 먼저 땅 위에 죄가 있다는 것을 참 많이 묘사합니다. 계시록의 칠 인 봉서나 일곱 나팔이나 일곱 대접, 특별히 일곱 대접은 일곱 앙화(殃禍)

가 내리는 것인데 왜 내리고 누구에게 내리느냐 하면 그것은 한마디로 죄 때문이고 죄 있는 사람들에게 내린다는 것입니다. 그러한 일의 총 주장자(主掌者), 이 모든 것의 최종의 원인이 되시는 분은 벽옥 같은 분이고 홍옥 같은 분이라는 것입니다. 그래서 그것과 벽옥, 홍옥, 무지개라는 심벌을 연결해 놓았습니다.

그리고 죄 있는 이 세상에 대해서 아주 적극적이고 아주 기묘하고 또한 확실히 의도적인 무서운 심판을 하시고 그것을 용허하지 않으신다는 사실들이 거기에 명확하게 나타나는 데에서 우리가 두 가지를 볼 수 있습니다. 첫째, 하나님께서는 성결하시고 의로우시사 죄가 도무지 용납될 수가 없고 당신이 지으신 만물 가운데 있는 죄에 대해서 그대로 용인치 아니하시는 거룩한 당신의 영광의 빛을 가지고 계십니다. 죄를 도무지 용납할 수 없는 이 거룩한 영광의 빛을 벽옥 또는 청옥이라는 보석의 찬란한 빛으로 표현했습니다. 둘째로, 죄를 용납하지 아니하시면 어떻게 하는가 하면, 죄를 지으면 그 죄책(罪責)에 대해서 반드시 토죄(討罪)하시고 맹렬한 진노로 저주를 내리십니다. 이것이 벽옥과 같은 영광을 찬란히 가지신 그분이 죄책에 대하여서 적극적으로 작용하시는 사역의 상태입니다. 이것은 찬란한 영광의 빛입니다. 하나님의 영광의 빛입니다. 죄를 심판하시고 죄에 대해서 진노하시고 앙화를 내리시는 이 찬란한 영광의 빛을 홍보석으로 표현한 것입니다. 빨간 빛으로 표현했습니다.

벽옥을 햇빛에 비춰서 눈으로 자세히 쳐다보든지 밤에 아주 환한 불빛에 비춰서 보면 그 빛이 얼마나 찬란한지 '하나님의 영광에도 이러한 부분이 있겠구나' 하고 생각할 만큼 때때로 찬란한 영광을 자연히 느끼게 됩니다. 루비 혹은 알렉산더 보석(alexandrite) 같은 것을 밤에 고촉광 전등에다 놓고 비춰 보면 찬란하게 반사해 나가는 그 빛을 보거나 혹은 금강석이 찬란하게 비치는 것을 보게 되면 '하나님 나라에 이런 영광이 있지 않겠는가? 하나님의 영광은 결국 어떤 찬란한 것, 사람이 가장 깊은 미감(美感)과 그리고 아주 성결감으로 인상을 받는 이런 보석으로 비유할 만하겠다' 하는 생각이 듭니다. 과연 계시록에서 나중에 하나님의 영광이 찬란한 새 예루살렘의 영광을 표시할 때에도 열두 보석으로 찬란하게 장식된 것으로 표시를 했습니다. 결국 그런 것들이 그것을 섬세하게 바라보는 사람의 마음 가운데 비치는 하나님의 영광의 상징이요 동시에 영광을 상상하고 연상케 하는 것들입니다. 이런 찬란한 광채를 주는 보석들을 가지고 보좌에 앉으신 이의 영광을 상징한 것입니다. 그래서 벽옥과 홍보석이라는 말을 썼습니다.

계약의 상징인 무지개

그리고 무지개라는 것이 거기 딱 비치는데 무지개는 그것대로 하나님의 특별히 크신 사역 하나를 상상하게 합니다. 우리가 찬란한 무지개를 보면 '무지개가 섰으니까 비가 많이 안 오겠다' 하는 것을 느끼게 됩니다. 해와 공기 중에 있는 수분들과의 관계로 무지개가 비치는 것을 보면 수분이 완전히 해를 압도하고 천지를 덮어 버리는 일이 없이 거기에 여유가 있다는 것을 느낍니다. '여기는 비록 해가 안 비치지만 저기는 햇빛이 저렇게 비치니까 무지개가 선다' 하고 햇빛의 아름다움과 햇빛의 고마움을 느끼게 하는 것입니다. 여름날 오랫동안 장마가 져서 하루 한때도 볕 나는 때가 없다가 어느 날 살짝 구름 사이로 보이는 푸른 하늘을 바라볼 때에는 그 푸른 하늘에 대한 소망이나 반가움, 정다움을 느끼는 것이고 또 거기에 무지개가 턱 퍼졌을 때 무지개의 초록빛이 특별히 우리에게 인상 깊게 나타납니다.

무지개는 찬란한 빛을 나타내지만 모든 빛깔이 똑같이 나타나는 것이 아니라 녹색이 제일 현저하게 비칩니다. 사람은 푸른빛에서 마음이 가라앉고, 따라서 사색(思索)이 유현(幽玄)한 곳으로 들어가는 데에도 좋다고 합니다. 사람을 선동하거나 교란하지 않고 차분히 가라앉게 합니다. 또한 푸른빛은 멀리 무엇을 바라보게 하고 소망 혹은 허락, 약속을 느끼게 합니다. 물론 분광이 되면 푸른빛 하나만이 아니라 적등황녹청남자(赤橙黃綠靑藍紫)가 다 나올 것이지만 우리가 그것을 자세히 헤아려 보기 전에는 몇 가지 빛이 어울려서 나오되 주조로 크게 나오는 것은 푸른빛이고 그다음에는 청색이 나오고 남색도 직접 보이는 듯하고 반대쪽에는 붉은빛, 특별히 주황빛이 은은히 길게 곁들여서 나옵니다.

창세기에서 노아의 무지개 이야기를 읽은 사람은 누구든지 하나님께서 다시는 물로 세상을 멸하시지 아니하신다는 약속이 그 무지개에 붙어 있다는 것을 잘 알 것입니다. 하나님께서 사람에게 여러 가지로 언약을 하셨는데 당신의 약속의 구체적인 징표로서 인류 역사의 원시 시대에 말씀하신 것이 무지개입니다. 노아에게 무지개를 내리시면서 '내가 무지개를 하늘에 두어서 다시는 홍수로 사람을 멸하지 아니할 것을 너에게 약속한다'고 하셨습니다. 그런고로 무지개는 단순히 홍수로 멸하지 않겠다는 것만이 아니라 사람을 멸하지 않겠다는 하나님의 사랑과 측은지심의 표시로서 사람에게 하신 계약의 심벌인 것입니다. 요컨대 무지개는 하나님께서 사람에게 계약을 하셨다는 하나의 심벌입니다.

하나님의 약속

하나님은 왜 사람과 계약을 하십니까? 전에도 말씀드렸지만 사람은 하나님의 피조물로서 하나님 앞에 어떠한 의를 행한다고 하더라도 그것이 하나님을 만족시키는 일이 될 수 없습니다. '지금은 안 된다'는 말이 아니라 아담이 하나님 앞에 어떠한 의를 행한다 하더라도 그것으로 말미암아 사람이 하나님의 상을 받을 만한 자격을 획득할 아무런 요소가 되지 않는다는 것입니다. 사람은 피조물로서 성결하게 지음을 받은 까닭에 당연히 모든 일에 하나님을 순응해야 합니다. 순응했다고 해서 무엇을 받을 요량을 할 이유가 없는 것입니다. 그런 점에서 사람은 하나님 앞에서 아무런 공로(credit)도 주장하지 못하는 것이고 그런고로 하나님께서 그것에 대해서 보상을 할 이유가 없는 것입니다. 그렇지만 그러한 창조주와 피조물과의 관계에서 그것을 엄격히 고수하는 위치에서 하나님께서 스스로 내려오셔서 사람과 대등한 위치에서 '내가 창조주로서 너에게 당연히 요구할 것을 요구하는 것보다 네가 이러이러하게 잘 순종하면 나는 거기에 응해서 이렇게 이렇게 해 주마' 하신 것입니다. 이것이 약속입니다. 하나님께서 사람과 약속을 하실 이유가 없습니다. 약속을 할 위치에 있는 분이 아닙니다. 그러므로 하나님께서 사람과 계약을 하신다는 것은 첫째로 하나님이 사람을 사랑하셔서 은혜를 주시려는 거룩한 의사를 표시한 것이고, 둘째는 그 의사를 어떠한 형식으로 표시하느냐 하면 스스로를 낮추사 사람이 마치 공로가 있는 것같이 사실상 자격이 없는 사람에게 공로를 가해 주신 것입니다. 이것이 약속의 중요한 양상입니다.

이렇게 해서 하나님께서 사람에게 약속을 해 주신 것은 그만큼 사람으로 하여금 소망을 가지고 하나님의 약속의 사실에 의지해서 자발적으로, 인격적으로 그 약속의 조건에 순응해서 약속하신 바 은혜와 복을 받으라는 것입니다. 은혜는 하나님이 친히 내려와서 값없이 약속을 해 주시는 그 점에 있는 것이고, '약속대로 이행을 하면 거기에 응해서 이렇게 보상을 해 주마' 하는 것이 복입니다. 그런고로 은혜와 보상, 즉 복을 받으라는 것입니다. 그렇게 해서 궁극적으로 사람인 위치에서 하나님의 충만한 사랑을 받을 수 있는 가장 영광스런 위치에 올라가고, 죽을 수 있는 생명의 위치에서 영원히 죽지 아니하는 영원히 존재하는 영생의 확실한 위치로, 현상적으로 떨어져 버릴 수 있는 위치에서 영원히 영광이 변치 아니하는 위치, 영원히 영광이 쇠퇴하지 아니하는 완전한 영화의 위치, 다른 말로 하면 예수 그리스도의 부활하신 그 열매와 같은 위치로 올라가게 하시려는 것입니다.

하나님께서 약속하신 내용은 크게 두 가지입니다. 첫째, 사람이 하나님께서 내신 법칙에 순응해서 자기가 마땅히 행하고 나아가야 할 사명을 수행하면 그에 따라서 하나님께서 약속하신 영원한 생명과 영원한 영광의 위치에 올라간다는 것입니다. 이것을 행위의 약속(the covenant of works)이라고 합니다. 그러나 사람은 그것을 못했고 약속도 포기하고 제멋대로 해 가지고 완전히 죄로 타락해 버리고 말았습니다. 그러나 하나님께서는 이렇게 죄로 타락해서 전적으로 무능력하고 불가능한 인간을 건져 내셔서 그 영원한 생명의 영광 가운데 들어가게 하시려고 공로를 준비하셨다가 입혀 주시고 그 공로를 의지하게 하신 것입니다. 이렇게 준비하시고 거저 주시는 이것이 은혜입니다. 그리고 이 은혜는 받아야 하는 것입니다. 그래서 '이 은혜를 받아라. 내가 준비한 이것을 네가 입어라. 그러면 너는 이 공로를 준비하신 예수 그리스도의 위대한 사역 때문에 과거에 내 법칙을 다 지킴으로 도달해야 할 그 위치에 자연스럽게 올라가게 된다' 이것이 둘째로 은혜의 약속(the covenant of grace)입니다.

그것 이외에 좀 더 일반적인 의미에서 하나님의 약속과 같은 것이 있는데 그것은 '이러이러하면 이렇게 된다' 하는 하나님의 일반 법칙의 작용입니다. 이것도 일종의 약속으로서 사람이 그것을 신뢰할 수 있는 것입니다. 다른 말로 하면 A라는 원인을 심으면 A라는 결과를 거둔다는 것인데 이것도 하나님께서 내신 법칙입니다. 그런고로 아주 광의(廣義)로 말하자면 그것도 일종의 약속이 될 수 있는 것입니다. 그뿐 아니라 또 한 가지는 전 세계나 삼라만상이나 우주 전체는 결국 어떻게 될 것인가 하면 이것이 나중에는 다 허무하게 없어지고 마는 것이 아니고 언젠가는 이 모든 불완전이 없어지고 완전한 영광의 통일 가운데 이것이 도달하게 된다는 것을 사람에게 알려 주시는 것이 있습니다. '하나님께서는 만물의 모든 것이 되시사 만물을 새롭게 하시고 그것을 그리스도 안에서 통일시켜서 다 영광의 빛으로써 입혀 주신다' 하는 이런 큰 소망을 우주와 만상(萬象)이 다 가질 수 있게 만들었다는 것입니다. 이런 것도 일종의 약속입니다. 그러니까 이런 의미로 보면 약속이 네 가지의 부분으로 나눠진다고 생각할 수가 있습니다. 그래서 스킬더(K. Schilder, 1890-1952) 같은 신학자는 네 가지의 약속을 이야기하기도 합니다.

그러나 성경이 우리에게 크게 가르친 계약은 행위의 계약과 은혜의 계약 두 가지입니다. 행위의 계약에 있어서 아담은 완전히 실패했지만 예수 그리스도께서는 십자가를 지시기 전까지 땅 위에서 33년간 인생으로 사시면서 하나도 실패함이 없이 다 이루셨습니다. 그리고 행위의 계약에서 얻은 약속의 대가로 얻은 보상을 우리에게 넘겨 주셨습니다. 그런 의미에서 '예수 그리스도의 지상 생활은 우리의 모범이 되신다' 하는 정도로 생각하면 안 됩니다. 그리고 십자가를 향해서 걸어가신 그 길뿐만이 아니라 예수님의 지상 생활 자체가 의미를 가지고 있습니다. 예수님은 율법을 지킴으로써 율법이 주려고 하는 생명을 얻은 최초의 인물입니다. 그리고 얻은 공로를 우리에게 회

향(回向)시키신 것입니다.

무지개는 하나님께서 친히 약속하셨다는 무한한 하나님의 겸비(謙卑)와 하나님의 구원의 약속(promise of salvation)을 우리에게 보여 줍니다. 벽옥으로는 하나님의 성결의 속성을 표시하고, 죄에 대해서 절대로 용인하지 아니하시고 심판과 그 찬란한 영광으로 임하신다는 사실은 홍옥으로 표시하고, 거기다가 무지개를 둘러서 하나님에게서 유출된 것은 구원이라는 것을 보여 주고 있는 것입니다. 성결하신 하나님은 죄인과 죄를 회개치 않는 자에게 홍옥과 같은 진노와 심판으로 임하시지만 하나님의 거룩한 약속을 믿고 의지하는 자에게는 그 약속에 의한 구원을 내리신다는 것을 보좌에 있는 세 가지 심벌리즘 가운데서 볼 수가 있습니다. "무지개가 있어 그 보좌에 둘렸는데 그 모양이 녹보석 같더라"(계 4:3). 하필 녹색을 현저한 빛깔(prominent color)로 보아서 녹보석 같다고 했습니다. 그러니까 단순한 무지개가 아니고 무지개 같은 것입니다. 둘러 있는 것이니까 보우(bow)입니다. 보우는 보우인데 레인보우(rainbow)가 아닙니다. 보우는 활과 같이 둥그런 형태인데 녹보석과 같은 것이 찬란하게 둘렸다고 했습니다.

이십사 장로와 네 생물의 찬송

"보좌에 둘려 이십사 보좌들이 있고 그 보좌들 위에 이십사 장로들이 흰옷을 입고 머리에 금 면류관을 쓰고 앉았더라"(4절). 이십사 장로는 구속받은 자의 모양을 나타내고 있는데 그들은 거기서 하나님을 늘 찬송하고 있습니다. 그리고 여기 10절부터 "이십사 장로들이 보좌에 앉으신 이 앞에 엎드려 세세토록 사시는 이에게 경배하고 자기의 면류관을 보좌 앞에 던지며 가로되 우리 주 하나님이여, 영광과 존귀와 능력을 받으시는 것이 합당하오니", 그다음에 '이는'이라는 말을 넣어서 "이는 주께서 만물을 지으신지라." 헬라어 원문을 보면 '주께서 만물을 지으신 까닭에 그렇습니다' 이렇게 명확하게 되어 있습니다. "만물이 주의 뜻대로 있었고 또 지으심을 받았나이다 하더라"(10-12절). 이십사 장로는 흰옷을 입었는데 자기의 면류관을 벗어서 다 던지고 그 앞에 엎드려 절하고 경배하고 그리고 찬송을 하되 특별히 창조의 대사역에 대한 찬송을 합니다.

여기 두 개의 찬송이 나옵니다. 네 생물이 하는 찬송과 이십사 장로가 하는 찬송입니다. 네 생물이 하는 찬송은 "거룩하다. 거룩하다. 거룩하다. 주 하나님 곧 전능하신 이여, 전에도 계셨고 이제도 계시고 장차 오실 자라" 하는 내용입니다. 그러면 네 생물의 찬송과 이십사 장로의 찬송은 무엇이 다릅니까? '같은 소리를 이렇게도 쓰고 저렇게도 썼나 보다' 하고 특별히 구별되는 심정이 없으면 없는 대로 그냥 읽어도 아무 상관이 없습니다만 그 의미를 살펴보면 다른 점이 있습니다. 네 생물의 찬송은 하나님의 존재의 사실에 대한 찬송입니다. 즉 하나님의 본질에 대한 찬송입니다. 반면에 이십사 장로의 찬송은 하나님의 본질적인 존재에 대한 것이기보다는 하나님의 사역, 특별히 창조의 대사역에 대한 찬송입니다. 그러니까 각각 하나님의 계심에 대한 찬송과 하나님께서 하시는 일에 대한 찬송입니다. 하늘에 있는 영물들과 혹은 스랍과 같은 천사 혹은 천군 가운데 있는 영물들과 또 거기에 있는 이십사 장로들이 둘러서서 늘 찬송을 합니다.

이십사 장로는 무엇이고 네 영물은 무엇인가 하면 요컨대 천군 천사와 하늘에 있는 성도, 즉 하나님 앞에 모시고 있으면서 항상 찬송하며 하나님을 모시고 기리고 있는 모든 인격적인 존재들에 대한 대표적인 심벌들입니다. 사람의 형상 하나와 사람의 형상 아닌 다른 것 하나를 세워 놓았습니다. 확실한 사람으로 심벌을 한 것은 이십사 장로입니다. 네 생물 가운데 사람의 모양이 있기는 하지만 분명히 그것은 사람이라고 할 수 없는 것입니다. 네 생물을 보면 하나는 사자 같고 하나는 소와 같고 하나는 사람 같고 하나는 독수리 같다고 그랬습니다.

이십사 장로

'이십사 장로'라는 말에서는 먼저 이십사라는 수가 열둘의 중복이라는 것을 생각하게 됩니다. 우리는 하나님 나라의 거룩한 지상의 역사에서 열둘이라는 수가 특별히 무엇을 대표했는지 잘 알고 있습니다. 과거의 경륜(economy)이나 예수 그리스도로 말미암은 새로 지은 경륜에 있어서나 열둘은 늘 선택된 수입니다. 과거의 경륜에서는 이스라엘의 열두 지파를 선택했고 그리스도로 말미암은 새로운 경륜의 내용 가운데서는 열두 사도로서 주께서 부르사 세상으로 보내신 사람을 전체적으로 상징화하고 대표하고 있는 것입니다. 그런 점에서 열둘과 열둘을 합해서 이십사라는 것은 주로 구약에 있는 성도와 하나님의 부르심을 받은 신약에 있는 성도, 즉 예수 그리스도의 부르심을 받고 또한 보내심을 입은 자를 표시하는 것입니다.

그런데 이렇게 선택한 사람 가운데 하나님의 보좌를 두르고 거기 있는 사람들, 이것은 어떤 사람들입니까? 이 세상과 하늘에 있는 모든 성도를 표시한 것입니까? 4장 처음에 "이 일 후에 내가 보니 하늘에 열린 문이 있는데 내가 들은 바 처음에 내게 말하던 나팔 소리 같은 그 음성이 가로되 이리로 올라오라" 하는 말씀이 있습니다. 사도 요한이 거하는 곳도 땅 위에 있는 하나님의 나라입니다. 그런데 '이리로 올라오너라' 하는 것을 보면 하나님의 나라 가운데 이것은 특별히 천계(天界)를 의미합니다. 보통 하나님 나라라고 하는 광범한 세계를 의미하는 것이 아니고 하나님의 나라 가운데 어떤 특수한 지대,

즉 예수 그리스도의 영광을 직접 면대하는 낙원(paradise)이라는 지대입니다. 십자가 위에서 강도에게 약속하신 그곳입니다. 이 땅 위에서 주를 믿고 경건히 살다가 주님의 부르심을 받아서 가는 성도가 영원히 주님을 찬송하기 위해서 들어가는 그 세계입니다. 그렇다면 이십사 장로는 땅에 있는 모든 사람들을 표시한다기보다는 천계에 있는 성도를 표시하는 것입니다. 구약에서 간 사람 그리고 신약에서 간 사람에서 대표적으로 선택함을 받은 사람들입니다.

그리고 그 사람들이 장로라 하는 것은 천군 천사 수많은 영물들 가운데에서 어른이 되는 사람이 되었다는 말입니다. "우리가 천사를 판단할 것을 너희가 알지 못하느냐"(고전 6:3) 하는 말씀과 같이, 땅에 있는 우리들이 비록 미미하고 천사만 못한 것 같지만 우리는 그리스도에게 속하고 그리스도의 첫 열매의 뒤를 따를 자인 까닭에 나중에 우리의 위치는 부리는 신이 된 천사보다 훨씬 높고 영광스러운 위치인 것입니다. 그런고로 장로의 위치, 즉 높은 존장자의 위치에 임할 것을 가리킵니다. "보좌에 둘려 이십사 보좌들이 있고 그 보좌들 위에 이십사 장로들이 흰옷을 입고 머리에 금 면류관을 쓰고 앉았더라"(계 4:4). 그들은 그리스도의 왕권을 나눠 받은 사람답게 면류관을 머리에 쓰고 있습니다. 요컨대 이것은 신성한 왕권을 가리킵니다. 그리고 그리스도의 거룩하신 보혈로 말미암아서 우리의 의(義)인 더러운 옷을 벗고 그리스도의 의로 온전히 옷 입은 것을 표현하는 흰옷으로 단장하고 앉아 있습니다. 그러니까 장로는 완전히 구속을 받고 완전히 그리스도의 영광을 나눠 받은 사람의 상징입니다. 그들이 보좌에 앉아 있습니다. 이것은 그리스도께서 가지고 계신 영광의 권세를 나눈다는 의미입니다.

그러나 그들은 그 보좌에서 내려앉아서 면류관을 벗어서 대주재

(大主宰) 앞에 놓고서는 엎드려 경배하고 찬송을 합니다. "이십사 장로들이 보좌에 앉으신 이 앞에 엎드려 세세토록 사시는 이에게 경배하고 자기의 면류관을 보좌 앞에 던지며……"(계 4:10). 이것은 성도들이 땅에 있을 때에 하던 일이지만 하늘에 가서도 마찬가지입니다. 우리보다 먼저 가신 분들이 하늘에서 하나님의 영광 앞에서 이와 같이 할 것이라는 것을 지금 여기서 가르치고 있습니다. 그때는 그리스도의 영광의 왕권을, 즉 왕이신 그리스도를 얼굴을 접하여 볼 것이고 수건으로 쓴 것같이 볼 것이 아닌 까닭에 지식도 폐하고 다른 것도 폐하지만 무한한 사랑이 남아 있을 것이라고 했습니다(참조. 고전 3:13-18; 13:8-12). 사랑의 세계에서는 지식도 폐한다는 것은 아무것도 모른다는 말이 아니라 완전한 것이 올 때에 불완전한 것을 폐한다는 말입니다. 우리가 지금 아는 것은 다 수건으로 쓰고 보는 것과 같지만 서로 직접 면대해서 보는 그 세계에 가서는 충만한 지식을 가지고 그 앞에서 그리스도의 위치, 즉 거룩한 중보자로서의 위대한 영광의 위치 가운데 같이 올라가는 것입니다.

하나님의 엄위

그다음에 네 영물이라는 것이 여기 나타나 있는데 그 앞에 "보좌로부터 번개와 음성과 뇌성이 나오고"(계 4:5상) 하는 말씀이 있습니다. 이것은 하나님의 어떤 특수한 속성 가운데 하나님의 엄위가 나타나는 정경입니다. 사람으로 하여금 천계의 엄위로움과 두려움을 느끼게 하는 가장 직접적인 것 중의 하나가 무엇이냐 하면 여름날 굉장한 번개가 치고 우레가 나는 것입니다. 번개와 우레가 막 번쩍번쩍하는데 태연하고 아무것도 못 느끼고 간다면 그건 이성이 없는 사람입니다. 이성이 있는 사람이면 아무리 욕심으로 눈이 어둡고 아무리 무신

론적이라고 할지라도 무서운 번개와 우레 앞에서 대자연의 숭엄함을 느끼지 않을 수 없는 것입니다. 그리고 하나님을 마음으로 좀 더 알고 있는 사람은 그러한 것에서 하나님의 의사 가운데에는 이런 무서운 것이 포함되어 있다는 것을 깨닫지 않을 수 없는 것입니다. '하나님은 오냐오냐 하는 호호야(好好爺)가 아니시다. 하나님은 무서운 분이다' 하는 것을 깨닫게 되는 것입니다.

우레가 나고 번개가 번쩍거리고 낙뢰(落雷)를 한다고 해서 굉장한 결과가 나타나는 것은 아닙니다. 기껏해야 전신주의 전선이나 끊고 집 한 귀퉁이에 불이 난다든지 하는 정도이니까 소이탄을 수십 발 떨어뜨리는 그런 효과가 나는 것도 아닙니다. 그러나 그것 자체가 큰 두려움을 주는 것입니다. 그리고 사람이 낙뢰를 당하면 당장에 죽고 말 것입니다. 소이탄 백 개가 필요 없습니다. 간단히 한 번 때려서 죽게 되는 것입니다. 그러므로 이것은 결국 죽음에 이르게 하는 무서운 공포를 표시합니다. 자연계 가운데 숨어 있는 하나님의 의사 표시에는 이런 두려운 면이 있다는 것을 이러한 것을 통해 느끼게 되는 것입니다. 이러한 두려움을 잘 느끼는 우리에게 번개와 음성과 뇌성을 상징으로 써서 말씀하신 것입니다. 그리고 "보좌 앞에 일곱 등불 켠 것이 있으니 이는 하나님의 일곱 영이라"(계 4:5하). 여기 일곱이라는 수를 특별히 쓴 것은 완전하다는 의미입니다. 하나님의 엄위가 찬란히 비치고 하나님의 성신의 완전하신 역사가 거기에 있습니다. 하나님을 만홀히 여기거나 그저 평안하고 조용하고 사랑스럽다는 정도로만 생각해서는 안 됩니다. 하나님께서는 항상 가까이 가지 못할 빛에 거하시고(참조. 딤전 6:16) 큰 위엄이 그를 둘러 있다는 것을 알려 줍니다.

6절을 보면 "보좌 앞에 수정과 같은 유리 바다가 있고", 수정과 같은 유리 바다가 거기 있다고 했는데 계시록에는 바다가 많이 나옵니다. 바다에서 나오는 짐승도 있습니다. 또한 '땅'이라는 말도 유표(有表)한 말로 쓰고 있습니다. '땅에 거하는 자들'이라는 말을 배웠습니다만 순교자를 발생하게 하는 땅, 거기에 거하는 사람은 순교자의 적으로서 하나님의 거룩한 나라의 공적(公敵)입니다. 나중에 칠 인 봉서를 보면 봉서를 떼어 나가는 장면에서 순교자들이 "거룩하고 참되신 대주재여, 땅에 거하는 자들을 심판하여 우리 피를 신원하여 주지 아니하시기를 어느 때까지 하시려나이까?"(계 6:10) 하고 땅에 거하는 자들의 죄악을 신원(伸寃)해 주시기를 구하는 기도가 나옵니다. 구약에도 원수를 무찌르시고 멸망시켜 주시기를 구하는 기도가 나옵니다.

그런데 성경에는 "너희 원수를 사랑하며 너희를 핍박하는 자를 위하여 기도하라"(마 5:44) 하는 말씀도 있고 "너희를 핍박하는 자를 축복하라 축복하고 저주하지 말라"(롬 12:14) 하는 말씀도 있습니다. 이렇게 구약은 원수를 멸망케 해 주시기를 바라고 또 가혹하게 적에 대해서 하나님께서 다시 일어나지 못하게 하시기를 바라는 장면이 있으면서(참조. 신 33:11) 신약에는 원수를 사랑하라는 이런 말씀이 있는 것과 관련해서 많은 사람들이 유대교적인 강렬한 복수심에 대해서 비판을 하였고 특별히 니체(Friedrich W. Nietzsche, 1844-1900)는 그것을 강하게 비난했습니다. '기독교는 복수 사상의 체계로서 복수의 본능의 발휘다' 하는 식으로 맹렬하게 공격을 했습니다. 니체 같은 사람의 눈으로 볼 때에는 그렇게 보일 것입니다. 또 일방 다른 사람들은 '그런 것이 아니고 유대교의 신은 피를 좋아하고 자기편이 아니면 철저히 괴멸시키려고 하고 원수에 대해서는 77배라도 갚으려고 하는 그런 강렬한 복수 사상을 늘 불러일으키는 신이고, 기독교의 신은 원수를 사랑하고 재앙을 빌지 않고 복을 빌게 하는 신이다. 그래서 기독교의 신과 구약에 나타나는 신은 같지 않다' 하는 식으로 생각합니다. 이런 생각이 제1세기부터 있어 왔습니다. 그러한 여러 가지 이론이 발생했지만 그것은 우리가 준신(遵信)할 것도 없고 걱정할 것도 없는 이야기입니다. 성경은 일관해서 원수에 대하여 흐지부지 쓸어 덮으라고 한 데가 없습니다. 또한 성경은 일관해서 원수에 대해서 증오하고 사갈(蛇蝎)같이 미워하고 그 몰락을 기뻐하라고 한 데가 없습니다. 두 가지를 다 중요한 것으로 가르치고 있습니다.

원수에 대한 태도

원수라고 할 때에는 두 가지가 있는데, 첫째는 단순히 개인에게 은원(恩怨) 관계를 맺게 해서 원수가 되는 사람이 있고, 둘째는 개인간의 문제가 아니고 냉정하게 생각해 볼 때 그 사람의 번성과 그 사람의 창달과 그 사람이 번영해 나가는 것이 하나님의 나라에 크게 장애가 되는 경우가 있습니다. 다른 말로 하면 나의 원수가 아니라 예수 그리스도의 원수입니다. 바울 사도가 "여러 사람들이 그리스도 십자가의 원수로 행하느니라"(빌 3:18) 하고 말씀하신 것과 같습니다. 단순히 기독교를 박해한다는 그런 정도의 의미가 아닙니다. 하나님의 공의와 하나님의 거룩한 도리와 그 나라의 진행을 언제든지 저항하고 능멸(凌蔑)하고 훼방하고 대적하고 거기에 충실한 자들을 핍박하고 괴롭게 하는 장본이 되는 자가 누구냐 하면 사탄입니다. 그 장본인인 사탄에게 속한 자들은 저희들의 아비인 사탄이 하는 짓을 합니다(참조. 요 8:38-44). 그러면 그런 사람들이 하나님의 자녀의 원수가 되는 것입니다. 구약에서 맹렬하게 타매하고, 그의 번영을 하나님 앞에 구하지 않고 그를 몰락시켜 주시기를 바라고, 또 그가 있다가 잠시 후에 어디로 사라지는지 모르게 사라져 없어지면 기뻐한 그 대상이 그런 사람들입니다. 그런 사람들이 번영하고 그대로 축복받고 살게 기도하라는 것이 원수를 사랑하라는 말의 의미는 아닙니다.

그러나 사람이 자기 개인적인 이해관계로 자기에게 손해를 끼쳤다고 해서, 요컨대 자기가 무엇을 하든지 자기가 하는 것은 결국 자기 자신의 행복을 위한 것이고 자기 자신의 이득을 위한 것이라는 관점에서 해석할 때에 자기에게 손해를 끼친다고 해서 원수로 여기는 경우에는 사원(私怨)이 되기 쉽습니다. 이런 사사로운 원수에 대해서 하나님께서는 무엇보다도 먼저 자기 자신을 바르게 해석하라는 데서부터 가르치기 시작하십니다. 그런 원수가 있을 때에는 얼른 원수에 대한 이야기를 먼저 시작하지 않습니다. 왜냐하면 우리가 어떤 사람을 미워하든지 원수로 여기는 문제는 결국 냉정하게 돌아보면 자기라는 위치에서 자기에게 해독을 끼치니까 그러는 것인데, 독을 받고 해를 받는 자기는 어떤 위치에 서 있느냐 하면 자기의 이익과 번영과 행복을 자기 스스로 수호하려고 하는 데서 시작하는 그런 처지와 입장에 서 있는 것입니다. '그것부터 먼저 해석을 해라. 너는 무엇 때문에 이것을 지키고 네 자신의 행복을 고수하느라고 애를 쓰느냐?' 하고 물으시는 것입니다.

이 세상 사람이야 다 자기의 행복을 고수하느라고 애를 씁니다. 이 세상 사람은 누구든지 자기 행복을 지키느라고 애를 쓰고 그것이 저해됐을 때에는 굉장히 화를 내고 그것을 누가 조금 보태 주면 그를 친구라고 합니다. 그러나 사람이 예수 그리스도의 것이 되면 자기가 가진 것이 예수 그리스도의 것이 됩니다. 그의 소유관 역시 자기 자신을 주체로 놓지 않고 그리스도를 주체로 놓고 생각하게 되는 것입니다. 이렇게 그리스도를 주체로 놓고 생각하게 되면 그리스도의 것에 손상을 끼치는 자들에게 '그래도 좋으니까 융융(融融)히 번영해서 더욱 큰 힘을 가지고 이것을 파괴하게 합소서' 하는 기도를 할 사람이 세상에 없고 성경이 그런 기도를 하라고 한 일도 없습니다. 내 것이 그리스도 안에 들어가서 이제 내 것이 아니고 그리스도의 것인데 그리스도의 것을 저해해서 그리스도의 나라의 진행을 어느 모로든 막는 자들에 대해서, 하나님께서 그 사람들을 제하시기를 바라는 것이 정당한 기도인 것입니다. '그래도 좋사오니 그 사람은 잘살게 하시고 평안하게 하시고 행복스럽게 합소서' 하는 것이 원수를 사랑하는 기도냐 하면 그것은 아주 잘못된 것입니다.

원수를 사랑하라고 했으면 그 사람이 불의와 패역한 길을 가서 하나님의 나라에 반항을 하고 나갈 때에 그것을 깨닫고 돌아오게 되기를 바라는 것이 원수를 사랑하는 태도이지 그 암매와 죄악을 행하는 패역의 길을 버리지 않고 그냥 그 길에서 성공하라고 하는 것은 원수를 사랑하는 태도가 아닙니다. 그것은 아첨인 것입니다. 그러므로 원수를 사랑하라고 하는 말과 원수를 위해서 복을 빌라 하는 말의 의미를 명확하게 바르게 깨달아야 합니다.

그런데 하나님은 엄위로우신 하나님인 까닭에 그 엄위 가운데 하나님의 원수에 대해서 보복하시는 것입니다. 우리에게는 원수를 친히 갚지 말라고 하셨습니다. "내 사랑하는 자들아, 너희가 친히 원수를 갚지 말고 진노하심에 맡기라. 기록되었으되 원수 갚는 것이 내게 있으니 내가 갚으리라고 주께서 말씀하시니라"(롬 12:19). 그러나 '원수는 절대로 갚는 것이 아니다. 원수는 다시 원수로 생각할 것 없이 다 잊어버리고 말아라' 하고 가르치지 않았습니다. '네가 갚지 말라'는 것뿐입니다. 하나님께서 갚으시겠다는 것입니다. '갚기는 갚는다. 이것을 안 갚으면 하나님의 공의가 없어진다. 갚되 네가 갚지 말아라. 네가 갚으면 끝없이 거기에 말려들어서 네가 해야 할 참된 사명을 저해받는다. 그러니까 이런 번거로운 일은 내가 담당할 테니까 너는 내가 하라는 것만 어쨌든지 해라' 하는 말씀입니다. 이것이 로마서에서 말씀하신 바입니다. 거기에 명백하게 "원수 갚는 것이 내게 있으니 내가 갚으리라"(롬 12:19). '나한테만 맡기라' 하지 않고 '내가 갚는다'고 하셨습니다. 성경은 원수를 갚는다는 것을 가르치지 원수를 안 갚는다고 하지 않습니다. 다만 '네가 갚지 말라' 하신 것입니다. 하나님은 최후의 재판장이신 까닭에 하나님께서 하지 않으시면 더 이상 하실 분이 없습니다. 그리고 하나님께서 하신다면 우리가 할 것이 아닙니다.

역사 가운데 실현될 하나님의 구원과 심판

하나님은 원수에 대해서 항상 엄위를 가지고 임하십니다. 번개와 음성과 뇌성으로써 임하시는 것입니다. 하나님에게서 왜 이렇게 고정적으로 번개와 음성과 뇌성이 나오느냐 하면 세상에는 하나님의 원수가 많이 있기 때문입니다. 그것이 없어지는 날까지는 번개와 뇌성과 음성이 그냥 거기서 계속된다는 것을 보여 주시는 것입니다. 땅 위에는 하나님의 원수가 많이 있습니다. 공중에도 하나님의 원수가 있습니다. 감히 하나님을 대적하는 자들이 세상에 있고 공중에도 있습니다. 그래서 보좌에는 단순히 무지개의 구원만 있는 것이 아니라 동시에 번개와 뇌성과 음성이 있습니다. 하나님의 원수에 대해서는 가차 없이 용서 없이 이것을 내리기 위해서 이것을 다 설치를 해 놓았습니다. 이것이 어디서 어떤 방향으로 어떤 형태로 어느 때 무슨 사건으로 작용하는가 하는 것이 그다음부터 나오는 계시록의 내용입니다.

'하나님은 그런 하나님이시다. 번개와 뇌성과 음성이라는 것이 나중에 어떻게 나오는가 보아라' 하고 가르쳐 주시는 것입니다. 그리고 하나님의 무지개는 나중에 어떻게 나오는가 보여 주시는 것이 14만 4천을 건져내시는 이야기입니다. 그러나 땅 위에 있는 모든 자들이 회개치 않을 때에 재앙을 쏟고 또 쏟아서 일곱 개의 대접을 쏟아 버리는 것은 하나님의 뇌성과 음성과 번개라는 이 씨앗 형태(seed form)가 나중에 명확하게 역사의 코스 위에 구현되는 현실인 것입니다. 이렇게 계시록은 하나님의 구원의 큰 사실과 하나님의 엄위로운 심판과 진노와 저주의 사실이 교직(交織)하는 역사를 보여 줍니다. 이것은 하나님의 거룩한 경륜이 땅 위에 시작되고 발전하면서부터 있었던 일입니다. 이것은 세상 끝의 어느 한 시기에만 있는 일이 아니고 죽 계속되어 내려온 일입니다. 그런고로 계시록에서는 역사를 어떻게 봐야 하느냐 하는 문제, 즉 우리가 가져야 할 사관(史觀)이 무엇인가에 대해서 강하게 느끼게 됩니다.

또한 계시록에는 세상 끝에 일어날 중요한 사실들이 나와 있습니다. 역사상 아직까지 일어나지 않았던 일들을 가르쳐 줍니다. 13장에 있는 일 같은 것은 역사상 아직 보지 못했습니다. 그러나 계시록이 말세의 한 시기의 일만을 가르친 것은 아닙니다. 교회가 있어 온 이래로 거기에 하나님의 무지개가 뻗어 오는 사실이 있으면서 동시에 하나님의 뇌성과 음성과 번개가 한꺼번에 흘러나와서 구체적으로 역사의 코스에 어떻게 나타나는지를 가르쳐 줍니다. 그것이 오늘 배운 이 계시록의 이야기입니다.

기도

거룩하신 아버지시여, 아버님은 무한하신 사랑과 또 가장 두려우신 엄위를 가지시고 떨어지는 자, 넘어지는 자에게 엄위로우시고 주의 인자 가운데 거하는 자에게 끝까지 인자로써 대하시는 것을 믿사옵나이다. 예수 그리스도의 공로를 보시고 저희를 인자로 둘러싸 주신 아버지여, 끝까지 저희가 아버지의 무한하신 사랑과 그 가르치심과 인도하심과 바르게 하심과 거룩되이 세우신 그 은혜 가운데 살게 하시고 땅의 역사 위에 항상 그 번개와 뇌성과 음성으로써 임하시는 사실들이 역사 위에는 이런 사건, 저런 사실들로 나타나고 그것은 결국 하나님의 심판이요 진노요 저주의 사실로서 땅에 집단적으로 혹은 부분적으로 혹은 전체적으로 때를 따라서 임하는 것을 저희가 아나이다. 그래서 세상 사람의 사회는 때때로 어렵고 혼란하고 비상한 시기에 임하기도 하고 그러면서 회개를 촉구하시는 하나님의 거룩한 계시와 거룩한 요구에 대해서 사람이 암매하면 깨닫지 못하고 마음 가운데 반성이 있으면 은혜 가운데 들어가나이다. 오늘날 저희들이 구원받은 이 큰 사실을 더 깊이 깨달아서 역사 위에서 무엇을 해야 할 것이며 무엇을 하라고 하시는가, 어떻게 나아가야 할 것인가에 대해서 이제부터 더욱 가르쳐 주시는 대로 깊이 깨닫고 배우게 해 주시며 또 이러한 현실에 임하여서 현실에 대한 우리의 해석과 바른 태도가 무엇이며 이런 때 하나님께 대해서 우리는 어떻게 간구하며 나아가야 할 것인가를 또한 바르게 깨달아 알게 하여 주시옵소서. 주여, 이 사회 환경의 여러 가지 각박한 것과 어려운 상태에서 저희를 건져 주시고 저희들을 은혜 가운데 두사 환난과 고통 가운데에서 괴롬을 받지 아니하게 하시고 항상 아버님이 보호하시고 지키심으로 고요하고 안정한 가운데 주님을 더욱 섬기고 살아가게 하시옵소서.

우리 구주 예수 이름으로 기도하옵나이다. 아멘.

1971년 12월 8일 수요 기도회

제7강

계시록의 역사관

요한계시록 5:8-6:17

요한계시록 5:8-6:17

⁶:¹내가 보매 어린양이 일곱 인 중에 하나를 떼시는 그때에 내가 들으니 네 생물 중에 하나가 우레 소리같이 말하되 오라 하기로 ²내가 이에 보니 흰말이 있는데 그 탄 자가 활을 가졌고 면류관을 받고 나가서 이기고 또 이기려고 하더라 ³둘째 인을 떼실 때에 내가 들으니 둘째 생물이 말하되 오라 하더니 ⁴이에 붉은 다른 말이 나오더라 그 탄 자가 허락을 받아 땅에서 화평을 제하여 버리며 서로 죽이게 하고 또 큰 칼을 받았더라 ⁵셋째 인을 떼실 때에 내가 들으니 셋째 생물이 말하되 오라 하기로 내가 보니 검은 말이 나오는데 그 탄 자가 손에 저울을 가졌더라 ⁶내가 네 생물 사이로서 나는 듯하는 음성을 들으니 가로되 한 데나리온에 밀 한 되요 한 데나리온에 보리 석 되로다 또 감람유와 포도주는 해치 말라 하더라 ⁷넷째 인을 떼실 때에 내가 넷째 생물의 음성을 들으니 가로되 오라 하기로 ⁸내가 보매 청황색 말이 나오는데 그 탄 자의 이름은 사망이니 음부가 그 뒤를 따르더라 저희가 땅 사분 일의 권세를 얻어 검과 흉년과 사망과 땅의 짐승으로써 죽이더라 ⁹다섯째 인을 떼실 때에 내가 보니 하나님의 말씀과 저희의 가진 증거를 인하여 죽임을 당한 영혼들이 제단 아래 있어 ¹⁰큰 소리로 불러 가로되 거룩하고 참되신 대주재여 땅에 거하는 자들을 심판하여 우리 피를 신원하여 주지 아니하시기를 어느 때까지 하시려나이까 하니 ¹¹각각 저희에게 흰 두루마기를 주시며 가라사대 아직 잠시 동안 쉬되 저희 동무 종들과 형제들도 자기처럼 죽임을 받아 그 수가 차기까지 하라 하시더라 ¹²내가 보니 여섯째 인을 떼실 때에 큰 지진이 나며 해가 총담(驄毯)같이 검어지고 온 달이 피같이 되며 ¹³하늘의 별들이 무화과나무가 대풍에 흔들려 선 과실이 떨어지는 것같이 땅에 떨어지며 ¹⁴하늘은 종이 축이 말리는 것같이 떠나가고 각 산과 섬이 제 자리에서 옮기우매 ¹⁵땅의 임금들과 왕족들과 장군들과 부자들과 강한 자들과 각 종과 자주자가 굴과 산 바위 틈에 숨어 ¹⁶산과 바위에게 이르되 우리 위에 떨어져 보좌에 앉으신 이의 낯에서와 어린양의 진노에서 우리를 가리우라 ¹⁷그들의 진노의 큰 날이 이르렀으니 누가 능히 서리요 하더라

제7강
계시록의 역사관

네 생물에 표현된 네 표상

　계시록 5장에는 칠 인 봉서(七印封書)가 나타납니다. 보좌에 앉으신 이가 오른손에 칠 인 봉서를 잡고 계셨는데 거기에는 글씨가 안팎으로 가득히 쓰여 있고 그것을 일곱 인으로 봉했다고 하였습니다. 그런데 "힘 있는 천사가 큰 음성으로 외치기를 누가 책을 펴며 그 인을 떼기에 합당하냐 하니 하늘 위나 땅 위나 땅 아래에 능히 책을 펴거나 보거나 할 사람이 없더라. 이 책을 펴거나 보거나 하기에 합당한 자가 보이지 않기로 내가 크게 울었더니"(2-4절). 요한이 크게 울었다고 했습니다. 거기 구원의 큰 내용이 쓰여 있었을 텐데 '하늘 위에나 땅 위에나 땅 아래에 능히 책을 펴거나 보거나 할 사람이 없다'고 해서, 죄로 말미암아 황폐한 이 땅에서는 하나님의 거룩한 경륜과 계획이 진행될 것을 천지간에 펼쳐 보여 줄 사람이 없다는 것을 생각하고 슬퍼서 울었습니다. 그때 어린양, 즉 "유대 지파의 사자 다윗의 뿌리가 이기었으니 이 책과 그 일곱 인을 떼시리라"(5절) 해서 이렇게 책을 받으시니까 그다음에는 모두가 새 노래를 했습니다. "책을 취하시매 네 생물과 이십사 장로들이 어린양 앞에 엎드려 각각 거문고와 향이 가득한 금 대접을 가졌으니 이 향은 성도의 기도들이라"(8절). 여기 나오는 네 생물은 이미 4장에 나타나 있습니다. "그 첫째 생물은 사자 같고 그 둘째 생물은 송아지 같고 그 셋째 생물은 얼굴이 사람 같고 그 넷째 생물은 날아가는 독수리 같더라"(계 4:7). 이것은 천계에 있는 거룩한 스랍이나 그룹 같은 천군의 특수한 부분을 이렇게 표상적으로 나타낸 것이지 실지로 그런 형상을 가지고 있다는 이야기는 아닙니다. 실지로 있기는 있을지라도 표상적으로 그 성격을 그린 것입니다.

이 네 생물들은 칠 인 봉서를 뗄 때에 넷째 인까지 각각 네 생물이 안내자가 되어서 '오라!' 하고 외치는데 이것은 '그 속에 있는 사실들이여, 역사 위에 실현되라!' 하는 말입니다. 또한 나중에 천사들에게 땅 위에 화를 붓도록 금 대접을 주는 데에도 관계되어 있습니다(참조. 계 15:7). 그런데 그 생물이 가지고 있는 성격, 하나님을 둘러싸고 모시고 서 있는 영물이 사람에게 전달하는 특수한 성격이 각각 사자와 같고 소와 같고 사람의 얼굴과 같고 독수리와 같다는 것입니다. 이 네 개의 표상은 흔히 우리가 잘 알기 쉬운 말로 되어 있을 뿐 아니라 이 표상에서 얼른 연상되는 것이 있지 않습니까? 네 개의 표상으로 표현한 이 성격들은 무엇을 연상케 합니까? 그것은 예수 그리스도를 나타낸 4개의 복음서의 성격을 표상하는 것과 퍽 가깝지 않습니까? 마태복음은 사자, 마가복음은 소, 누가복음은 사람의 얼굴, 요한복음은 독수리 이렇게 네 개의 표상으로 되어 있습니다. 사자는 왕권과 승리자를 표시합니다. 모든 금수(禽獸) 가운데 왕으로 위엄이 있고 항상 승리를 한다는 것입니다. 소는 특별히 희생과 순종, 사역, 봉사를 상징합니다. 그래서 마가복음이 희생과 봉사와 순종을, 특별히 순종은 언제든지 다 필요하지만 희생과 봉사라는 것을 잘 드러낸다고 하고, 누가복음은 사람의 얼굴로 표시되는 인성을 가지신 완전한 사람인 예수에 중점을 두고서 쓴 복음입니다. 대체로 사람의 몸을 입고 오신 예수님, 즉 사람이라는 면으로 본 예수입니다. 마태, 마가, 누가복음은 그런 점에서 공관복음(共觀福音, Synoptic Gospels)이라고 합니다. 그렇지만 요한복음만은 특별히 독수리가 천계로 높이 오르는 것과 같은 '신성'을 많이 대표하고 있습니다.

그러니까 여기 있는 네 생물들은 첫째는 승리자의 왕권과 승리자, 둘째는 희생하고 봉사하고 순종해 나가는 특수한 그리스도의 덕을 표시하고, 셋째는 인간적인 지혜와 또 풍부한 인간성을 표시하고, 마지막으로 독수리와 같이 천공에 높이 올라 자유롭게 힘을 발휘하면서 천하를 내려다보는 신적인 성격을 표시하고 있는 것입니다. 천계에 예수 그리스도를 둘러싸고 있는 천사들도 예수님의 그러한 면을 체(體) 받아서 예수님의 명령하에 일할 수 있도록 그런 표상으로 표현되어 있는 것들이 거기에 있습니다. 요컨대 천계에 있는 스랍이나 그룹이 다 같이 예수님께서 그러한 봉사와 사역을 하시고 그러한 권위를 발휘하실 때에 수종을 드는 천사들입니다. 그러므로 그 봉사의 사역의 내용과 성격은 예수께서 왕권을 행사하는 일과 여호와의 종으로서 사역을 하고 봉사하는 것과 그리스도께서 인간으로서 충만한 인간성을 발휘해 봉사해 나가는 것과 사람인 동시에 완전한 하나님이신 예수 그리스도께서 비류(比類) 없는 독특한 인물로서 신인(神人)이라는 인격을 발휘하고 나가는 여러 가지 사역에 나타나는 천사의 사역입니다. 그러한 것들이 거기에 죽 모시고 서 있다는 것을 여기서 우리가 볼 수 있습니다.

네 기사(騎士)와 네 영물

그러한 네 가지의 영물과 이 칠 인 봉서의 처음 네 인을 뗄 때에 나타나는 네 기사도 우리의 주의를 끕니다. 여기 6장에는 칠 인 봉서의 여섯째 인까지 나타나는데, 다섯째는 순교자들의 영혼에 대한 이야기이고, 여섯째는 천변지재, 즉 자연계에서 나타난 굉장히 큰 하나님의 엄위의 사실이 기록되어 있습니다만 그 이전에 있는 네 개의 인을 뗄 때에는 계시록의 네 기사(騎士)가 나옵니다. 첫째 인을 뗄 때에는 "흰말이 있는데 그 탄 자가 활을 가졌고 면류관을 받고 나가서 이기고 또 이기려고 하더라"(2절). 둘째 인에는 붉은 말이 나옵니다. "그 탄 자가 허락을 받아 땅에서 화평을 제하여 버리며 서로 죽이게 하고 또 큰 칼을 받았더라"(4절). 셋째 인에는 "검은 말이 나오는데 그 탄 자가 손에 저울을 가졌더라"(5절). 거기 보면 "한 데나리온에 밀 한 되요 한 데나리온에 보리 석 되로다. 또 감람유와 포도주는 해치 말라"(6절) 하는 이야기가 나옵니다. 넷째는 회색 혹은 청황색 말인데 "탄 자의 이름은 사망이니", 여기 '사망'이라는 말에 쓰인 헬라어는 성경에서 대략 쉰 번 가운데 서른 번 가량은 '온역'이라는 뜻의 히브리어의 번역어로 쓰였던 말입니다. 70인역경에서 그런 의미로 가져다 썼습니다. "음부가 그 뒤를 따르더라. 땅 사분 일의 권세를 얻어 검과 흉년과 사망과 땅의 짐승으로 죽이더라"(8절). 이것이 땅에 직접 일어나는 큰일들입니다.

그 일들이 일어나기 전에는 그 일이 표상적으로 무엇으로 나타났느냐 하면 네 개의 말 탄 기사로 표시되었습니다. 그리고 '그 사실이여, 나오너라! 역사 위에 펼쳐져라!' 하는 뜻으로 '오라!' 하고 큰 소리로 부르는 천사는 누구냐 하면 네 영물입니다. 첫째부터 차례차례로 사자와 같은 영물이 첫째로 흰말을 오라고 했고, 그다음에는 소와 같은 영물이 붉은 말을 오라고 했고, 사람과 같은 영물이 검은 말을 오라고 했고, 독수리와 같은 영물이 청황색 말을 오라고 했습니다. 네 영물이 차례차례 했으니까 특별히 무슨 관계가 있겠다고 하기보다 '그냥 있으니까 차례차례 했나 보다' 생각할 수도 있지만, '왜 그러면 다른 천사가 부르지 않고 하필 네 영물이 불렀는가? 이러한 사실을 이 역사 위에 펼쳐지게 인도해 나오는 데에 네 영물은 각각 어떤 독특한 성격과 권리를 가지고 있는 것으로 보인다' 하는 생각을 할 수밖에 없습니다.

그러면 처음에 사자가 흰말을 탄 기사를 오라 해서 흰말 탄 기사가 와서 하는 것은 마치 사자로 표시된 영물의 독특한 성격인 승리자의 왕권을 그대로 표상하고 땅 위의 역사 위에 나타내는 것과 같습니다. 흰말을 탄 기사가 활을 가져서 멀리서 살을 쏠 수가 있고 멀리까지 그 세력이 미칠 수 있고 또한 면류관을 받고 나가서 이기고 또 이기려고 하는 것에서 승리라는 성격을 충분히 표시하고 있습니다. 이러한 점이 사자로서 표시한 영물의 성격과 대단히 부합됩니다. 그다음에는 소로 표시되어 있는 영물의 특성인 희생, 피 흘림, 봉사와 붉은 말인데, 붉은 말은 말 자체도 붉지만 큰 칼을 받았고 땅에서 화평을 제한다고 했습니다. 이것은 분명히 전쟁입니다. 전쟁이 그다음에 나타나서 아마도 소로써 표시되는 많은 희생이라든지 소가 수고하는 것과 같은 많은 노역이 거기에 어느 정도만큼 부합되게 쓰여 있습니다.

셋째 짐승을 보면 사람의 얼굴을 가져서 사람의 지혜를 가지고 있고 사람의 꾀, 무엇보다도 이성과 판단과 또 그러한 지혜로써 행동하는 것을 특수하게 의미했는데, 그것과 그다음에 나타나는 검은 말의 관계는 뭐냐 하면 분명히 큰 기근이 오는 이야기입니다. "한 데나리온에 밀 한 되고 보리 석 되라" 하는 말이 있습니다. 한 데나리온은 로마 시대에 군인이나 열심히 일하는 사람의 하루 임금입니다. 보통은 그 팔분의 일만 가지고도 밀을 한 되 살 수가 있는데, 여기서 한 데나리온에 밀 한 되라고 하면 그때 시세로 여덟 배나 비싸졌다는 의미입니다. 그러니까 이것은 물가가 굉장히 고도하다는 이야기입니다. 물론 여러분들은 여덟 배 정도가 아니고 몇 백 배나 올라간 것을 다 경험했으니까, 해방 후에 일본 돈의 가치가 폭락해서 전에는 돈 몇 천 원을 가졌다고 하면 여러 마지기의 땅을 샀는데 그 몇 천 원이 나중에 엿 몇 가락 사먹으면 끝나는 돈으로 화한 것을 보신 일이 있지만, 여기 이 말씀은 굉장한 전쟁 끝에 오는 기근과 인플레이션을 가리키고 있습니다. 그다음에 오는 것은 청황색 말로써 표시되어 있는 온역과 죽음입니다. 사람의 사회에서는 전쟁과 생활 구조나 사회 운용에 있어서 때때로 인플레이션이라는 기묘한 일이 발생합니다. 인플레이션은 통화(通貨)가 있은 다음에 발생한 것인데 소위 경제 회전이나 경제 소통이라는 것이 이러한 갑갑한 일을 때때로 발생하게 합니다. 그것이 사람의 지혜와 관계되어 있습니다. 사람들이 만들어 내고 사람이기에 그런 일이 발생하는 것입니다. 그러나 네 번째로 죽음과 온역이 온다는 것은 사람이 특별히 어떻게 했다는 것보다는 큰 재앙이 하늘에서 쏟아지는 것과 관계가 됩니다. 그래서 독수리의 표상으로 나타내고 있는 신적인 면, 즉 사람이 어찌 할 수 없는 높은 차원에서 하나님의 거룩하신 뜻을 집행해 나가는 이런 특수한 성격을 대표하는 영물이 온역이나 죽음이나 음부를 '자, 오너라!' 하고 소리를 질러서 사람들에게 퍼붓는다는 이야기입니다. 네 생물과의 의합(宜合)이라는 것은 그런 정도입니다.

계시록의 기록은 언제 발생할 사실인가

　우리에게 제일 중요한 문제는 그 네 생물이 공중에서 그렇게 불렀다고 할지라도, 하나님의 거룩하신 뜻과 계획에 의해서 거기에 적응하는 천사들을 시켜서 '자, 이 일을 역사 위에 실현시켜라!' 하는 것이 '오라!' 하는 말로 표시되었는데, '자, 오너라. 너 사망이여 오너라!' 하든지 '너 기근이여, 오너라!' '전쟁이여, 오너라!' 하고 말 한마디를 하면 막 쏟아져 옵니다. 그런데 그런 것이 실질상 우리가 사는 이 세계에서는 어떻게 해서 발생하고 언제 발생하는가 하는 것이 중요한 문제입니다. '이것은 이 세상 맨 마지막에 발생할 일이다' 하고 생각하면 우리가 이 세상 마지막에 안 산다면 그 문제와 상관이 없다는 이야기입니다. 세대주의자(dispensationalist)들은 '이것은 이 세상 끝에 발생하되 칠 년 대환난 때에 발생할 일이다. 우리는 이미 계시록 3장 끝에서 공중으로 들어올려지니까 걱정할 것이 없다. 교회 시대가 지난 다음에 땅 위에 칠 년 동안 환난이 있을 때에 일어나는 사실이니까 구경이나 하지 걱정할 것이 없다' 이렇게 말합니다. 자기의 문제로 해석하지 않는 것입니다. 구경할 일로 우리한테 일러 주셨으니까 '이런 일이 있다' 하면 '아, 그렇습니까?' 하고 공중에 올라가서 예수님을 만나고 앉아서 구경이나 하자는 것입니다. 그러나 그것은 자기네 나름의 편파적인 해석이고 성경을 종합적으로 볼 때에 그것이 절대로 그렇지 않다는 것을 깊이 느끼게 됩니다. 그러면 이것은 언제 일어날 일입니까? 세상 끝에 일어날 일입니까? 그렇다면 세상 끝에만 꼭 그렇게 일어나야 하는 이유가 무엇입니까?

　계시록을 해석하는 사람들의 해석 태도는 여러 가지입니다. 어떤 사람은 이 내용이 예수님께서 승천하신 다음부터 복음이 사방에 전파되는 사도 시대부터 로마가 박해를 그치고 콘스탄티누스의 일대 변혁이 생기는 4세기까지의 일이라고 해석하는 사람도 있고, 어떤 사람은 그런 것이 아니라 기독교 역사에서 때를 따라서 구현될 사실이라고 해서 역사를 통해서 차례차례 다 구현된다고 하는 정도로 해석하는 이도 있습니다. 소위 역사파라고 하는 사람들의 해석입니다. 어떤 사람은 계시록의 기록이 과거 어느 때의 일이라고 이야기합니다. 과거에 대한 주장도 여러 가지여서 어떤 사람은 주후 70년대의 일을 위주로 해서 이야기합니다. 마태복음 24장의 예루살렘 멸망을 중심 삼아서 그것이 예수님께서 말씀하신 것과 부합된다고 생각해서 주후 70년대에 티투스의 공격 때에 가장 큰 환난을 당한 것을 중심으로 이야기한 것이라고 주장합니다. 그러나 그것은 너무 이야기가 안 됩니다. 왜냐하면 계시록 자체가 벌써 70년대 작품인 것보다는 도미시안 황제 때면 벌써 주후 90년대 작품입니다. 그러니까 그렇게 볼 수가 없습니다. 또 어떤 사람은 '장래에 될 일이다' 하는 식으로 해석합니다. 그때 그 상황에서 일어난 일이 아니고 장차 예수님이 재림하실 때를 중심으로 해서 일어날 일이라는 것입니다.

이렇게 여러 가지 주장을 하지만 우리가 성경을 공부하고 조사해서 가장 적절하다고 이론할 수 있는 것은 무엇이냐 하면 계시록에 있는 이야기가 어느 한 시기나 역사의 한 토막에서, 가령 역사의 말기 또는 1세기에서 3세기까지라는 역사의 한 부분에서만 일어날 일이 아니라는 것입니다. 왜냐하면 계시록은 모든 시대의 그리스도의 종들에게 알리는 이야기인 까닭에 자기와 관계없는 시대의 이야기만을 집중해서 이야기한 것이 아니기 때문입니다. 그렇다고 해서 이것은 아무런 중점이 없이 역사 위에 이때 저때 일어날 일을 역사 안에 넣어 가지고 기다랗게 펴 놓고 '어쩌다 이때 한번 이런 것 같다' 그다음에 한 백 년이나 이백 년 있다가 '어쩌다가 이런 것이 또 한번 일어났다' 하는 그런 이야기가 아닙니다.

요컨대 이것은 역사에 일어나는 어떤 사실을 역사적인 사실의 기록, 즉 사기(史記)를 표상을 써서 우리에게 제시한 것이라기보다도 역사상에 나타나는 하나님의 크신 사역과 경륜과 계획, 다른 말로 하면 그리스도에게 속한 자를 구원하시는 것과 그리스도를 배척하고 완고하여서 듣지 않는 자들을 심판해 나가시는 큰 사실이 하나의 정점으로 하나님께서 역사를 통해서 행하시는 이러한 큰 성격을 종합하고 나열해서 가르치는 것입니다. 그러므로 예수님의 재림이 정점인데 그 이전에 우리가 반드시 알고 고증해 가면서 주의해서 봐야 할 크라이테리아(criteria)로 주는 것들이 많이 있습니다. 그런 것들이 중요합니다. 우리가 계시록을 잘 알고 많이 알면 많이 아는 만큼 시대의 과정과 성격을 잘 바라볼 수가 있고 그에 따라서 '우리는 그러면 어떻게 해야겠는가'를 잘 깨달을 수 있는 것입니다. 계시록을 그렇게 보는 것이 제일 타당하고 제일 은혜를 많이 받는 길인 줄로 생각합니다.

계시록은 저 개인으로 보면 아주 소년 시절부터 흥미를 가진 책이어서 소년 시절에도 계시록을 하룻밤에 앉아서 1장부터 22장까지 다 읽고 '대체 이게 무엇일꼬?' 하고 생각한 일이 있습니다. 아직 열다섯 살 정도 먹은 때니까 '무엇일꼬' 해 보아야 뾰족한 답이 없고, 또한 그 당시에는 계시록의 사실이 모두 장래에 일어나는 일이라고 떠드는 소위 미래주의자(futurist)들이 무척 압도적이었고 우리나라에서 사경회나 부흥회를 하면 계시록을 가지고 하는데 무슨 금을 쳐 놓은 것같이 '예수님께서 재림할 때에는 이렇습니다. 그리고 대체로는 그것이 7년 환난 때입니다' 하고서 이야기를 하는 것을 몇 번 배우고 책도 보고 그 사람들의 조종(祖宗)인 서양의 세대주의(dispensationalism)의 맹장(猛將)들이 써 놓은 계시록 강해를 여러 번 읽고 거기에 의거해서 쓴 책들을 보았지만 '아, 그렇구나' 한 것이 아닙니다. 그러고서 한동안 계시록 공부 혹은 강해라는 것을 붓으로 종이에 죽 계속해서 써 본 일이 있습니다. 그후에 평양에 있을 때 목사님들과 장로님들이 함께 모였을 때에 그중에 교회에 관한 이야기를 죽 강해했더니 그것을 전부 필기해서 나누겠다고 청했던 일을 기억을 하는데, 물론 그것을 필사해서 나누는 일을 안 했기에 대단히 잘했다고 생각했습니다. 왜냐하면 그것은 제가 그때에 '대체로 이럴 것이다' 하는 생각을 한 것이지 확실히 자신 있게 '분명히 이건 이렇게 안 되면 안 된다' 하고 논변을 할 만큼 된 것은 아니었기 때문입니다.

그러나 그 후에도 언제든지 계시록을 그 사람들의 이론을 따라서 보아서는 안 되겠다는 것이 하나의 잠재의식으로 늘 남아 있었습니다. 그래서 미국에서 다니엘서를 강해하고 그 논문을 쓸 때에도 역시 나중에 부논문으로 계시록에 있는 여러 가지 것들을 뜯어 가지고 쓰기 시작했습니다. 결국은 나중에 성경의 다른 부분들에서 '세계'라는 문제, '역사의 성격'이라는 문제와 같은 여러 가지 것들을 배우면서 차례차례 계시록을 볼 때 생각이 변했던 것입니다. 성경 다른 데를 보면 볼수록 '아, 이건 이렇게 생각해야겠다' 하고 생각이 달라졌습니다. 그래서 '계시록은 절대로 계시록만 들여다보면 안 되겠구나' 하고 생각했고 그래서 그 결과로, 뭐 지금이라고 계시록을 다 알고 완전히 이렇다고 단정하는 것은 아니지만 그러나 아주 흥미 있는 책이어서 때때로 교우들한테도 같이 읽자고 하는 책입니다. 동경에서도 모두 앉아서 이것을 다 한 번 읽었습니다. 이제 여기서도 우리가 이렇게 같이 읽어 가는데 아직 해석이 무엇이라고 자세히 들으시지 말고 읽어서 그 이야기를 잘 알고 계시면 좋습니다. 그러면 나중에 그 이야기를 가지고 자유롭게 끄집어내 가면서 해석이라고 할지 또 거기에서 무슨 생각을 해야 할 것인가 하는 것을 이야기해 나갈 수 있을 것입니다. 해석보다도 계시록에 의해서 무엇을 생각해야 할 것인가 하는 문제가 중요합니다.

이 세상의 사관과 계시록의 역사철학

그러므로 여러분들도 계시록을 볼 때 결코 어느 한 시기에 한정해서 보지 않는 것이 좋다는 권고를 드립니다. 긴 역사의 어떤 한 부분 안에서만 되는 일이라고 보지 말고 전체를 이렇게 놓고 죽 바라보시라는 것입니다. 역사의 중점이 있습니다. 하나님께서 그 거룩하신 영광의 나라를 땅 위에다 드러내시는 특별한 여러 가지 사실들이 역사 위에 있는데 그것은 아주 자명한 일입니다. 지금은 영국에 있는 로울리(H. H. Rowley, 1890-1969)라고 하는 대학자가 강의하는 것을 들었는데 그 강의 가운데도 그것이 있습니다. '역사에서 하나님의 크신 계획과 하나님 나라의 크신 사실을 드러내되 역사의 사사건건 자그마한 일까지 전부 다 나타내는 것은 아니다' 하는 이야기입니다. 물론 역사상에는 사람들이 괄목하고 기억할 만한 여러 가지 사건들이 일어나기는 하지만 그것 하나하나가 반드시 하나님 나라에 있어서 그만큼 비중이 크고 의미가 깊은 것은 아닙니다.

역사 위에는 하나님 나라의 거룩한 영광과 거룩한 통치 작용의 사실들을 현저하게 드러내는 역사적인 사실(fact)들이 있습니다. 그러므로 역사에서 사람들이 굉장하다고 떠드는 사건을 주시하는 것이 아니라, 어떤 사건이 되었든지 그것이 하나님 나라의 그 거룩한 통치 대권의 작용을 얼마만큼 드러내는 의미를 가지는가를 늘 주의해서 따져 보아야 합니다. 예를 들면 제1세기에 사도 바울 선생이 전도하고 돌아다닌 일을 역사에서는 '사도 바울이 전도를 했다' 하는 정도로 쓰지 대단한 이야기로 쓰지 않습니다. 시저(Caesar)가 루비콘을 건너간 이야기만치 그렇게 흥미 있게 쓰거나 로마의 삼두정치 이야기를 쓰듯이 써 놓지 않습니다. 사도 바울 선생이 교회를 세운 이야기를 로마의 삼두정치 이야기만큼 흥미 있고 굉장한 사실로 다루지 않습니다. 그러나 실제로 바울 선생이 로마나 헬라에 들어가서 전도를 한 사실이 로마의 삼두정치와 비교해서 어디에 더 비중이 있습니까? 바울 선생이 초초하게 터벅터벅 걸어 다니면서 전도하던 그것이 하나님 나라를 나타내는 데는 더 큰 비중을 가지는 이야기입니다. 가령 빌립보에 가서 옥에 갇혔다는 이야기도 네로가 나중에 자살했다는 이야기보다도 훨씬 더 중요한 이야기입니다.

역사에는 하나님의 나라를 구체적으로 잘 나타내는 사실들이 있지만 어떤 것은 이 세상의 역사가들의 사안(史眼)에는 너무 희미하고 자기네 척도에 맞지 않는 까닭에 재료로 쓰지 않고 바위 조각같이 버려두는 일이 많습니다. 자기네의 눈에 맞고 자기네의 안경에 들어맞는 빛깔 있는 것만 골라서 탁탁 쪼아서 씁니다. 그리고 과거에 역사를 쓸 때에는 대체로 사람들이 일반적으로 어떠한 사안(史眼)하에서 썼느냐 하면 주로 정치 사건을 중심으로 하고 거기에 문화적인 무엇을 했다는 것은 한 몇 페이지에다 죽 나열해 버리고 정치사는 자세히 조약(條約)의 내용과 연대까지 기록하고 다 외우라고 해 가면서 가르쳤습니다. 지금은 여러 가지 면에서 쓰기는 쓰겠지만 과거에는 역사라고 하면 주로 정치사에 역점을 두었습니다. 말하자면 사안이 그러했던 것입니다. 역사가 학문으로서 발달한 것이 그렇게 오래되지 아니한 까닭에 지금도 자꾸 분야를 개척하고 나가고 있습니다. 따라서 역사철학이라는 것 자체도 아직 그렇게 심오한 데에 이르지 못하고 널리 퍼지지 않았습니다. 그런데 우리가 계시록을 읽으면서 얻는 것은 하나의 거대한 역사철학입니다. 역사철학적인 관점에서 하나님의 통치의 대권이 땅 위에 인류의 역사 위에 어떻게 작용하는가를 표상을 써 가지고 우리에게 강하게 보여 주시는 것입니다.

역사철학적 관점의 계시록 해석

이제 그러한 서론적 지식 가운데서 이제 이 네 기사의 이야기를 간단히 생각해 보겠습니다. 처음에 흰말이 나오고, 그다음에는 붉은 말, 검은 말, 청황색 말이 이렇게 계속해서 나오는 것이 역사상 어떤 인과 관계를 가지는 일인지 그렇지 않으면 역사에 교직(交織)되는 일인지 생각을 해 봅시다. 여기서 특별히 어떤 인과 관계를 유표하게 써 놓은 것은 아니지만 역사의 윤전(輪轉)이라고 할는지, 진행 가운데에 어느 정도만큼 인과적인 요소를 포함하고 있습니다. 이제 역사철학적인 관점에서 보면 흰말이라고 할 때에는 전쟁이라든지 기근이라든지 그런 것보다는 화려하고 깨끗하고 어떤 큰 힘 있는 사실이 거기에 발생하여 제시되는 것입니다. 이렇게 힘이 제시되는 데에 대해서 그 다음에 붉은 말은 당연히 일어나는 반작용을 의미합니다. 흰말과 그 다음에 일어나는 붉은 말, 즉 작용에 대한 반작용의 역사가 사건으로 전개된다는 이야기입니다. 그다음에 검은 말이 나오는 것은 그로 말미암은 하나의 결과가 인류에게 미치는 영향을 감안해서 특별히 클로즈업(close-up)된 것입니다. 그리고 그것이 낳아 놓는 결과는 청황색 말로 인류 사회에 나타낸다는 이야기입니다.

지금은 사건을 중심으로 이야기하는 것이 아니고 역사철학적인 관점에서 역사상 한 개의 거대한 원칙 혹은 법칙이라는 것을 염두에 두고서 문제를 바라보자는 것입니다. 일찍이 계시록을 이렇게 해석하지는 않고 기묘하게 풀어 보려고 했습니다. 그래서 자꾸만 '이것은 이것이다' 하고 들어맞혀 보려고 하지 거기에 나타난 역사철학적인 관점을 찾아내려고 하는 시도를 아직까지 책에서 보지 못했습니다. 그러니까 계시록은 권위 있게 해석해 놓은 책이 없습니다. 칼빈 선생은 계시록에 대해서 해석을 않고 말았지요? 자기는 예언자로서의 특별한 은사가 없다고 생각해서 '이것은 내가 그냥 두어두어야겠다' 한 것입니다. 아마 다른 사람이 하는 만큼 하라고 했으면 '이것은 무엇일 것 같다' 하는 식으로 잘했을 것입니다. 그러나 그렇게 해서는 안 되겠다고 생각하고 그대로 둔 것 같습니다. 그러니까 지금 수많은 사람이 해석한다고, '이것이 아니고 요것이다. 요것 아니고 요것이다. 아니 이것은 로마의 콤모두스 황제(Commodus, 180-192 재위) 때 이야기이다. 아니, 그게 아니라 네로 황제 때인 것 같다' 이런 소리들을 하는데, 주의해야 할 것입니다.

그것을 그렇게 보는 것보다, 흰말은 '이기고 또 이긴다' 하는 말씀처럼 무제한한 승리를 가리킵니다. 끝없는 승리, 패할 수 없는 승리를 흰말로 표시했습니다. 패할 수 없는 승리라는 것은 가장 큰 힘의 제시인데 그것은 무엇입니까? 하나님께서 어떤 힘의 작용을 땅 위에 제시하셔서 그로 말미암아 땅에서 어떤 반작용이 일어났다면 그것이 어떤 사실이겠습니까? 인류 역사 위에서 그것을 찾아보면, 하나님께서 끝없이 승리하심을 제시했다면 그것은 복음입니다. 복음의 힘을 가져다가 탁 한번 던지면 저항할 길이 없는 것입니다. '복음이 실패하고 그만 쭈그러져서 어디로 갔는지 없어지고 말 것이다. 그 불이 꺼지는 날이 있다' 하는 것은 있을 수 없는 일입니다.

전쟁과 복음

그러므로 예수 그리스도의 구원의 사실은 '너희들은 받아라' 하고 제시된 것입니다. 이것이 기독교의 본질입니다. 기독교의 본질이 하나 탁 제시된다는 것은 힘의 철학의 관점에서 볼 때에는 한 개의 강력한 힘의 명제(thesis)가 던져진 것입니다. 그러면 거기에 대한 반명제(antithesis) 혹은 반작용이 생깁니다. 그래서 '그것에 대해 박해하고 싸워야겠다' 하고 거기 필연적으로 큰 핍박이 발생합니다. 큰 핍박만이 전부가 아니고 복음에 대한 핍박은 결국 전쟁이라는 사실로 전개됩니다. 우리는 기독교 역사 가운데 기독교 박해가 나중에는 곁들여서 기독교 전쟁으로 발생해 나가는 것을 볼 수 있습니다.

전쟁으로 발전하는 데에는 이유가 있습니다. '복음을 제시했는데 사람이 전쟁을 한다는 것이 어떻게 반작용이냐?' 얼른 그렇게 생각하기 쉬울 것입니다. '구라파전쟁이라든지 세계대전과 기독교가 무슨 상관이 있느냐?' 할 것입니다. 그러나 모든 전쟁의 배후에는 사람이 아니고 항상 악마적인 작용이 붙어 있습니다. 악마적인 작용에는 항상 목표가 있습니다. 사람은 전쟁을 할 때 제국주의의 목표든지 욕망이든지 그것이 무엇이 되었든지 사람의 목표를 가지고 합니다. 어쨌든지 전쟁은 침략하고 정복하고 힘으로 누른다는 작용입니다. 그리고 방어하는 것은 힘으로 이것을 제어하는 작용입니다. 그런데 사람은 사람의 이유 가운데서 하지만 마귀는 자기의 목적을 위해서 교묘하게 그 전쟁을 이용합니다. 그래서 전쟁이라는 큰 소란은 동시에 하나님의 나라의 발전을 굉장히 붕괴시키는 작용인 것입니다.

전쟁이라는 굉장한 소란 속에서는 하나님 나라의 아름다운 자태를 잘 발견할 수 없습니다. 하나님 나라는 평화롭고 번영하고 즐겁고 소망이 있는 사회에서 그 본체를 발견하기가 더욱 쉬운 것입니다. 전쟁 속에서 하나님 나라가 가지고 있는 의와 평강과 기쁨을 발견한다는 것은 쉬운 일이 아닙니다. 견딜 수 없는 고난이나 재화 속에 들어가게 되면 사람의 마음이 하나님의 거룩하신 빛을 향하여 나아가기 몹시 어렵습니다. 사람이 질 수 없는 짐을 지면 나중에는 그것에 꽉 눌려서 마음의 여유가 없어지고 맙니다. 예를 들어 몹시 가난하면 자기의 구복(口腹)이라는 것이 그 사람을 눌러 버리면 그렇게 되고 맙니다. 이렇게 연약한 것이 인간입니다. 그런 연약한 인간성을 마귀가 교묘하게 이용해서 전쟁이라는 참화(慘禍)를 땅 위에 마구 퍼부으면 사람이 복음의 깊이 가운데 들어갈 마음의 여유가 없어지는 것입니다.

마귀는 그런 꾀로 그렇게 하지만 그러나 전쟁이 있을지라도 하나님께서는 그것을 가장 유효하게 쓰시고 그래서 복음은 결국 승리하는 것입니다. 어떻게 쓰시느냐 하면, 사람들은 전쟁 가운데서 비로소 인간의 무력함을 느끼고 인간의 처참함을 느끼고 인간의 죄악성을 자꾸 느낍니다. 전쟁을 하면서도 느끼고 전쟁을 한 다음에도 느끼게 되어서 전쟁을 하는 중에나 전쟁을 한 다음에 그중에 선택된 사람들이 하나님께 잘 돌아오는 것입니다. 언제든지 전쟁 끄트머리에 기독교의 복음이 어느 정도만큼은 들어갑니다. 물론 전쟁 속에서도 들어갑니다. 전쟁터에 군목(chaplain)들이 들어가서 전도할 때에 평소에는 완고하고 도무지 안 받으려고 하던 사람도 죽음을 앞에 놓고 내일 죽을지 모레 죽을지 모르는 마당에는 '무엇이고 하나 받아야겠다' 생각하고 받아들이는 경우가 있습니다. 사람은 죽음을 앞에 놓고 거대한 운명의 힘에 지배되어서 밀려 나가는 사실을 목전에서 보면서 인간의 무력함을 느끼고 자기의 완고를 버리는 수가 많습니다. 이렇게 해서 하나님께서는 인간이 지어낸 전쟁이라는 이 커다란 참화 속에서도 복음의 승리를 이루어 나가시는 것입니다.

마귀는 전쟁으로 말미암아 복음이 이루어 놓으려고 하는 거룩하고 아름다운 세계를 파괴해서 예수를 믿는다는 사람들끼리라도 적이 되고 서로 총칼을 가지고 싸우게 만들지만 그러나 하나님은 그 속에서도 하나님의 나라를 그대로 세워 나가시는 것입니다. 그래서 전쟁과 복음의 전진은 항상 밀접하게 붙어 다닙니다. 전쟁에서 복음이 뒤로 물러가느냐 하면, 마귀가 한번 파괴하는 것같이 방해하지만 복음은 자꾸 전진하는 것입니다. 인류가 있어 온 이래로 많은 전쟁이 있었지만 그것 때문에 복음이 땅에 떨어지고 완전히 스러져 버린 일이 없습니다. 그 후에는 불사조와 같이 복음의 불은 다시 타올라서 또 나아가고 또 나아갔습니다. '전쟁과 복음'이라, '전쟁과 기독교'라 하는 것을 이렇게 놓고 보시기 바랍니다. 흰말과 붉은 말의 관계와 같이 이기고 또 이기려고 하는 것입니다.

그러면 이제 이러한 것을 생각하시고 돌아가셔서 숙제를 해 보시기 바랍니다. 그다음에 검은 말이 나오고 청황색 말이 나옵니다. 검은 말에서는 기근 혹은 인플레이션, 그다음에 청황색 말에서 온역과 사망과 음부인데 그것만이라도 역사상에 일어나는 사실들과 붙여서 생각해 보시기 바랍니다. 이것은 아직 다 설명을 하지 않았습니다.

계시록을 같이 읽자고 했지 설명을 해 나가겠다고는 안 했는데 설명이 되고 말았습니다. 계시록을 읽되 보통 일반적으로 해석하는 식으로 교묘하게 가져다 붙이려고 하지 말고 큰 원칙 가운데에서 생각을 해 보자는 것입니다. 여러분도 이제 '그것이 어떻게 되는 것인가? 그럼 대체 언제 일인가?' 하고 생각해 보시기 바랍니다.

기도

거룩하신 아버지시여, 아버지의 말씀 가운데 저희들이 받아야 할 큰 원칙들과 역사 위에 명료하게 구현하신 여러 가지 위대한 사실들이 표상적으로 표시되었을 때에도 저희들이 거기에서 방황하지 말고 비결구를 풀듯이 풀려고 할 것이 아니라 아버님께서 거기에 심어 놓으시고 숨겨 놓으시고 거기에서 우리에게 알기를 원하시며 깨닫기를 원하시는 것들을 성신님으로 지혜를 받아서 바르게 깨달아서 진실로 저희들이 역사 위에 흐르는 거대한 하나님의 통치의 대권의 작용의 여러 양상을 바르게 해석하고 깨달을뿐더러 앞일에 대해서도 바르게 바라보고 생각해 나가게 은혜를 주시옵소서. 이리하여 진실로 아버지의 말씀을 맡은 자답게 저희들이 아버지의 말씀의 그 풍요하고 심오한 내용 가운데 들어갈 수 있게 하옵소서.

예수님 이름으로 기도하옵나이다. 아멘.

1971년 12월 15일 수요 기도회

제8강

역사의 종국에 임할 대환난

요한계시록 7:1-17

요한계시록 7:1-17

[1]이 일 후에 내가 네 천사가 땅 네 모퉁이에 선 것을 보니 땅의 사방의 바람을 붙잡아 바람으로 하여금 땅에나 바다에나 각종 나무에 불지 못하게 하더라 [2]또 보매 다른 천사가 살아 계신 하나님의 인을 가지고 해 돋는 데로부터 올라와서 땅과 바다를 해롭게 할 권세를 얻은 네 천사를 향하여 큰 소리로 외쳐 [3]가로되 우리가 우리 하나님의 종들의 이마에 인 치기까지 땅이나 바다나 나무나 해하지 말라 하더라 [4]내가 인 맞은 자의 수를 들으니 이스라엘 자손의 각 지파 중에서 인 맞은 자들이 십사만 사천이니 [5]유다 지파 중에 인 맞은 자가 일만 이천이요 르우벤 지파 중에 일만 이천이요 갓 지파 중에 일만 이천이요 [6]아셀 지파 중에 일만 이천이요 납달리 지파 중에 일만 이천이요 므낫세 지파 중에 일만 이천이요 [7]시므온 지파 중에 일만 이천이요 레위 지파 중에 일만 이천이요 잇사갈 지파 중에 일만 이천이요 [8]스불론 지파 중에 일만 이천이요 요셉 지파 중에 일만 이천이요 베냐민 지파 중에 인 맞은 자가 일만 이천이라 [9]이 일 후에 내가 보니 각 나라와 족속과 백성과 방언에서 아무라도 능히 셀 수 없는 큰 무리가 흰옷을 입고 손에 종려가지를 들고 보좌 앞과 어린양 앞에 서서 [10]큰 소리로 외쳐 가로되 구원하심이 보좌에 앉으신 우리 하나님과 어린양에게 있도다 하니 [11]모든 천사가 보좌와 장로들과 네 생물의 주위에 섰다가 보좌 앞에 엎드려 얼굴을 대고 하나님께 경배하여 [12]가로되 아멘 찬송과 영광과 지혜와 감사와 존귀와 능력과 힘이 우리 하나님께 세세토록 있을지로다 아멘 하더라 [13]장로 중에 하나가 응답하여 내게 이르되 이 흰옷 입은 자들이 누구며 또 어디서 왔느뇨 [14]내가 가로되 내 주여 당신이 알리이다 하니 그가 나더러 이르되 이는 큰 환난에서 나오는 자들인데 어린양의 피에 그 옷을 씻어 희게 하였느니라 [15]그러므로 그들이 하나님의 보좌 앞에 있고 또 그의 성전에서 밤낮 하나님을 섬기매 보좌에 앉으신 이가 그들 위에 장막을 치시리니 [16]저희가 다시 주리지도 아니하며 목마르지도 아니하고 해나 아무 뜨거운 기운에 상하지 아니할지니 [17]이는 보좌 가운데 계신 어린양이 저희의 목자가 되사 생명수 샘으로 인도하시고 하나님께서 저희 눈에서 모든 눈물을 씻어 주실 것임이러라

제8강
역사의 종국에 임할 대환난

네 종류의 말과 네 사람의 기사

오늘 읽은 7장은 6장에 이어서 칠 인 봉서의 여섯 인을 뗀 후의 사실이 계속됩니다. 그리고 8장에 보면 "일곱째 인을 떼실 때에 하늘이 반 시 동안쯤 고요하더니 내가 보매 하나님 앞에 시위(侍衛)한 일곱 천사가 있어 일곱 나팔을 받았더라"(1-2절) 해서 일곱 나팔이 나옵니다. 계시록에서는 일곱이라는 수를 하나의 상징으로 썼습니다. 특별히 땅 위에 하나님이 베풀어 나가시는 큰 심판과 정죄받은 사람들 위에 내리시는 진노를 일곱 가지로 나누어서 이야기했습니다. 첫째는 칠 인 봉서, 그다음에는 일곱 나팔, 그다음에는 일곱 대접이 있습니다. 그래서 칠 인 봉서는 제 일곱째 인에서 일곱 나팔이 나오고, 또 제일 마지막 일곱째 나팔에서는 일곱 대접이 쏟아져 나오는 식으로 나타나 있습니다. 우선 여기 있는 이야기를 우리가 잘 알고 그 이야기가 무엇인가를 머리에 두고서 늘 묵상하고 그 뜻을 조금씩 이렇게도 생각해 보고 저렇게도 생각해 가면서 아는 것이 긴요합니다.

지난번에 6장을 살펴보면서 칠 인 봉서의 첫째, 둘째, 셋째, 넷째 인에서는 말을 타고 나오는 네 사람의 기사와 네 종류의 말에 대한 이야기가 처음에 나옵니다. 첫째는 "흰말이 있는데 그 탄 자가 활을 가졌고 면류관을 받고 나가서 이기고 또 이기려고 하더라"(2절) 해서 승승장구하는 이야기입니다. 둘째는 붉은 말입니다. "그 탄 자가 허락을 받아 땅에서 화평을 제하여 버리며 서로 죽이게 하고 또 큰 칼을 받았더라"(4절). 분명히 큰 전쟁의 환난이 거기에 그려져 있습니다. 셋째는 검은 말인데 그 탄 자가 손에 저울을 가졌고 "한 데나리온에 밀 한 되요 한 데나리온에 보리 석 되로다"(6절) 해서 먹고살기 대단히 어려운 흉년이나 기근이나 그러한 재화(災禍)를 말하는 것입니다. 넷째는 청황색 말인데 거기는 사망과 음부 혹은 온역이라는 것이 그 뒤에 따라온다고 했습니다. "그 탄 자의 이름은 사망이니 음부가 그 뒤를 따르더라", 그러면 사망은 무엇이냐? 통틀어서 검과 흉년과 사망과 땅의 짐승으로써 죽인다는 것입니다. "저희가 땅 사분 일의 권세를 얻어 검과 흉년과 사망과 땅의 짐승으로써 죽이더라"(8절). 그러니까 넷째 청황색 말은 사망을 상징합니다. 즉 생불여사(生不如死)의 상태를 상징합니다. 전쟁이 있고 기근이 있지만 다시 검과 흉년과 또 여러 가지의 형태의 재화가 있고 특별히 '땅의 짐승으로 죽이더라' 하는 것이 있습니다.

우리는 짐승과 같은 자들이 권력을 잡고서 내두를 때 많은 사람이 죽는 것을 우리 시대에 독일 나치스에서 충분히 보았습니다. 그들은 결코 사람으로서 정상적인 인격을 가진 자들이 아닙니다. 광적(狂的)이고 그 광적인 것이 다만 미친 사람이 아니라 사람 이하의 짐승과 같은 악종(惡種)입니다. 마귀의 도구로서 수많은 사람을 도무지 그렇게 죽여야만 할 구실이 닿지 않게 죽인 것입니다. 대략 육백만 명의 유대 사람을 죽인 히틀러는 어떻게 그렇게 많은 수를 죽일 수 있었을까? 죽이는 것도 큰 일이었습니다. 너무나 많아서……. 직접적으로는 오백팔십몇만 명을 죽였고 그런 빌미로 고문을 당하거나 죽은 사람들이 많이 있습니다.

예루살렘에 가서 시온 산에 올라가 보면 거기 한 등성이에 굴이 파여 있고 '공포의 바위' 혹은 '공포의 동굴'이라고 부르는 곳이 있는데 들어가 보니까 거기에 히틀러가 유대 사람을 어떻게 박해했는가에 대해서 몇 가지 실물을 가져다 놓았습니다. 유대 사람들이 제일 중요하게 읽고 감사히 여기고 높이는 성경 구절을 일부러 구두를 만들고 구두 바닥에 넣어서 그것을 밟고 다니게 만들고, 불을 켜서 밝히는 초가 있는데, 옛날 네로는 사람을 그냥 나무에다 칭칭 동여 감고 기름을 바르고 불을 질러서 인촉으로 썼다고 그러지만, 히틀러는 유대 사람을 죽여 가지고 유대 사람들의 몸에서 기름을 빼 가지고 그것으로 초를 만들었습니다. 또 비누를 만들어서 쓰게 했습니다. 무한한 많은 악을 행한 자취들로서 그것을 보면 공포에 전율할 만한 것들을 거기다 죽 진열을 해 놓았습니다. 이런 것들이 짐승입니다.

다섯째 인 – 하나님 나라를 박해한 자들에 대한 신원의 때
"다섯째 인을 떼실 때에 내가 보니 하나님의 말씀과 저희의 가진 증거를 인하여 죽임을 당한 영혼들이 제단 아래 있어 큰 소리로 불러 가로되 거룩하고 참되신 대주재여, 땅에 거하는 자들을 심판하여 우리 피를 신원하여 주지 아니하시기를 어느 때까지 하시려나이까 하니 각각 저희에게 흰 두루마기를 주시며 가라사대 아직 잠시 동안 쉬되 저희 동무 종들과 형제들도 자기처럼 죽임을 받아 그 수가 차기까지 하라 하시더라"(계 6:9-11). 순교자들의 영혼은 끊임없이 하나님 앞에 부르짖어서 신원해 주시기를 구하고 있습니다. 왜냐하면 그냥 자기 개인이 죽었다는 것이 아니고 하나님의 말씀과 그리스도의 증거를 인하여 죽임을 당한 것입니다. 그러니까 그들은 하나님의 말씀과 그리스도의 증거를 몹시 박해하는 사람들인데 그들이 그대로 축복을 받고 평안히 살아야 할 이유가 없는 것입니다. 개인을 죽였다는 것보다도 박해를 했다는 점에서 그렇습니다.

  그런고로 순교를 하게 한 악의 세력의 배후에는 마귀가 있고 여러 가지 사귀(邪鬼)의 작용이 있을지라도, 마귀의 도구가 되고 사귀의 도구가 되어서 하나님의 말씀과 도리를 박해하는 자들을 하나님께서 결코 그냥 '자기가 한 것이 아니고 그 마음이 약해서 마귀의 도구가 됐다' 그렇게 용서하시는 일이 없습니다. 가령 뱀이 미물인 짐승이지만, 일단 마귀에게 사용이 된 후에는 뱀에게 무서운 저주를 내리신 것입니다. 그런 저주의 상징으로 대대로 보이게 되어 있습니다. 이와 같이 그리스도의 도리에 대해서 마음에 아무런 꺼림이 없이 함부로 훼방하고 함부로 침해하는 자에 대해서 하나님께서 무서운 형벌을 내리실 것을 가르치신 것입니다. 그가 땅 위에 있는 동안에도 여러 가지 형식으로 형벌을 내리시지만 그것으로 신원(伸寃)이 다 되는 것은 아닙니다. 하나님의 거룩한 나라에 직접 저항한 까닭에 하나님 당신에게 대한 저항의 율(律)로써 처함을 받아서 영원하고 가장 가혹하고 가장 두려운 형벌을 받아야 하는 것입니다. 그냥 땅에 있으면서 물질적으로 육체적으로 형벌을 받는 정도이고, 죽으면 그만이 아닙니다. 그러니까 '그런 놈들을 다 하나님께서 형벌을 해 주시지 아니하시기를 어느 때까지 하시렵니까?' 하고 그 형벌을 다 집행해 주시기를 구하는 것입니다.

그러니까 "흰 두루마기를 주시며 가라사대 아직 잠시 동안 쉬되 저희 동무 종들과 형제들도 자기처럼 죽임을 받아 그 수가 차기까지 하라 하시더라"(계 6:11). 하나님의 경륜의 심판에는 하나님의 때가 있습니다. 그때에 무섭게 심판을 하시는데 순교하는 사람들의 수가 차기까지 기다리라고 하신 것입니다. 그러니까 하나하나에 대해서 그때 그때 심판하는 것이 아니라 '이것은 하나님의 나라에 대한 큰 저항인 까닭에 하나님의 크신 경영과 계획 가운데에서 심판을 한다. 그러니 그 시간까지 기다려라' 하신 것이고 그러는 동안에 저들의 악은 그대로 땅에 있을 것을 말씀하신 것입니다. 땅에는 여러 가지로 그리스도교를 박해하고 악을 행하는 자들이 있지만 그것이 완전히 다 없어져 버리는 것이 아닙니다. 그 시대 사람들은 그대로 때를 따라서 무서운 하나님의 진노와 심판의 형벌을 받지만 땅에 있는 이 세력이 완전히 없어져서 완전히 괴멸되는 신원의 때에 이르기까지는 이와 같은 역사가 계속될 것이라고 말씀하신 것입니다. 이것은 하나님의 나라를 박해하고도 평안할 것이라는 의미는 아닙니다.

그리스도의 나라에 대한 무서운 저항 세력은 그 도구가 여러 가지인데, 그 도구가 사람인 경우에는 자기 일생 동안밖에 못 합니다. 일생이 지나면 좋으나 싫으나 죽는 것입니다. 그리고 그 일생이라는 것도 하나님의 손에 달려 있어서 언제 그를 치실는지 알 수 없는 것입니다. 그러나 그가 죽는다고 해서 마귀의 도구가 되는 자가 완전히 없어지는 것은 아닙니다. 때를 따라서 또 다시 납니다. 예를 들어 히틀러가 죽었으니까 이제 다시는 그와 같이 거대한 악마적인 인물이 나타나지 않느냐 하면 그렇지 않다는 것입니다. 주께서 재림하시기에 가까우면 다시 이 세계에는 적그리스도가 나타날 테고 자신을 하나님이라고 하는 자가 나타날 것입니다. 요컨대 그와 같은 세력을 완전히 괴멸시키거나 도말하시지 않았다는 이야기입니다.

여섯째 인 – 불안정과 암매

그다음에 여섯째 인을 보면 "여섯째 인을 떼실 때에 큰 지진이 나며 해가 총담(驄毯)같이 검어지고 온 달이 피같이 되며"(계 6:12). 지진은 천변지재이고 자연계에 있는 거대한 진동인데 사람이 서 있는 자리가 자꾸 흔들리는 것입니다. 사람은 어떤 자리든지 발을 붙이고 서 있거나 앉아 있으면서 생활을 하는데 서 있는 자리나 앉아 있는 자리, 즉 집을 짓고 사는 땅이 흔들려 버리면 그렇다고 땅을 떠나서 공중에 붕 떠서 살 수 없으니까 사람의 기초가 흔들리는 것입니다. 성경에서는 지진을 상징적인 표현으로 잘 씁니다. 예를 들면 이사야에도 그런 표현이 나오는데(참조. 사 13:13; 24:19), 땅이 흔들린다고 할 때는 사람이 의거하고 조직하고 살고 있는 이 사회나 국가 체제와 같은 것이 대지와 같이 튼튼히 서 있어서 그것이 늘 안정하면 사람들이 안정하고 살지만 그것이 불안정하면 여러 가지 환난을 스스로 포함하고 있고 여러 가지 오류, 그릇된 것이 거기 들어 있고 흑암과 불의가 그 속에 있어서 그냥 살 수가 없습니다. 그래서 지진이라는 것은 무엇을 믿고 살 수가 없고 안정하고 의지할 데가 없는 큰 요동과 불안정을 의미합니다. 이와 같이 이 세상 사람들이 공동으로 살고 있는 대지가 잡아 흔들린다는 사실이 첫째로 무서운 사실입니다.

그다음에 해가 총담같이 검어졌다고 했습니다. 해가 말총으로 만든 공과 같이 새카매졌다는 말입니다. 말총으로 공을 감아서 뭉치를 만들어 놓으면 굉장히 새카만데 둥그스름합니다. 환하게 빛을 비춰 주어야 할 것이 새카매져 버렸다는 것입니다. 그래서 사람들에게 마땅히 비춰야 할 빛을 비춰 주지 않아서 캄캄한 칠야(漆夜)에 다니는 것과 같은 상태가 된다는 것입니다. 캄캄한 밤에 다니는 것과 같은 상태는 결국 인류 역사의 전개가 아주 삭막하고 그뿐 아니라 결국에는 암담해져 버린다는 것입니다. 우리가 역사의 진행 가운데에서 '완전히 어떻게 할 수가 없다' 하는 것을 본 일은 없지만 '삭막해서 큰일 났다' 하는 것은 때때로 있었습니다. 가령 '암흑시대'라고 하는 중세 유럽에 있던 시대 현상을 보면 참 암담한 세상입니다. 거기에 소망이라고는 없고 노예와 같이 그냥 꽉 눌려 가지고, 암매해서 무엇이 무엇인지도 모르는 그런 세상, 오직 소수의 지자(知者)들이 주로 가톨릭교회 안에 있어서 교회의 교직자들이나 고도적인 사람들만 그 속에서 종교를 중심으로 한 지식을 발전시키고 있었지 일반 민중은 온통 무식하였습니다. 무식하고 암담하니까 오늘날 일반적인 문명사회에서는 도저히 생각할 수도 없는 그런 처참한 일들, 형벌을 하고 사람을 죽이는 일들을 했다는 것을 역사의 기록 가운데 많이 볼 수 있습니다. 그러니까 이런 암담함 가운데 있는 곳에는 광명이 없고 깜깜한 사회인만큼 오백 잡귀가 요동하고 돌아다니는 것입니다.

우리나라도 옛날에는 광명이 없는 사회였습니다. 가령 고려장 이야기를 들어보셨지요? 그것은 뭐냐 하면, 인간에 대해서 차마 하지 못하는 마음, 즉 불인지심(不忍之心)이라는 것도 없이 순전히 사람이 동물과 같이 보이는 그런 시대입니다. 인정(人情)이 있어야 할 텐데 자연스럽게 발생하는 인정까지도 짓밟아 버리고 그것이 사회 풍속이라고 해서 그런 짓을 한 것입니다. 그것이 무서운 일입니다. 또한 무꾸리를 다니고 무당, 판수들이 요동한다는 것은 눈을 번히 뜬 사람들이 자기의 장래를 눈먼 사람에게 물을 만큼 암매하다는 이야기입니다. 소경한테 가서 점을 쳐 가지고서 자기의 운수를 묻고 신수를 묻는다면 자기가 그 소경보다도 더 깜깜한 사람이라는 이야기입니다.

눈을 번히 뜨고 세상천지를 다 보고 이 세상이 돌아가는 것을 자세히 연구해 보아도 알 둥 말 둥 한 것들을 눈 딱 감고 앉아 있는 사람한테 가서 묻고 그것을 곧이듣고 나간다면 얼마나 암매가 심한 것입니까!

오늘날 현실에 나타난 암매

그것은 하나의 사회상 암매인데 인류 전체 역사상의 암매라는 것을 보면, 지금 오늘날 우리가 처해 있는 1970년대의 세계 형편을 바라볼 때, 특별히 인류 전체가 가는 행진이라는 것을 볼 때 인류는 지금 어떤 희망을 가지고 목표를 세우고 행진하는 것이 아닙니다. 이것이 참 무서운 암매입니다. 여러분, 전 세계 인류가 적어도 제2차 대전 이후 지금까지의 역사 가운데에서 어디로 어떻게 가려고 했는가를 심각하게 한번 조사해 보십시오. 그러면 과거 시대에는 없던 암매가 오늘날 차츰차츰 짙어진다는 것을 볼 수 있습니다. 과거 시대에는 없던 암매입니다.

19세기 말로부터 20세기로 들어오면서 사람들은 희망을 가졌습니다. 장차 인류는 어떤 아름다운 세계를 건설할 수 있다, 아름다운 것을 창조하고 위대한 것들을 건설해 나갈 수 있다 하는 희망에 부풀어 있었습니다. 그래서 19세기말을 위대한 시대라고 말합니다. 사람들의 정신이 아주 위대해서 여러 가지 글이나 예술 작품을 볼지라도 거기에 항상 힘과 소망과 빛을 늘 발하고 나가는 것이 아주 강한 경향이었습니다. 제1차 대전을 겪고 나서도 '실수를 한 번 했지만 그래도 우리는 어떻게 살아가겠지……' 하는 희망 가운데서 살았습니다. 그래서 국제 연맹 같은 것을 만들었는데 국제 연맹의 입안자의 한 사람인 불란서의 유명한 외상(外相) 브리앙(Aristide Briand, 1862-1932)은 '이제 다시는 인류에게 전쟁이 없다. 있더라도 소소한 충돌에 불과하지 지금 우리가 겪은 것과 같은 그런 대전쟁은 있을 수 없을 것이다' 하는 희망적인 관측을 가지고 국제 연맹의 활동을 크게 기대하는 이야기를 했습니다.

그런데 그 사람이 그런 소리를 했든지 말았든지 그때부터 1918년에 전쟁이 끝나고 20년이 지난 1938년에 다시 전쟁의 기운이 농후해지더니 40년에 큰 전쟁이 또 벌어지지 않았습니까? 두 번 전쟁을 치르고 난 후에는 지자(知者)들이나 사람들의 일반 기풍이 참 암담해졌습니다. 전쟁 이후에도 제1차 세계대전 이후와 같은 어떤 희망과 또한 정열적인 국가 경영이라는 것이 별로 나타나지 않았습니다. 그리고 세계가 차츰차츰 사방으로 분산되어서 거대한 블록으로 나눠질 때에 사람들은 '이렇게 가면 장차 어떻게 될 것인가?' 하고 염려하더니, 시간이 흘러감에 따라서 더욱더욱 그것이 짙어졌습니다. 그것이 해소되고 이제 세계는 광명한 세계로 다시 찬란하게 인류의 문화를 건설하면서 인간은 행복을 누릴 수가 있겠다 하는 아무런 소망이 없이 인간이 다 멸망해 버릴 수 있다 하는 무서운 관측과 예상 가운데 살게 되었습니다. 왜냐하면 인류가 다 같이 행복스럽게 살 수 있다는 아무런 발명이나 물질적 조건이 없고 오히려 '인류가 다 같이 굉장한 불행을 경험하거나 경우에 따라서는 인류 전체가 멸절하고 말 것이다' 하는 것은 단순한 예언이 아니라 지금도 배태(胚胎)하고 있는 사실이기 때문입니다. 인류는 지금 광명과 희망 가운데에서 앞으로 즐겁게 살 수 있는 모든 가능성과 조건을 갖추고 있습니까? 그렇지 못합니다. 그러면 지금 한 발만 비틀어지면 전부가 멸절할 수가 있다는 것입니까? 그것은 분명히 그렇습니다. 지금 그것을 아는 사람으로서 그렇게 이야기하지 않는 사람이 없습니다.

무서운 화학적 생물학적인 폭탄이나 대륙간 탄도탄 같은 것, 요컨대 원자탄이나 수소탄과 같은 핵무기, 지구라도 쪼갤 수 있을 만한 무서운 에너지를 가지고 그 에너지를 사람을 죽이는 데다 쓰도록 만들어서 지금 그러한 것을 자꾸 더 보유하고 쌓아 올리고 있는데 그런 현실에서 무슨 소망을 갖겠습니까? 대체 누가 우리는 안전하고 죽지 않을 것이라고 보장할 수 있습니까? 아무도 보장할 사람이 없습니다. 저편에 앉아 있으나 이편에 앉아 있으나 저희가 쏘면 저희도 죽고 여기도 죽고 피차 서로 죽게 되니까 피차 서로 죽지 않기 위해서 서로 그러고 있다고 하지만, 언제 히틀러 같은 미친놈이 나올는지 우리가 보장할 수 없는 것입니다. 만일 어떤 놈이 히틀러나 무솔리니같이 정신이 한번 착란이 되어서 미친 자가 권력을 보유하게 되고 그것을 가지고 꽝 쏘면 그만입니다. 그것은 아주 여반장(如反掌)의 사실입니다. 요새 픽션 영화 가운데에도 그런 내용이 나옵니다.

  소비에트 러시아가 공격을 해 오는가 않는가에 대해서 지금도 계속적으로 비행기가 빙빙 돌면서 초계(哨戒)를 하고 있지 않습니까? 하나가 나가면 또 따라가고 그래서 빈틈이 없이 감시하고 있습니다. 예를 들면 캐나다 북쪽에 굉장한 레이더망을 쳐 놓고 그쪽에서 오는 놈을 포착하려고 하고 있습니다. 만리장성은 거기에 비교할 수 없을 만큼 굉장한 레이더의 성을 쌓아 놓고 있습니다. 그러면서 바다는 어떻게 할 수 없으니까 비행기로 초계를 합니다. 원 하나를 그리면서 돌고 또 바깥으로도 큰 동심원을 몇 개를 그리면서 24시간 잠시도 쉬지 않고 돌고 있습니다. 그런데 거기서 오는 시시각각의 정보가 만일 어떤 데에서 조그만 착오가 생겨 가지고 마치 저쪽 적군 측에서 대륙간 탄도탄(ICBM)을 발사할 태세를 준비하고 지금 명령이 내려간다 하는 것으로 알든지 핵무기를 보유한 비행기가 온다고 추정된다면 여기서는 선수를 써야 합니다. 그것이 사실이 아닐지라도, 정보가 얼마든지 잘못될 수 있지만 조금만 비꾸러지면 이쪽에선 선수를 써야 합니다. 맞은 다음에 일어날 수는 없는 것이니까 이쪽에서도 공격을 해야 합니다. 그러면 어떻게 됩니까? 정말로 그것이 쏟아지게 될 입니다. 이렇게 참 아슬아슬한 위험 판에서 사는 것입니다. 지금 이 세계가 그러고 있습니다. 그 야단을 하면 어디에 피하고 안전하다고 할 데가 어디에 있나요?

제가 유럽에 갔을 때 제네바에서 남아메리카 친구들하고 같이 여러 날 기도를 하고 나서 한 호텔에 유하고 돌아다니면서 구경하는데 엘머라고 하는 독일 청년을 만났습니다. 그래서 그에게 '너는 왜 네 나라에서 일하지 않고 여기 스위스에 와서 이러고 있느냐?' 하니까 '이번에 여기에 남아메리카 분들이 와서 만나러 왔다'고 했습니다. '왜 그러냐?' 하고 물으니까 남미로 이주를 할 생각이라고 했습니다. 그래서 '남미에 왜 가려고 하느냐?' 하고 물었더니 '우리가 구라파에 살면서 우리의 부모도 그렇고 여러 번 전쟁으로 초토(焦土)가 되고 괴롬을 받았고 이제는 무서운 핵무기까지 가지고 있어서 한가운데다 떨어뜨리면 뭐 옴짝달싹 못하니까 비교적 전쟁의 위험이 적은 땅으로 가고 싶어서 그런다' 하고 대답을 했습니다. 그래서 남미를 택한다는 것입니다. 브라질이나 혹은 아르헨티나 같은 데로 가면 거기는 전쟁이 없으리라는 것입니다. 그때가 1950년인데 전쟁이 끝난 후에 불과 5년이 지난 다음이니까 아직 장래가 어떻게 될 것인지 잘 몰랐지만, 그 후에 남아메리카의 정치 정세는 항상 요동하고 특별히 좌익의 적극적인 정보 활동과 교란 활동에 놀아나 가지고 한때 아르헨티나 같은 데서는 페론(Juan Domingo Perón, 1895-1974)의 독재가 있다가 다시 뒤집어지고 했습니다. 굉장히 강력한 좌익 세력의 움직임이 거기에도 들어갔고 거기에 들어간 이상에는 그것은 항상 이 세계의 큰 블록 가운데 가담되어 가지고 있으니까 그렇게 수많은 사람들이 거기에 가 있는 이상에는 그것이 무서운 과녁이 되고 마는 것입니다.

그러면 세계 어디에 가면 안심하고 살 수 있겠습니까? 에스키모 같이 저 북극으로 가서 앉아 있다고 해서 안전하겠습니까? 방사능(radioactivity)이라는 것은 도저히 피할 수 없는 것입니다. 그냥 공중으로만 다니는 것이 아니라 그것을 코발트 같은 데에 넣어 가지고서 그 놈을 공중에 뿌려 놓으면 10년이 가도 그 효과가 반절밖에 안 줄어든다고 하니 그로 인해서 무서운 생리적인 질병을 거기서 얻게 될 것입니다. 이런 여러 가지 무서운 사실들이 지금 이 세계의 현실을 이렇게 만들어 놓고 있을 때 그것을 알고 있는 사람들로서는 다 큰 불안 가운데 있을 수밖에 없습니다. 그런 불안이 만성화하니까 이제 그러고 사는 것입니다. 그 사람들은 평안하고 기쁜 생활을 하는 것이 아니고 '언제 죽어도 죽겠지' 하는 일종의 체념과 절망 가운데 사는 것입니다. 이것은 희망이 아닙니다. 그냥 일종의 단념을 하고 사는 것입니다. 그러면 단념을 하고 사는 세상은 희망의 세상은 아닙니다. 그냥 '살아지니까 살아야지, 밤낮 불안 속에서 전율하고 살 수가 있느냐' 하는 생각입니다. 이것이 흑암입니다. "해가 총담같이 검어지며" 할 때는, 지금까지 모두가 '저것은 광명이다' 하고 인지했던 것이 '광명이 아니다. 광명은 없어졌다' 하는 상태가 된 것입니다. 해가 완전히 타 버리고 검어졌다는 것이 상징하는 바는 인류는 항상 어떤 광명을 향하여 전진했지만 이제 광명을 완전히 상실하고 만다는 것입니다.

역사의 종국에 임할 대환난

이어서 "온 달이 피같이 되며 하늘의 별들이 무화과나무가 대풍에 흔들려 선 과실이 떨어지는 것같이 땅에 떨어지며 하늘은 종이 축이 말리는 것같이 떠나가고 각 산과 섬이 제 자리에서 옮기우매 땅의 임금들과 왕족들과 장군들과 부자들과 강한 자들과 각 종과 자주자가 굴과 산 바위틈에 숨어 산과 바위에게 이르되 우리 위에 떨어져 보좌에 앉으신 이의 낯에서와 어린양의 진노에서 우리를 가리우라. 그들의 진노의 큰 날이 이르렀으니 누가 능히 서리오 하더라"(계 6:12-17). 이것은 무서운 대환난을 땅에 퍼붓는 이야기입니다. 그리고 이것은 단순한 자연 현상, 즉 자연계의 일반 법칙하에서 얻는 큰 괴로움이 아니라 특수한 여러 가지 전무(前無)한 현실이 나타나서 받는 괴로움인 까닭에 사람들이 여기에 우주의 큰 의지가 움직이고 있다는 것을 비로소 인지하지만, 그 의지는 무서운 진노이지 자기네를 건지려는 의지가 아니라는 것입니다. 그러므로 '어떻게 해야 되는가? 어디에 가서 숨을 데만 있으면 좋겠다' 하고 전전긍긍하는 이러한 사실들이 땅 위에 올 것이라는 이야기입니다.

별들이 떨어진다고 할 때, 이 별은 천체에 있는 별을 이야기하는 것보다 사회에 있어서 별, 명성을 날리는 사람들이라든지 한때 자기의 빛을 비춘다고 하는 사람들, 혹은 거대한 권력을 잡고 있는 그런 사람들을 의미합니다. 그 이외에 여러 가지로 생각할 수가 있지만, 이런 현실하에서 사람들이 보는 것은 절망이고, 그다음에 달이 핏빛과 같이 된다는 것은 무서운 살육과 죽음, 즉 피로써 상징되는 무서움입니다. 이것은 구속(救贖)의 보혈이 아닙니다. 달이 핏빛같이 빨갛게 되었다는 것은 특수하게 유혈(流血)을 하는 무서운 사회 현실, 즉 사람이 많이 죽어서 시산혈하(屍山血河)를 이룬다는 말이 있는데 그런 것을 상징합니다. '달도 뻘겋게 피를 나타내는 것과 같이 된다. 별은 떨어진다.' 요컨대 이런 큰 불안과 무안정이라는 사실과 큰 변동입니다. 의지할 만큼 안정된 세력이 형성되지 않고 이 세계와 사회와 역사를 구성해 나가는 큰 프레임이 붕괴해 나가는 현실 앞에서, 사람들은 '아, 큰일 났구나! 어디로 숨을 데가 있는가?' 하고 헤매는 날이 올 것을 말씀하신 것입니다.

처음에 나오는 '흰말'을 복음이라고 하면 그리스도의 복음의 세력이 진작되어 나아갈 때에 거기에 전쟁이 있고 기근이 있고, 검, 흉년, 죽음, 온역 이런 것들이 있다는 것이고, 그것은 어느 일정한 시기에만이 아니라 그리스도의 복음이 퍼져 가면서 시대 시대에 이런 일들이 때를 따라서 자꾸 일어나고 그것이 점점 심해져서 나중에 역사의 말기에 이르면 이와 같은 무서운 사실이 발생할 것을 가르쳐 주시는 것입니다. 역사의 진전과 함께 그 환난이 더 극심해지리라는 것입니다. 우리가 역사 진전의 성격 가운데서 아주 깊이 명심해야 할 한 가지 사실은 가면 갈수록 세상에 일어나는 환난도 대규모이고 또한 그것은 훨씬 더 섭리적이라는 것입니다. 즉 신의(神意)에 의해서 움직인다는 것을 좀 더 명확하게 차츰차츰 더 보여 주는 것입니다. 복음이 나타난 이래 복음을 받는 자에게는 구원이 있어서 인을 쳐서 그 사람들이 완전히 구속함을 받고 완전히 확인되기까지 환난이나 땅의 네 바람이 일어나 가지고 덮치지 못하게 보존하지만(참조. 계 7:1) 그렇지 아니한 세계에 대해서는 항상 하나님께서 때를 따라서 이런 무서운 형벌을 내리고 무서운 징계를 내리시는 것입니다. 그것이 역사의 진전에 따라서 더욱더욱 심해져서 나중에는 절망이라는 역사의 한 종점에 이를 것을 우선 이것으로써 표시한 것입니다. 그러므로 역사의 진전에 따라서 찬란하고 희망이 있고 더 기쁜 것이 아니라 사실은 환난의 스케일이 굉장히 커진다는 것을 알아야 합니다. 우리가 다 아는 바와 같이 옛날에 전쟁하는 양상과 오늘날 전쟁하는 양상은 굉장히 다르고 따라서 피해도 비교가 안 되게 굉장합니다. 이와 같이 환난이 더 심해지고 환난의 양상이 커진다는 것입니다. 이것은 단순히 전쟁의 경우뿐 아니라 그 여타 인류 사회의 모든 조직 구성도 지역으로 분산되어 있던 것이 차츰차츰 유기적으로 연계되어서 당장에 경제계의 파동도 큰 물결같이 세계 전체를 한꺼번에 휩쓸고 지나가게 되었습니다. 예를 들면 당장에 엊그제 미국이 달러를 평가 절하 했는데 그것이 전 세계에 영향을 미칩니다. 달러는 단순히 미국의 통화(通貨)일 뿐 아니라 IMF(International Monetary Fund)의 국제 통화인데 이렇게 달러가 평가 절하 되면 그로 말미암아서 상당히 많은 영향을 세계가 입게 되는 것입니다. 이와 같이 조그만 경제 문제 하나도 한 지역만 영향을 받고 마는 일이 없습니다. 전 세계에 쭉 뻗어 오고 이것이 거대한 규모로 변해 나가는 것입니다. 17세기쯤에는 아직 그런 것을 생각할 수가 없었습니다. 그러나 18세기에 오면서 세계가 넓어지고 지리상 발견에 의한 새로운 사실들이 차츰차츰 들어오고 19세기에 국제주의 운동이 일어나면서부터 세계가 일환(一環)으로 차츰차츰 서로 영향을 받게 되었고 20세기 들어와서는 완전히 그렇게 되었습니다. 이것만 보더라도 환난의 양상이 과거와는 다르게 훨씬 커진 것입니다. 이것이 계시록 6장에서 인을 차츰차츰 떼는 데에 따른 역사의 전개 가운데에 심어 놓으신 중요한 도리의 하나입니다. 결국 이렇게 되면 환난이 아주 거대해지게 될 것입니다. 제2차 세계 대전 때에는 히틀러와 나치스의 포악이 동양 사람에게까지 전부 미치지는 않았지만 앞으로 다시 거대한 그런 괴물(monster)이 하나 나온다면 세계에 파급하는 환난을 일으키는 장본이 될 것입니다. 계시록을 읽어 가노라면 그런 인물이 나타납니다. 전 지구에 있는 자들 전체가 몇이 됐든지 막 죽인다는 이야기가 나오지 않습니까? 이렇게 차츰차츰 되어 나간다는 것을 보여 주시는 것입니다.

그런데 이런 환난이 있는 데서 항상 동굴 속에 있는 사람과 같이 생각하는 것은 대단히 큰 오류입니다. 동굴 속에 있는 사람은 그 세계에서 세상을 쳐다보기 때문에 바깥에 비가 오고 바람이 불고 야단이 나도 자기가 동굴에서 보는 저 먼 하늘이 새파란 것만 보고서 '푸른 하늘이 있으니 나는 저리로 날아가련다' 하고 꿈을 꿉니다. 이러한 것이 동굴 속에 갇혀 있는 생각입니다. 청년기에는 세계를 이렇게 관조(觀照)하지 못하니까 동굴 속에 갇혀 있기가 쉬운 것입니다. 그런데 세계의 큰 문제를 얼른 생각할 만한 종합적인 능력이나 종합적인 자극을 받지 못하는 시골이나 산간에 살고 있거나, 한국같이 산이 많은 나라에서 산에 딱 갇혀서 살고 있으면 항상 눈앞에 있는 몇 가지 사실과 소망을 가지고 떠들고 거기에서 울고 웃고 기뻐하고 슬퍼하고 살 뿐이지, 전 세계의 큰 물결의 동요라는 것을 바라보는 힘이 약합니다. 자기네가 그 영향을 실컷 받고 요동을 다 받으면서도 그것을 바라보는 힘이 약합니다. 예를 들면 지금 세계의 새로운 사조가 한국에도 죽 몰려 들어와 가지고 한국의 젊은 세대가 가지고 있는 퇴폐 사상이라든지 일종의 허무주의(nihilism)나 찰나주의, 순간주의라는 것을 보면서도 나이 먹은 부모님들은 그것을 세계의 새롭게 요동하는 큰 바람이 어느새 여기까지 왔다는 것을 생각하지 않고 그냥 탄식만 하고, 그러면서도 여전히 구식(舊式) 생각에서 더 벗어나려고 하지 않고 있으면 안 된다는 것입니다.

성경은 그것을 읽는 사람의 정신을 깨우쳐서 깊고 넓은 생각과 고결한 생각을 하게 하고 멀리 바라보게 한다는 특징이 있습니다. 우리가 계시록을 볼 때마다 사관(史觀)이라는 것을 다시 생각해야 할 것입니다. 대체 인류라는 것은 무엇이고 어디로 가는 것인가를 생각해야 할 것입니다.

기도

거룩하신 아버지께서 저희에게 은혜를 베풀어 주셔서 이제 다시 계시록에 있는 여러 가지 것을 생각해 보았는데 이것과 함께 전 세계를 바라보고 여기에 엄연히 서 있는 하나님 나라의 그 싱싱하고 생명이 가득하며 영광이 찬란한 자태를 바르게 생각하고 바르게 파악하게 하여 주시옵소서. 우리가 하나님 나라에 속하여 그것이 힘 있게 어떤 시대든지 그 시대의 모든 도전 앞에서 능히 이기고도 남는 세력을 가지고 전진하는 큰 자태 속에서 근실하게 살아가게 하여 주옵시고 이런 깊은 도리를 저희가 더욱 깊게 깨달아 알게 하여 주옵소서. 우리 주 예수 이름으로 기도하옵나이다. 아멘.

1971년 12월 22일 수요 기도회

제9강

땅과 바다에 임하는 심판

요한계시록 8:1-13

Expositions on Revelation

요한계시록 8:1-13
^{1}일곱째 인을 떼실 때에 하늘이 반 시 동안쯤 고요하더니 ^{2}내가 보매 하나님 앞에 시위한 일곱 천사가 있어 일곱 나팔을 받았더라 ^{3}또 다른 천사가 와서 제단 곁에 서서 금향로를 가지고 많은 향을 받았으니 이는 모든 성도의 기도들과 합하여 보좌 앞 금단에 드리고자 함이라 ^{4}향연이 성도의 기도와 함께 천사의 손으로부터 하나님 앞으로 올라가는지라 ^{5}천사가 향로를 가지고 단 위의 불을 담아다가 땅에 쏟으매 뇌성과 음성과 번개와 지진이 나더라 ^{6}일곱 나팔 가진 일곱 천사가 나팔 불기를 예비하더라 ^{7}첫째 천사가 나팔을 부니 피 섞인 우박과 불이 나서 땅에 쏟아지매 땅의 삼분의 일이 타서 사위고 수목의 삼분의 일도 타서 사위고 각종 푸른 풀도 타서 사위더라 ^{8}둘째 천사가 나팔을 부니 불붙는 큰 산과 같은 것이 바다에 던지우매 바다의 삼분의 일이 피가 되고 ^{9}바다 가운데 생명 가진 피조물들의 삼분의 일이 죽고 배들의 삼분의 일이 깨어지더라 ^{10}셋째 천사가 나팔을 부니 횃불같이 타는 큰 별이 하늘에서 떨어져 강들의 삼분의 일과 여러 물 샘에 떨어지니 ^{11}이 별 이름은 쑥이라 물들의 삼분의 일이 쑥이 되매 그 물들이 쓰게 됨을 인하여 많은 사람이 죽더라 ^{12}넷째 천사가 나팔을 부니 해 삼분의 일과 달 삼분의 일과 별들의 삼분의 일이 침을 받아 그 삼분의 일이 어두워지니 낮 삼분의 일은 비침이 없고 밤도 그러하더라 ^{13}내가 또 보고 들으니 공중에 날아가는 독수리가 큰 소리로 이르되 땅에 거하는 자들에게 화, 화, 화가 있으리로다 이 외에도 세 천사의 불 나팔 소리를 인함이로다 하더라

제9강
땅과 바다에 임하는 심판

성도의 기도

계시록 8장에서는 나팔을 부는 데서부터 이제 땅에 여러 가지 재앙이 일어납니다. 나팔을 부는 일이 있기 전에 향로에 있는 향을 살라서 하나님 앞에 올리는 광경이 나타납니다. 그런데 "금향로를 가지고 많은 향을 받았으니 이는 모든 성도의 기도들과 합하여 보좌 앞 금 단에 드리고자 함이라"(3절). 여기 있는 향을 '다른 기도와 합하여' 드린다고 했습니다. 향으로 기도를 대표한다는 것은 우리가 이미 앞에서 보았습니다(참조. 계 5:8). 기도로써 하나님 앞에 구하는 성도의 호소, 즉 하나님 앞에 고하는 기구(祈求)가 그냥 그대로 무효하게 되는 것도 아니고 그저 지나쳐 버리는 것도 아니고 때가 되면 하나님의 크신 응답이 반드시 내린다는 것을 여기서 우리가 볼 수 있습니다.

우리가 이 세상에서 살 때에 여러 가지 악한 것을 보고 또 시대의 진통이라는 것을 예리하게 통찰하고 그러고서 마음에 괴로움과 슬픔을 얻는 일이 많습니다. 그래서 우리는 이 세상에 사는 동안에 슬픈 시간이 많습니다. 이런 슬픔이 있는 자들에 대해서, 진정으로 누가 슬퍼하는가에 대해서 지난번에 우리가 읽은 7장에 묘사된 바가 있습니다. 9절부터 보면 "이 일 후에 내가 보니 각 나라와 족속과 백성과 방언에서 아무라도 능히 셀 수 없는 큰 무리가 흰옷을 입고 손에 종려 가지를 들고 보좌 앞과 어린양 앞에 서서 큰 소리로 외쳐 가로되" 이렇게 외치니까 "모든 천사가 보좌와 장로들과 네 생물의 주위에 섰다가 보좌 앞에 엎드려 얼굴을 대고 하나님께 경배하여", 그다음에 "장로 중에 하나가 응답하여 내게 이르되 이 흰옷 입은 자들이 누구며 또 어디서 왔느뇨?" 그러니까 "내가 가로되 '내 주여, 당신이 알리이다' 하니 그가 나더러 이르되 이는 큰 환난에서 나오는 자들인데 어린양의 피에 그 옷을 씻어 희게 하였느니라. 그러므로 그들이 하나님의 보좌 앞에 있고 또 그의 성전에서 밤낮 하나님을 섬기매 보좌에 앉으신 이가 그들 위에 장막을 치시리니 저희가 다시 주리지도 아니하며 목마르지도 아니하고 해나 아무 뜨거운 기운에 상하지 아니할지니 이는 보좌 가운데 계신 어린양이 저희의 목자가 되사 생명수 샘으로 인도하시고 하나님께서 저희 눈에서 모든 눈물을 씻어 주실 것임이러라"(9-17절).

17절에 보면 '모든 눈물을 씻는다' 고 했으니까 결국 땅에 있는 동안에 주리고 목마르고 여러 가지로 손상을 받고 슬퍼해서 눈물을 흘리는 사람들입니다. 물론 그 공로로 그러는 것은 아니고, 어린양의 피에 그 옷을 씻을 수 있는 확실한 은혜를 받은 사람들입니다. 그래서 그 사람들은 각 나라와 족속과 백성과 방언에서 아무라도 능히 셀 수 없는 큰 무리로 구원함을 받은 사람들입니다. 그들이 하나님의 보좌 앞에 있고 또 그의 성전에서 밤낮 하나님을 섬긴다고 했습니다. 전에는 슬퍼하고 주리고 마음을 상하고 괴로워했지만 눈물을 씻어 주십니다. 이런 이들이 땅에 있어서나 하늘에 있어서나 하나님 앞에 기도를 하고 하나님의 공의와 거룩한 속성이 나타나시기를 늘 바라는 것입니다.

우리는 앞에서 순교자의 영혼이 기도한다는 것을 보았지요? "다섯째 인을 떼실 때에 내가 보니 하나님의 말씀과 저희의 가진 증거를 인하여 죽임을 당한 영혼들이 제단 아래 있어 큰 소리로 불러 가로되"(계 6:9-10) 하고서 큰 소리로 불러서 신원을 호소했습니다. 그러니까 "아직 잠시 동안 쉬되 저희 동무 종들과 형제들도 자기처럼 죽임을 받아 그 수가 차기까지 하라"(계 6:11). 이것이 하나님의 응답입니다. 아직 땅에 총체적인 대심판을 내리지는 않으시겠다는 것입니다. 다른 말로 하면 대심판이 있기 바로 전에만 이런 성도들의 신원의 기도가 있는 것이 아니라 성도가 있어 온 이래 땅에 살면서 슬퍼하고 괴로워하고 어려움을 당하는 것이 항상 있는 일인 까닭에 그런 성도들은 언제든지 땅에 있을 동안이나 혹은 죽어서 그 영혼이 제단 아래 있는 동안에도 하나님 앞에 호소하고 비는 것입니다.

주께 간절히 호소하며 사는 삶

순교를 한다 할 때는 그 사람이 예수 믿는 도리를 일호(一毫)도 변경치 아니하므로 어떤 분기점에 서서 '믿을래, 안 믿을래?' 할 때 '나는 끝까지 믿고 죽겠다' 해서 하나님의 말씀과 저희의 가진 증거를 인하여 죽임을 당하게 되고 이것을 순교라고 합니다. 그러나 이것을 좀 광의(廣義)로 말하자면 사람이 이 세상에 살면서 하나님의 말씀과 가진 증거를 끝까지 신실하게 지켜 가노라면 여러 가지로 제한을 받고 박해를 받고 괴로움을 받아서 사람에 따라서는 차라리 간단히 한두 마디로 가부간에 이야기를 해 가지고 총으로 탁 쏴 죽이든지 칼로

쳐 죽이든지 해서 죽는 것보다 어려운 생을 살아야 하는 사람들이 많이 있는 것입니다. 목숨이 땅에서 떨어지는 것만이 최고의 신앙의 표시가 아닌 것입니다. 주께서 분부하신 일을 위해서 끝까지 불요불굴(不撓不屈)하게 일생을 모든 고난과 저항과 불리한 사실들을 극복해 가면서 혹은 그런 것을 불계(不計)하고 그냥 나아갈 때에는 간단하게 한마디로 좌우해서 죽거나 살거나를 결정하는 그 문제보다도 어려운 일이 많이 있습니다.

하나님께서 우리를 세상에 두실 때에는 주의 이름을 위해서 목숨을 바치고 죽기를 바라시는 것이 아니라 주의 이름을 위해서 목숨을 바치고 살아가기를 원하시는 것입니다. 살면서 목숨을 바치는 생활을 하라는 것입니다. 그래야 땅 위에서 무슨 열매를 맺는 것입니다. 죽어 버린다면 땅에서 열매를 맺는 일은 없습니다. 죽는 것이 제일이 아니라는 말입니다. 죽으면 간단하지만 죽지 않고 살아 있는 동안에는 사람은 끝없이 적과 싸워야 하고 끝없이 세상의 부조리와 핍박과 곤란과 모든 장애와 맞부딪쳐서 그것을 쳐 물리쳐 가면서 혹은 그것을 헤치면서 전진해야 하는 것입니다.

이런 사람들은 이 세상에 살면서 여러 가지를 마음을 상하는 일을 당합니다. 그러면 그 속상한 일을 어디에 호소하느냐? 누가 그것을 알아주느냐? 친한 친구냐? 친한 친구도 알아줄 수가 있지만 그렇게 속속들이 알 수 없습니다. 내가 설명하지 않더라도 내 속과 내 당하는 일과 답답한 사정과 또 모든 이 세상의 부조리와 악과 불의가 여러 가지로 하나님 나라에 적극적으로 대항해서 악을 행하는 것에 대해서 오직 주께 간절히 호소를 하는 것이 귀한 일이고 또 그 수밖에 없는 것입니다. 그렇게 주님과 더불어 통사정하면서 살라는 것입니다. "깨든지 자든지 자기와 함께 살게 하려 하셨느니라"(살전 5:10). 이러한 마음의 상태가 참 중요합니다. 우리가 이 세상의 물질이나 이 세상의 인아족척(姻婭族戚)이나 인간관계나 즐거움이나 행복이나 그런 것으로 인하여 마음이 조금이라도 중독되지 아니하고 마음이 섞갈리지도 아니하고 언제든지 외롭게 '나는 주님과만 내 모든 사정을 통할 수 있다'는 심정, 주께 가장 가까이 있고 마음으로 주를 가장 가까이 생각하면서 사는 이 심정이 귀한 것입니다. 이것은 많은 지식을 가졌다든지 안 가졌다든지 하는 문제 밖의 이야기입니다. 사람이 어떤 신앙을 가졌든지 오직 주님 한 분을 마음으로 간절히 사모하면서, 세상에서 즐거운 일이 많이 있다고 하더라도 세상에서 나를 평안하게 해 주고 나를 기쁘게 해 주는 일이 많이 있다 하더라도 그런 일로 인하여 마음이 면역성이 생기거나 조금도 방황하거나 조금도 감손(減損)되거나 장애를 받지 아니하는 그런 심정이 귀한 것입니다.

  이런 사람들은 늘 마음 가운데 일종의 그런 잠재 심리가 있습니다. 무슨 일이 있어도 '아, 주님 앞에 가서 고해야지……' 하는 심정입니다. 무슨 일을 당하든지 자기의 대소사간에, 개인 사사(私事)든지 공사(公事)든지 간에 전부를 '잘못했으면 내가 주님한테 꾸지람을 받고 비춰심을 받아서 고쳐야겠고 주께서 이것을 그대로 가거라 하신다면 내가 이대로 나가겠다' 하는 심정, 주님을 바라보고 나간다 하는 심정이 변함 없이 우리 마음 가운데 늘 있어야 할 것입니다. '다른 즐거운 일과 다른 정다운 일과 다른 기쁜 일, 다른 무슨 행복스러운 일이 아무리 와서 내게 기쁨을 주고 나에게 새로운 심정을 준다 하더라도 오직 주님만을 사모하고 그에게만 모든 통정을 하고 그가 주시는 은혜를 받고 그의 위로를 받아 가면서 살아야겠다' 하는 마음입니다. 이것을 다른 것으로 바꿀 수는 없습니다. 이것이 외로운 마음입니다. 이 고독(孤獨)이라는 심리는 하나님의 말씀의 깊이 가운데 들어가면

들어갈수록 더 확연해지는 것입니다.

키에르케고르(Kierkegaard, 1813-1855) 같은 사람은 소위 '단독자'(單獨者)라는 말을 한 일이 있습니다만, 이 세상의 우수(憂愁)라는 것을 더 깊이깊이 맛보아 가면서 결국 그것을 자기 홀로 당해야 될 것을 느끼게 되지만 우리 자신을 돌아보면 모든 경우에 주님께만 모든 것을 호소하고 이야기하는 것입니다. 친구의 정리(情理)를 무시하는 것도 아니고 또 친구의 위로를 값이 없는 것으로 생각하는 인간적인 모진 심정이나 인간적인 정서주의와는 또 다른 심정입니다. 그것을 우리가 항상 주의해서 관찰해야 합니다.

정념주의 신앙의 위험성

그리스도에 대한 유일의 의지(依支)와 통정의 심정을 자칫하면 온전히 인간의 정서와 감정을 가지고 그리스도를 애틋하게 사모하고 사랑하고 의지하고 그리워하고 나가는 심정과 동일한 것으로 생각하기가 쉽습니다. 이렇게 해서 사람의 마음 가운데 있는 깊은 정념(情念)으로 주를 사모하고 사랑하고 주와 더불어 모든 것을 호소하고 나간다는 이러한 심정을 고도한 종교적인 감정, 고도한 신앙 감정이라고 생각해서 그것을 하고 있는 사람들이 있습니다. 그것이 사실 고도적입니다. 참으로 주만을 모시고 살아가는 것 같습니다. 이것은 마치 이 세상에 '주'라는 어떤 한 인물이 있어서 그 인물이 멀리 갔는데 다시 돌아오는 그날까지 내가 몹시 사모하고 그리워하고 그만을 바라고 기다리고 있는 그러한 심정과 같은 것입니다. 이런 것은 사실상 주의를 해야 할 심정입니다. 이것이 독일에서 일어난 모라비안(Moravian) 운동이 가지고 있던 심정입니다. 진젠도르프(Zinzendorf, 1700-1760)라는 유명한 백작이 개혁 이후에 박해를 받은 많은 사람들을 자기의 영토에 안정을 시키고 그 사람들을 잘 조직해 가지고서 모라비안 운동을 했습니다. 모라비안 운동에서는 주님을 애틋하게 사모하고 사랑한다는 것을 가장 고귀한 것으로 여깁니다. '주님을 사모하고 사랑할진대 주께서 가자고 하시면 아무리 풍파가 심하고 아무리 쓸쓸하고 외롭고 괴로울지라도 주님을 모시고 가니까 같이 가라' 하는 강렬한 자극과 격려를 해서 과연 그 사람들 가운데서 주님과 같이 간다는 확고한 심정으로 외로운 곳, 다른 사람들이 가기 싫어하는 어려운 전 세계 여러 곳으로 선교사들이 나갔습니다. 이것이 모라비안 운동이 가지고 있는 큰 특색의 하나입니다.

그러나 그것으로서 가(可)하냐 하는 것을 생각할 때에, 역사에 비추어 보면 '우리의 정념(情念)을 가지고, 우리의 깊은 정을 가지고 사랑하고 주님을 의지하고 주와 더불어 통정하고 같이 간다' 하는 데에서는 신앙의 가장 고도적인 것, 종교의 정화(精華)라고 할 것이 결국 사람의 정념의 작용에 의한 것이라는 생각을 하게 됐습니다. 그래서 거기서 현대 신학의 비조(鼻祖)라고 할 만한 위대한 정념주의적인 신학자가 나왔는데 그가 슐라이어마허(Friedrich Schleiermacher, 1768-1834)입니다. 그가 그 안에 있으면서 그런 생각을 그대로 끌고 가고 그런 심리 현상을 나타내는 현실을 관찰한 결과, 자연히 '종교의 고도적인 극치의 부분은 정념의 움직임이다' 하는 생각이 난 것입니다. 이런 것을 우리는 항상 주의하고 방지해야 할 것입니다.

예수님에 대한 사랑

'내가 고독하다. 나는 홀로다' 하는 심정이라는 것은 이 세상에 있는 다른 어떤 교분이나 신의, 서로 친절하고 의좋게 지내는 이런 것들을 무시한다든지, 그것이 있다 하더라도 '그런 것은 수에 칠 것이 아니고 이것만이다' 하고 거기에 대치하는 것으로 예수님을 사모한다는 것은 아닙니다. 예수님께서 "아비나 어미를 나보다 더 사랑하는 자는 내게 합당치 아니하고 아들이나 딸을 나보다 더 사랑하는 자도 내게 합당치 아니하다"(마 10:37) 하는 말씀을 하셨습니다. 그러면 이것은 이 세상에 있는 사람을 사랑하는 그 심정과는 별다른 세계에 있어서 중복되지 않고 다른 것과는 저촉되지 않는 특수한 심지를 예수님을 향해서 가지지 않으면 제자가 못 된다는 의미인지, 그렇지 않으면 세상의 부모, 형제, 친구를 사랑하는 그런 동질의 사랑을 가지고 하되 그보다 더 해야 한다는 의미인지가 문제입니다.

과연 그 말씀 그대로 '네가 네 부모나 형제나 친구나 친지를 사랑하는 것이 있지 않으냐? 그런 누구보다도 나를 더 사랑치 아니하면……' 하고 말씀하셨으니까 '그런 모든 것은 네가 사랑하든지 말든지 상관 없다. 나에게 대해서 네가 독특한 사랑을 품지 않으면 안 된다' 하는 말이 아니라 '그런 모든 사람을 사랑하지 말라는 것이 아니라 사랑을 하되 나에게 대해서는 그보다 더 해라. 여러 사람을 사랑하는 가운데 더 사랑하는 사람 있지 않으냐? 그러면 그 사람보다도 나를 더 사랑하라' 하는 뜻이라고 생각하는 사람들이 있습니다. '만약 주께서 그렇게 말씀하셨다면 결국 우리가 주께 대해 갖는 애틋한 심정, 오로지 주님만을 사모하는 심정이라는 것도 결국 인간을 사모하는 심정과 같은 차원에 서서, 같은 노상에 서서 이야기를 하는 것이로되 그보다 더 하라는 이야기가 아니냐?' 하는 생각입니다.

그런 점에 대해서 우리가 참으로 주의해야 할 것이 두어 가지 있습니다. 예수님께서 이 말씀을 땅 위에 완전한 한 사람으로서 분명한 현상을 취하고 사람들과 접촉하고 계실 때에 하셨습니다. 예수님이 이 말씀 하실 때에는 분명히 다른 친구나 누구보다도 더 사랑할 수 있고 더 섬길 수 있고 더 따라갈 수 있는 확실한 형체로 거기에 계셨습니다. 그리고 그것은 가현(假現), 즉 임시로 나타난 환상이 아닙니다. 분명히 다른 어떤 사람의 존재보다도 명백한 실재의 한 인간이셨습니다. 그러나 오늘날 예수님은 그렇게 계시면서 확실하게 땅 위에서 걸어가시고 나하고 진지도 잡수시고 나하고 앉아서 이야기도 하시고 그러시는 것이 아닙니다. 오늘날 예수님이 계신 차원과 내가 예수님과 관계를 맺어야 할 관계와 상태는 예수님이 계신 차원 자체에 의해서 변화되어야 합니다. 이것이 첫째로 주의해야 할 사실입니다.

둘째로 주의해야 할 것은 예수님께서 그때 한 사람의 명확한 인물로 계셨다고 할지라도 '다른 모든 부모 형제보다도 더 사랑한다' 할 때는 그것이 어떤 사랑이겠는가 하는 문제입니다. 사람을 사랑할 때에도 여러 가지 형태가 있습니다. 순전히 정적(情的)으로만 사랑하는 사람이 있고 훨씬 더 이지적으로 생각하고 냉정하게 하는 듯하면서도 깊은 사랑을 가지고 대하는 사람이 있습니다. 또한 위대한 이성과 위대한 의지력과 위대한 정서가 통합되어 가지고 움직이는 사랑도 없는 것은 아닙니다. 사실상 그런 것이 가장 위대한 사랑입니다. 만일 이성을 뺀 사랑은 순전히 동물적인 사랑입니다. 의지를 뺀 사랑은 순전히 감정의 작용으로서 '남김없이 뺐겠다. 마음의 애타는 심정을 채우기 위해서 사랑을 추구한다' 하는 식입니다. 그렇게 되면 사랑은 결국 가장 강렬한 이기욕, 자기 정서의 만족을 위한 욕심인 것입니다. 남을 사랑하고 남을 위해서 도와주는 것도 자기 마음의 강한 욕심을 채우는 한 개의 욕망인 것입니다. 그렇게 함으로써 후련함을 얻고 어떤 만족을 얻는 그러한 욕망을 채우기 위해서 그런 감정적인 강렬한 욕망으로 움직이는 사람들이 있습니다. 그러니까 '사랑이란 그런 것 아닌가' 하고 생각할 수 있습니다.

세상에서 사람이 사람을 사랑할 때도 여러 층의 사랑을 하는 것입니다. 열렬하게 목숨을 내놓고 사랑한다고 하더라도 똑같은 층의 사랑은 아니고 거기에 여러 층위(層位)가 있습니다. 목숨을 내놓는다고 해도 어떤 사람은 열렬한 감정을 가지고 사랑을 하다가 목숨을 잃는 수도 있습니다. 그리고 가령 국가나 민족을 위해서 목숨을 바친다 할 때는 국가나 민족에 대한 사랑이라는 것이 굉장히 감정적이어서 목숨을 바치느냐 하면 그렇지 않습니다. 굉장히 감정적이어서 목숨을 바치는 경우가 있습니다. 개인을 위해서는 그렇게 합니다. 그러나 국가나 민족을 위해서 자기의 목숨을 내놓고라도 싸워 나가는 것을 보면 그 사람의 국가나 민족에 대한 사랑은 어떤 개인에게 정을 쏟아 가지고 목숨까지 내놓는 그런 사랑의 심정과는 전혀 별다른 차원의 움직임입니다.

  그런 것을 볼 때 예수님께서 '나를 더 사랑하라' 할 때는 결국 사람이 누군가를 사랑하는 인간 대 인간의 사랑보다 더 할 것을 요구하신 것입니다. 가령 최고로 볼 때는 '사람이 사람을 사랑하는 사랑보다도 나를 더 사랑하라' 하는 말씀입니다. 그런 의미니까 예수님에 대한 사랑이라는 것은 자기 인격의 모든 능력을 총동원해서 가장 조화 있게 가장 강렬하게 예수님을 사랑하고 나가라는 것입니다. 예수님께 대한 정당한 사랑이라는 차원에 올라가야 할 것을 요구하신 것입니다. 그런 의미에서 '부모 형제 처자보다도 더 사랑해야 한다' 하는 것은 사실상 가장 이상적이고 가장 숭고한 사랑을 가져야 한다는 말씀입니다. 그리고 그 사랑은 구체적이고 인간적이어야겠다는 것입니다. 인간성을 떠나서 사랑은 존재하지 않습니다. 사람은 인간성이 한 인격을 이루는 것이고 그 인격을 가지고 사랑하는 것입니다. 인격적인 사랑입니다. 그런고로 우리가 가지고 있는 인간성이나 인격성이 우리의 사랑에서 가장 조화 있고 원만하고 능력 있게 발휘되어야 할 것입니다.

오직 하나님만을 의지함

우리가 예수님만을 애틋하게 가장 간절히 사모하고 나간다는 것은 그러한 사랑의 위치에 늘 들어간다는 이야기입니다. 따라서 실질상 감정의 작용을 보면 예수님만을 간절히 애틋이 사모해서 보고 싶어 하고 만나고 싶어 하는 그런 심정은 아닙니다. 날마다 예수님이 보고 싶어서 못 견딘다는 그런 일이 없고 또한 예수님이 보고 싶어서 못 견디는 사람이 가장 예수님을 사랑하는 사람이라는 그런 공식도 없습니다. 예수님께 대한 사랑은 '예수님이 나에게 분부하시고 원하시는 것을 어떻게 하면 가장 잘 이행할 것인가' 하는 것, 차라리 냉정하고 퍽 이지적이고 이성에 근거한 의지적인 활동을 하는 데에 있는 것입니다. 인격 총화적(總和的)입니다. 그러나 한 가지 주의해야 할 것은 그 감정의 작용에 있어서 인간에게 최후의 희망을 두지 아니하고 인간을 의지하지 않는 심정을 가져야 한다는 것입니다. 우리가 형제와 친구를 가까이 할지라도 최후에 거기다가 전체를 의지하고 '나에게는 그가 있으니까 다 된다' 이렇게 생각하지 않아야 한다는 말입니다. 최후에 의존할 곳은 하나님입니다. '나에게는 주님이 계시니까 된다' 이렇게 생각하고 나가는 것이지, 우리가 아무리 사랑하는 식구일지라도 '저 사람이 있으니까 나는 이제 안심이다' 그런 생각을 하지 않는 것입니다. '내가 왜 안심을 하느냐 하면 주님이 계시니까 안심한다. 내가 왜 평안하냐 하면 주님이 계시니까 평안하다.' 이렇게 주님에게 기대해야 할 바를 사람에게 기대하지 않는다는 태도가 언제든지 명료하게 있어야 합니다. 이것이 주님과 내 사정을 통정한다는 그런 이야기입니다.

통정한다는 말을 하니까 조금 오해받기 쉽게 됐습니다만, 이 세상의 불의와 악에 대해서 보자면 '사탄의 깊이'라는 것이 있습니다. 우리가 계시록 2장과 3장에서 '사탄의 회'라는 것과 '사탄의 깊이'라는 것을 보았습니다. 그런데 그 사탄의 회가 가지고 있는 사탄의 깊이라는 것은 결국 사람과 이야기해 봐야 어떻게 할 수 없는 이야기인 것입니다. 사탄의 깊이를 우리가 조금이라도 깨달았다고 해서 사람과는 이야기를 하지 않습니까? 거룩한 식구인 교우끼리는 그런 이야기를 하는 것입니다. 하되 다 같이 마음을 모아서 결국 '주님께 의지하자' 그러지, '우리끼리 서로 의지하고 죽어도 같이 죽고 살아도 같이 살자' 그렇게 하지 않는 것입니다. '우리는 다 같이 주님을 의지해서 이 일을 이루어 나가자' 하고 그렇게 같이 나가는 것입니다. 모든 경우에 '최후에는 의지할 곳이 오직 주님밖에 없다' 하는 생각을 나만 가지는 것이 아니라 내가 사랑하는 사람들에게 공동으로 다 권하고 '같이 가자. 주님만 의지하고 나가자' 이렇게 이야기해야 하는 것입니다.

그러니까 그런 것을 우리가 다 알 수가 없지만 이 사탄의 깊이라는 것을, 여기 두아디라 교회에 "두아디라에 남아 있어 이 교훈을 받지 아니하고 소위 사탄의 깊은 것을 알지 못하는 너희에게 말하노니 다른 짐으로 너희에게 지울 것이 없노라"(계 2:24). 그것은 2:9에 "자칭 유대인이라는 자들의 훼방도 아노니 실상은 유대인이 아니요 사탄의 회라" 하는 말씀과 3:9에도 사탄의 회가 나오는데, 사탄이 가지고 있는 그 깊이 가운데 가장 강력한 예는 사탄의 회, 즉 기독교와 같은 형태를 취해서 현혹하도록 해 가지고 쏘아 들어가는 것입니다. 그것이 무서운 사탄의 가장 교묘한 방법으로서 사탄의 깊이라고 할 때에 한 가지 생각되는 것은, 이 세상에서 가장 악한 것을 가장 선하고 의롭고 거룩한 것같이 가장 흑암한 것을 가장 큰 광명이 있는 소망인 것같이 내보이는 것입니다. 그래서 기독교를 잠식(蠶食)해 버립니다. 그것이 사탄의 회이고 이런 것들이 사탄의 깊은 것입니다.

이런 것을 보면 마음이 슬프고 상하는 일이 많습니다. 그러면 우리 마음이 슬프고 상할 때 우리가 그 문제에 대해서 누구와 최후에 의논을 하고 결정을 짓습니까? 주님과 더불어 의논하고 결정을 짓는 것입니다. 주님과 의논한다는 말은 무슨 말입니까? 기도할 때에 중얼거린다는 말입니까? 그것이 아니라 하나님의 말씀을 보는 데에서 그 뜻을 푸는 것입니다. 그다음에는 결정을 짓고 이것을 가장 가까운 형제에게 알리는 것입니다. 그렇게 하고 같이 주님을 의지하면서 구하는 것입니다. 구하고 나갈 때에 비로소 참된 위로가 주님께로부터 오되 단순한 감정적인 사실로 위에서 직접 발생하는 것이 아니라 형제들 마음 가운데 감화하시고 서로 격려하는 말과 위로하는 말과 위로하는 생활 태도로 같이 손을 잡고 '세상이 그럴지라도 우리는 어디든지 같이 손을 잡고 같이 간다' 하는 이것이 주님께서 주시는 위로의 형식입니다. 그것을 배제하고 '나만 저 산꼭대기에 홀로 앉아서 주님하고 울면서 이야기하고 가겠습니다' 하는 것은 옳지 않은 태도입니다. 그런데 이 땅 위에 있으면서 여러 가지 괴로운 일과 슬픈 일과 부조리한 것들을 볼 때에 마치 롯과 같이 그 악한 자들의 악을 볼 때에는 마음을 상하는 것이고 상한 마음은 주님께 호소할 수밖에 없는 것입니다. 우리가 주님께 호소한다든지 할 때에는 그것이 얼른 감정적으로 변하지 않도록 해야 하는 것입니다. 언제든지 건실하게 교회적으로 활동하는 것이 더 중요합니다. 그런고로 형제끼리 그 사실을 나누고 같이 격려하고 말씀의 깊이를 더 깨닫고 그래서 사탄의 깊이에 대립하고 대전(對戰)하는 하나님 나라의 깊이라는 것을 더욱 가져야 할 것입니다.

첫째 나팔 - 땅에 임한 심판

우리의 구하는 바에 대해서 하나님은 어떻게 하시느냐 하면 그냥 묵살하시는 법이 없이 들으시고 마침내 거기에 대해서 응낙하시되 '땅 위에 무서운 진노로써 내가 임하리라' 하고 나팔을 붑니다. 그 나팔을 불어서 '하나님의 심판이다' 하고 크게 선언한 다음에 큰 재난이 우박같이 폭풍같이 혹은 홍수같이 쏟아져 내려오게 하십니다. 땅 위에 그것을 쏟되 일격에 땅을 전부 멸절시키는 것이 아니라 삼분의 일이라는 땅의 상당히 큰 부분, 악을 행할 수 있는 큰 부분들을 하나님께서 치셔서 땅 위에 있는 사람들에게 하나님의 무서운 진노가 여기에 임한다는 것을 알 수 있게 하신 것입니다. 삼분의 일이라는 것은 전체도 아니고 반절도 아닙니다. 그러나 상당한 수입니다. 그러니까 삼분의 일이라는 것은 가장 중요한 부분 셋을 놓고 한 부분을 없앨 만큼 강렬한 진노가 하나님께로부터 임했다는 것을 이야기하는 것입니다.

오늘 읽은 말씀 가운데 중요한 것은 성도의 기도, 즉 모든 하나님의 사랑하는 자녀들의 기도가 하나님 앞으로 올라가고 하나님께서는 그 기도에 대한 응답으로서 첫째 천사, 둘째 천사, 셋째 천사, 넷째 천사의 나팔을 부는데 "첫째 천사가 나팔을 부니 피 섞인 우박과 불이 나서 땅에 쏟아지매 땅의 삼분의 일이 타서 사위고 수목의 삼분의 일도 타서 사위고 각종 푸른 풀도 타서 사위더라"(7절). 여기에 보면 푸른 풀이나 수목이 가득히 있어서 신선하고, 생명의 상징으로 항상 하나님께서 얼마나 많은 풍부한 생명을 가지고 우리를 지지하시는가를 확연히 보여 주시던 그 사실들을 거두어 가시는 것입니다. 그리고 사람이 의거하고 사는 이 땅의 삼분의 일이 불이 거기 임해서 다 탄다는 것은 땅을 이렇게 심판하신다는 하나님의 무서운 심판의 사실을 상징적으로 강하게 보여 줍니다. 어떤 형식으로 했든지 하나님의 심판의 자취가 마치 불타고 재만 남듯이 역력히 거기에 남아서 사람으로 하여금 깨닫게 하는 것입니다.

하나님의 무서운 심판, 즉 하나님의 큰 진노와 저주의 사실이 땅 위에 임하여 땅 위에 있는 사람들로 하여금 생명에 대한 큰 기대와 또 계속적인 생명의 무한한 공급이라는 것을 늘 느끼게 하던 그 사실을 이제는 거두어 간다는 것입니다. 사람들은 마음 가운데 무성한 풀과 숲을 바라보면서 '아, 청청한 생명이다' 하고 느끼는 것입니다. 이것은 마치 복 있는 자는 시냇가에 심은 나무가 그 잎사귀도 마르지 않고 청청하고 시절을 좇아 열매를 맺는 것과 같다(참조. 시 1:3) 하는 말씀을 생각나게 하는데 그것이 다 타 버렸다면 그 반대인 것입니다. 얼마나 메마르고 얼마나 무서운 하나님의 진노가 임한 것입니까!

어느 때에 '과연 살 수 있는가? 살 기망(冀望)이 있는가' 하는 절망적인 심정, 마치 완전히 불타서 뼈다귀만 앙상하게 남아 있는 나무를 본 것과 같은 그런 정서가 발생합니까? 그리고 어느 때에 무성한 나무와 같은 심정이 발생합니까? 무성한 나무와 같은 심정은 생명이 약동하고 풍성하게 나타날 때 느낄 수 있는 것이고, 불타고 앙상하게 큰 줄기만 남아 있는 나무와 같은 심정은 살길이 없고 절망적이고 생의 희망이 없고 아무런 방법이 없다는 데에서 일어나는 심정입니다. 땅의 삼분의 일이라고 하는 큰 부분이 이렇게 절망적인 사실로 뒤덮인다는 것입니다.

역사 위에 나타나는 큰 절망이라는 성격이 사람들의 마음 가운데 '살기는 무엇을 살아. 오늘 살아졌으니까 그냥 살지' 하는 일종의 절망과 허무한 심정을 발생하게 하는 것입니다. 단순한 허무가 아니라 그 앞에 절벽이 꽉 막혀 있는 것과 같은 심정입니다. '아, 할 수 없구나!' 하고서 탄식하고 주저앉는 이런 심정이 어떤 한 개인의 생활에서가 아니라 인간 전체에 보편적으로 흘러 나가게 만든다는 것입니다. 그것이 충일(充溢)해서 어쩔 수가 없다는 것보다는 상당한 세력을 가지고 보편적으로 흘러 나가게 만든다는 것입니다. 이런 것이 중요한 심판의 상태입니다.

둘째 나팔 – 바다에 임한 심판

그다음에도 보면 "둘째 천사가 나팔을 부니 불붙는 큰 산과 같은 것이 바다에 던지우매 바다의 삼분의 일이 피가 되고 바다 가운데 생명 가진 피조물들의 삼분의 일이 죽고 배들의 삼분의 일이 깨어지더라"(8-9절). 이제 불붙는 큰 산과 같은 것이 바다에 던져집니다. 땅에 심판을 내렸는데 이번에는 바다에 심판을 내린 것입니다.

계시록에는 이 세상의 사람을 '땅에 거하는 자들'이라는 말로 여러 번 표시합니다. '땅'과 대립해서 쓰는 말로 '바다'를 상상해 보면, 성경에서는 바다의 동요를 가지고 대개 정치계와 경제계가 동요하는 사실을 표시합니다. 다니엘서에도 하늘의 네 바람이 큰 바다로 불 때에 거기서 짐승이 척척 나오는 장면이 있습니다(참조. 단 7:2-3). 이것은 군사와 정치, 경제 속에서 강력한 지배자, 침략자, 정복자가 자꾸 나온다는 것을 표시합니다. 계시록에도 "이 일 후에 내가 네 천사가 땅 네 모퉁이에 선 것을 보니 땅의 사방의 바람을 붙잡아 바람으로 하여금 땅에나 바다에나 각종 나무에 불지 못하게 하더라"(계 7:1) 하는 말씀이 있습니다. 또한 큰 음녀도 물 위에 앉아 있다고 그랬습니다. "네가 본 바 음녀의 앉은 물은 백성과 무리와 열국과 방언들이니라"(계 17:15).

그래서 바다는 여러 족속들이 정치적인 기구를 가지고 조직하고 사는 것을 표시한다면 땅은 비교적 종교적인 안정성이나 어떤 일정한 데에 귀의(歸依)한다는 것을 표시합니다. 특별히 계시록 13장에 보면 큰 짐승이 하나는 바다에서 나왔고 또 하나는 땅 위에서 나옵니다. 바다와 땅이라는 것을 대립해서 보면 땅은 종교적이고 도덕적인 것, 즉 마음이 귀의해서 정착을 시키는 그런 주장(主掌)을 하는 데고 바다는 그런 주장보다는 자꾸 끝없이 동요하는 것을 가리킵니다. 그런데 지금 나팔을 불면서 먼저 땅에다 심판을 내리고 바다에도 심판을 내리고 있습니다. 그러니까 사람들이 가지고 있는 정신의 세계, 어떤 안정된 사상과 도덕과 종교의 세계에 큰 심판이 와서 절망적인 것이 임하는가 하면 이번에는 바다에 불붙는 산 같은 것이 들어와서 바다에 있는 것들을 죽였습니다.

그러면 불붙는 산은 무엇일까요? 어떤 교묘한 생각을 하는 사람들은 그것이 혁명이 아니겠는가 하고 생각하는 사람도 있는 것을 보았습니다만 문제는 그것이 바다에 있는 것들을 죽인다는 것입니다. 살 수가 없이 막 끓어오르게 만드는 것이니까 혁명일 수도 있지만 전쟁일 수도 있습니다. 좌우간 불안정입니다. 세상인심이 어지럽고 불안하면 그것이 오뉴월 염천에 타오르는 식으로 막 타오르는 것입니다. 이런 것들이 크게 발생하게 되는 것을 여기서 우리가 볼 수 있습니다.

기도

거룩하신 아버지여, 이 세상의 여러 가지 부조리와 악이 주의 거룩하신 백성과 그 나라에 항상 슬픔을 주고 괴로움을 주고 이로 인하여 신원(伸寃)해 주시기를 호소할 때에 주님은 이 일에 대해서 분명히 신원해 주시되 일단 이 땅의 역사 위에 심판을 내리실 때에는 사람들이 주님의 거룩한 말씀을 듣고도 그 마음을 완패(頑悖)하게 한 그 정신 상태와 그 마음의 상태에 대해서 무서운 심판을 일으키시는 때가 있사옵니다. 어느 때는 사람들이 더욱 암매하여 죄악에서 벗어나지 않고 더욱 죄로 맥진(驀進)하게 하시는 때도 있나이다. 죄인이 죄를 더욱 자꾸 짓게 된다는 사실은 그것 자체가 하나의 무서운 형벌이요 심판이라는 것을 저희가 아나이다.

주여, 주님께서는 이런 식으로 땅 위에 있는 많은 사람들이 빛을 가졌다고 하고 사람의 마음에 위로를 주고 안정을 주고 귀의할 바를 주겠다고 하는 이 사회의 종교나 도덕이나 철학이나 사상에 대해서 무서운 심판을 내리셔서 그것이 절망적이고 거기에 살길이 없다는 것과 생명이 도저히 비치지 아니한다 하는 현실로 무서운 심판을 역사 위에 때를 따라서 임하게 하시옵나이다. 오늘날에도 이 세계의 종교계나 도덕계에 대해서 이미 무서운 손으로 치신 사실들을 저희가 지금 목도하고 있나이다. 정치계의 동요와 경제계의 동요, 불안정 그리고 사람들의 인심이 들끓고 어떻게 하면 살까 하고 살길을 찾아서 방황하는 여러 가지 현실이라는 것은 마치 불붙는 산이 바다에 던져진 것과 같아서 사람이 스스로 풀 수가 없는 대규모의 동요가 인류 사회에 있게 되었나이다. 이것이 역사 위에 때를 따라 작은 규모로 나타났지만 마지막 시기에는 거대한 규모로 나타나고 말 것이옵나이다. 이런 세계에서 저희들은 수정과 같이 맑은 바다, 동요하지 않는 바다에 하나님 나라를 확실히 보유하고 건설하여 항상 찬란하고 아름다운 그 세계에서 각각 진주와 보석이 가득한 성을 쌓은 것 같은 안정하고 화려한 곳에서 주님의 영광을 찬란히 나타내는 그 나라를 확연히 이 땅 위에 그대로 나타내고 살아야 할 것이옵나이다. 이 큰 사실로 저희에게 깊이 깨닫게 하시고 저희들 자신이 이 세계를 바라볼 때에 이 세계의 현실이라는 것이 비유컨대 무엇이며 상징컨대 무엇이겠는가를 더 잘 통찰할 수 있는 눈과 지혜를 저희에게 허락하여 주옵소서.

주 예수 이름으로 기도하옵나이다. 아멘.

1971년 12월 29일 수요 기도회

제10강

일곱 나팔 (1)

무저갱에서 올라온 황충

요한계시록 9:1-21

Expositions on Revelation

요한계시록 9:1-21

[1]다섯째 천사가 나팔을 불매 내가 보니 하늘에서 땅에 떨어진 별 하나가 있는데 저가 무저갱의 열쇠를 받았더라 [2]저가 무저갱을 여니 그 구멍에서 큰 풀무의 연기 같은 연기가 올라오매 해와 공기가 그 구멍의 연기로 인하여 어두워지며 [3]또 황충이 연기 가운데로부터 땅 위에 나오매 저희가 땅에 있는 전갈의 권세와 같은 권세를 받았더라 [4]저희에게 이르시되 땅의 풀이나 푸른 것이나 각종 수목은 해하지 말고 오직 이마에 하나님의 인 맞지 아니한 사람들만 해하라 하시더라 [5]그러나 그들을 죽이지는 못하게 하시고 다섯 달 동안 괴롭게만 하게 하시는데 그 괴롭게 함은 전갈이 사람을 쏠 때에 괴롭게 함과 같더라 [6]그날에는 사람들이 죽기를 구하여도 얻지 못하고 죽고 싶으나 죽음이 저희를 피하리로다 [7]황충들의 모양은 전쟁을 위하여 예비한 말들 같고 그 머리에 금 같은 면류관 비슷한 것을 썼으며 그 얼굴은 사람의 얼굴 같고 [8]또 여자의 머리털 같은 머리털이 있고 그 이는 사자의 이 같으며 [9]또 철 흉갑 같은 흉갑이 있고 그 날개들의 소리는 병거와 많은 말들이 전장으로 달려 들어가는 소리 같으며 [10]또 전갈과 같은 꼬리와 쏘는 살이 있어 그 꼬리에는 다섯 달 동안 사람들을 해하는 권세가 있더라 [11]저희에게 임금이 있으니 무저갱의 사자라 히브리 음으로 이름은 아바돈이요 헬라 음으로 이름은 아볼루온이더라 [12]첫째 화는 지나갔으나 보라 아직도 이 후에 화 둘이 이르리로다 [13]여섯째 천사가 나팔을 불매 내가 들으니 하나님 앞 금단 네 뿔에서 한 음성이 나서 [14]나팔 가진 여섯째 천사에게 말하기를 큰 강 유브라데에 결박한 네 천사를 놓아 주라 하매 [15]네 천사가 놓였으니 그들은 그 년, 월, 일, 시에 이르러 사람 삼분의 일을 죽이기로 예비한 자들이더라 [16]마병대의 수는 이만만이니 내가 그들의 수를 들었노라 [17]이같이 이상한 가운데 그 말들과 그 탄 자들을 보니 불빛과 자주 빛과 유황 빛 흉갑이 있고 또 말들의 머리는 사자 머리 같고 그 입에서는 불과 연기와 유황이 나오더라 [18]이 세 재앙 곧 저희 입에서 나오는 불과 연기와 유황을 인하여 사람 삼분의 일이 죽임을 당하니라 [19]이 말들의 힘은 그 입과 그 꼬리에 있으니 그 꼬리는 뱀 같고 또 꼬리에 머리가 있어 이것으로 해하더라 [20]이 재앙에 죽지 않고 남은 사람들은 그 손으로 행하는 일을 회개치 아니하고 오히려 여러 귀신과 또는 보거나 듣거나 다니거나 하지 못하는 금, 은, 동과 목석의 우상에게 절하고 [21]또 그 살인과 복술과 음행과 도적질을 회개치 아니하더라

제10강
일곱 나팔 (1)

무저갱에서 올라온 황충

무저갱에서 올라오는 연기

여기는 지금 칠 인 봉서가 지나고 그다음에 일곱 나팔이 나오는데, 일곱 나팔 가운데 다섯째 천사의 나팔부터의 이야기입니다. 별로 많은 설명을 요하지 않고 이것을 보면서 여러 가지로 상상이 됩니다만 결국 상징적인 용어와 상징적인 현상과 어떤 그림을 가지고 우리에게 여러 가지 것을 가르쳐 주는 것입니다. 그러니까 그림으로도 정상적인 자연스러운 환상, 자연스러운 정경의 그림이 아니고 특수한 그림입니다. 만일 이대로 그림을 그린다고 하더라도 일찍이 상상하지 못한 많은 괴물을 떡 그려 내게 될 것입니다.

"다섯째 천사가 나팔을 불매 내가 보니 거기에 하늘에서 땅에 떨어진 별 하나가 있는데 저가 무저갱의 열쇠를 받았더라. 저가 무저갱을 여니", 무저갱, 그러니까 지옥이고 끝이 없는 곳인데, 무저갱의 열쇠를 받은 자가 열쇠를 여니까 무저갱이 열리면서 "그 구멍에서 큰 풀무의 연기 같은 연기가 올라오매 해와 공기가 그 구멍의 연기로 인하여 어두워지며"(1-2절). 이제 거기서 컴컴한 연기가 나와서 해와 천체에 있는 모든 광명이 무저갱의 연기로 말미암아 어두워졌습니다. 그전까지는 그래도 빛이 있었는데 완전히 해의 빛도 없어지고 어둠이 지배하는 세계가 된다는 것입니다. 무저갱에서 연기가 캄캄하게 올라와서 햇빛을 다 가리고 공기도 그냥 시커멓게 되었습니다. 시커멓고 어둡고 아주 질식할 만큼 고통스러운 공기입니다. 향연이 가득히 올라가는 그런 광경이 아니고 무저갱에서 연기가 올라옵니다.

여러 종류의 연기가 있지만 공장에서 독한 물질이나 또 그 속에 연(鉛)이라든지 수은이라든지 이런 것이 뒤섞여 가지고 연기가 나오면 그 연기가 공중으로 날아가면서 차례차례 매연이 땅에 떨어지고 그로 말미암아 사람이 굉장히 큰 해를 입고 이름 모를 병들을 앓게 됩니다. 일본에 미나마타병이라고 하는 그 괴상한 병도 가까이에 있는 공장 때문에 생긴 것입니다. 큰 제철 공장 같은 데서 나는 연기를 보면 연돌(煙突)에서 무럭무럭 시커먼 연기가 나 가지고 그 일대를 그 연기로 가득 덮어서 그 일대에 사는 사람들은 빨래를 밖에 널 수가 없습니다. 빨래를 널 수 없을 뿐만 아니라 해가 환히 비칠 때라도 연기가 가득 피어나올 때 굴뚝 밑에 서 있으면 컴컴합니다. 그것은 요새 큰 공장 지대에 가면 흔히 있는 일입니다. 멀리 갈 것도 없이 서울 역 부근에서는 디젤 기관차에서 뿜어내는 매연이 공중을 덮는 바람에 널어 놓은 빨래가 성하지 않다는 것을 아실 것입니다.

여기 무저갱의 연기는 어떤 종류의 연기입니까? 연독(鉛毒)을 품고 있고 수은 독을 품고 있는 정도가 아닙니다. 그 연기 자체가 철공장에서 제철 공장이나 무슨 그런 특수한 공장 굴뚝에서 나오는 연기가 아니라 사람이 견딜 수 없는 가장 무섭고 처참한 곳에서 올라오는 연기입니다. 상징적인 표현이 참 훌륭하지 않습니까? 어떤 공장에서 나오는 연기보다도 무섭고 가공(可恐)할 만하고 큰 해를 끼치고 사람에게 어떤 두려움을 주는 연기가 덮여 있습니다. 연기 자체의 화학적인 해(害)로만 그런 것이 아니라 그 연기가 덮은 공기 자체의 유독성은 단순히 우리 신체가 견딜 수 없다는 정도가 아닙니다. 연기를 들이키면 폐에 피가 모여 가지고 죽는다든지 사람의 폐나 심장이나 내장에 해를 끼치는 그런 정도의 것이 아니고 사람의 영혼에 굉장한 독을 넣고 무서움을 넣고 벌벌 떨리게 하는 그런 괴상한 독소를 품은 연기입니다.

그 무저갱의 연기가 해를 덮어서 지금까지 비추던 광명한 빛을 차단하여 일절 사람에게 비춰지지 않게 하고 동시에 그것이 함유하고 있는 독소가 사람의 영혼 속 깊이에 두려움과 떨림과 괴로움을 주는 것입니다. 그런 것을 '분위기'라는 말, 소위 '공포 분위기'라는 말로 표현합니다. 분위기(atmosphere)라는 말은 둘러싸고 있는 공기라는 말입니다. 무저갱에서 연기가 나와서 해를 가리고 사람들을 둘러싸면 그들은 공포와 전율과 절망에 싸일 뿐만 아니라 광명이 비치지 못하는 까닭에 길을 찾지 못하는 방황과 어둠 속에서 살게 되는 것입니다. 이것은 영혼의 상태를 어떤 물질적인 정경으로 지금 이렇게 표시한 것이니까 여러분들께서 짐작해서 잘 아실 수 있을 것입니다.

불란서 혁명이 하나의 전형적인 혁명이어서 혁명이 가지고 있는 모든 병폐와 모든 악을 포함하고 있었습니다. 규모에 있어서는 러시아 혁명이 훨씬 더 크다고 할지라도 불란서 혁명은 처참하고 무섭고 한 점에 있어서는 하나의 전형이 됩니다. 당통(Danton)이나 마라(Marat)나 로베스피에르(Robespierre)의 공포 정치를 잘 아실 것입니다. 사람을 언제 어떻게 했는지 알 수 없이 붙들어다가 죽입니다. 그렇게 그냥 턱없이 붙들어다가 죽이고 그러면 결국 사람은 무엇을 믿을 것이 없게 됩니다. 사람은 일반적으로 법이라든지 사회 질서의 관성(慣性)이라는 것을 의존하고 사는 것인데 일단 그것이 한번 뒤집어져서 무너지면, '그럴 리가 없다' 하는 것은 뭔가 믿는 것이 있어서 하는 말인데 그 믿는 대상이 무엇이라고 표현됐든지 간에 무너져 버리면 그 다음에는 믿을 것이 없게 됩니다. 그래서 '내 목숨이 언제 어떻게 백주(白晝)에 생벼락을 맞을는지 모르겠다' 하는 처지에 놓여 있게 되면 얼마나 무섭겠는가 여러분 상상해 보십시오.

우리는 전쟁 시기에 그런 것을 다 겪어보지 않았습니까? 단말마적으로 발악하는 일제의 촉수(觸手)들이 얼마나 공포 분위기를 일으켜 가지고 사람들을 괴롭게 했는가 여러분은 다 아실 것입니다. 무서운 공포 분위기를 일으켜 가지고 특별히 주를 믿고 사는 사람들은 언제든지 주를 믿고 산다는 이유만으로 붙들려 가서 죽을 수 있었습니다. 신앙이 깊고 주의 거룩한 나라와 영광을 드러내고 살고 특별히 예수 그리스도를 왕으로 생각하는 사람들은 언제든지 구실이 마련되어 있어서 그 목숨이 파리 목숨만도 못했습니다. 파리는 도망이나 다니는데 도망갈 데도 없이 만들어 놓고 언제 와서 때려도 그냥 죽게 만들어 놓았습니다. 이런 분위기 가운데 살 때에 그것은 끊임없는 공포입니다. 언제든지 마음이 편안하게 잘 시간이 없습니다. 참으로 하나님만을 든든히 의지하고 사는 사람을 제외하고는 다 그렇다는 말입니다. 법을 쥐고 질서를 쥐었다는 자들이 언제든지 사람을 붙들어다가 죽이려고 하거나 멀리 시베리아에 참호 파는 데로 보내서 실컷 부려 먹은 다음에는 비밀이 샌다고 죽여 버리고, 그렇지 않으면 일본 규슈나 홋카이도에 있는 탄광으로 보내 버리고 그래서 지하 수백 척 아래 컴컴한 속에 가서 가냘픈 몸으로 노동을 하다가 병이 나면 진단해 가지고 내쫓아 버립니다. 그러한 환경 가운데에서 그 공포 분위기라는 것이 얼마나 무서운가를 다 맛보고 지냈습니다.

무저갱에서 올라온 황충

정치 현상 하나가 비틀어져도 이와 같은 공포 분위기가 일어나는 것인데 하물며 이 지구상에 굉장히 어두운 공기가 꽉 지배하게 된다면 어떻겠습니까. 그리고 그 어둠은 무저갱에서 올라오는 어둠입니다. 장차 이 지구에 무저갱에서 올라오는 어둠이 지배하는 시대가 온다는 것을 여기서 가르친 것입니다. 어둠이라는 것이 단순히 심령상 알아야 할 것을 알지 못하는 암매만을 의미하는 것이 아니라 그 어둠은 무서움입니다. 거기에 무서운 것이 같이 붙어 다닙니다. 그 무서운 것의 세력 작용이 있을 텐데 그것은 무저갱에서 황충이 올라온다는 것으로 표시되었습니다. 황충이 하나 올라오고 또 올라옵니다. '이게 뭐냐?' 하고 이상하게 보는데 그 뒤에서 또 쓱 올라옵니다. 또 올라오고 자꾸 올라온다는 말입니다. 다만 연기만 올라와서 깜깜하게 일월을 덮고 공기를 아주 무섭게 만드는 것이 아니라 그 연기와 함께 괴상한 황충이 떡 올라왔습니다.

그런데 그것이 굉장히 기괴하게 생겼습니다. "황충들의 모양은 전쟁을 위하여 예비한 말들 같고", 여러 종류의 말이 있어도 특별히 전쟁터에 내보내려고 하는 말은 골라서 그 말에다 무장을 하지 않습니까? 무장을 해서 전사(戰士)가 그 말을 타고 나가게 되어 있습니다. 보통 말처럼 놔두는 것이 아니고 중세기만 해도 말 앞에다 갑주(甲冑)를 댔습니다. 말을 넘어뜨리려고 활을 쏴 가지고 탁 박혀서 앞발을 꿇는다든지 하면 거기에 탄 사람이 앞으로 거꾸러지게 되니까 말 앞에다 갑주를 붙였습니다. 꼭 그렇게 하지 않더라도 기병이 타는 말은 전쟁에 적응하게 모두 단속을 해 놓습니다. 그러니까 황충은 그냥 말이 아니라 전쟁을 하기 위하여 총칼이 있는 전장 속으로 막 뛰어들려고 하는 말의 모양을 가졌다는 것입니다.

또 황충의 머리에는 "금 같은 면류관 비슷한 것을 썼으며", 권위가 있고 영광이 있고 또 세력을 가지고 있다는 것을 면류관으로 표시했습니다. 그런데 이것이 무저갱에서 나온 황충입니다. 연기로 깜깜하게 덮은 이 분위기 안에서 사람들에게 어떤 굉장한 앙화(殃禍)를 내리는 장본인이 그러한 권위와 자기 나름의 영광을 가지고 있습니다. 독재자는 독재자로서, 포악한 사탄적인 지배자는 사탄적인 지배자로서 권위와 영광과 실질적인 힘을 가지고 있는 것입니다. 황충도 그렇게 면류관을 떡 쓰고 나왔습니다.

그리고 "그 얼굴은 사람의 얼굴 같고", 그냥 사나운 짐승이 마구 야단하듯이 하는 것이 아니라 기지가 있고 지혜가 있고 교묘한 전략이 있어서, 지혜를 대표하는 사람의 얼굴을 가지고 있습니다. 얼굴을 보면 유순하게도 보이고 아주 총명하게도 보이고 아무런 의사가 없는 듯하게도 보여서 변천 자재(變遷自在)할 수 있는 얼굴의 모양입니다. 사자는 사자같이 사자의 성격을 명료하게 드러내고 있는 것 아닙니까? 그러나 사람은 그 상태가 어떤지 알 수 없습니다. 나쁜 줄 알았다가 '그래도 사람이니까' 하고서 얼굴을 보면 유순하고 말도 순탄하면 '아, 나쁘지 않구먼' 하고 생각하는 것입니다. 그런데 무엇보다도 사람은 그 얼굴로 짐승이나 다른 것들이 표시할 수 없는 한 가지를 잘 표시하는데 그것은 인간의 지혜입니다. 여기서는 인간의 지식이나 인간의 여러 가지 이성 작용의 특성이 악의 목적을 가지고 움직일 때 나오는 꾀를 표시합니다. 그러니까 사람의 얼굴 같다는 것은 지혜가 있고 참모(參謀)를 한다는 것입니다.

그리고 "여자의 머리털 같은 머리털이 있고 그 이는 사자의 이 같으며"(8절). 여자는 남자와 다른 여자로서의 여러 가지 특성들이 있습니다만 외모로 볼 때 뒤로 보든지 앞으로 보든지 여자로서 독특한 미를 표시할 수 있는 것은 머리털입니다. 얼굴은 앞에서 볼 때 여자의 특성이 있는 미를 나타내는 중요한 기관이 되지만 머리털도 여자의 미를 나타내는 자리로서 아주 특수합니다. 황충에게 여자의 머리털 같은 머리털이 있다는 것은 그것이 사람들이 보고 가까이할 수 있는 미적인 요소가 전부 결여되어서 단지 무섭기만 한 괴물이 아니라는 뜻입니다. 얼굴이 사람의 얼굴 같고 여자의 머리털과 같은 머리털을 가지고 있다면 충분히 사람들이 접촉할 수 있고 가까이 갈 수 있는 미와 지혜를 가지고 있는 자라는 말입니다. 그리고 그것은 남자의 엄정한 미보다는 여자의 부드럽고 다정한 미를 지니고 있습니다. 이것이 황충의 모양입니다. 이것이 무서운 전율을 일으키는 시대의 공기 속에서 큰 해악을 행하며 저주의 기관 노릇을 할 자입니다. 그런데 여자의 머리털을 가지고 있습니다.

그리고 "그 이는 사자의 이 같으며" 한번 포착을 해 가지고 먹을 때는 사자가 먹듯이 먹는다는 것입니다. 무서운 폭식 능력(devouring power)을 가지고 먹어서 자기 것으로 만들어 버리는 굉장히 무서운 정복의 힘을 가지고 있습니다. 황충의 특성은 먹는 것입니다. 황충이 우 날아와서 곡식 위에 앉으면 하나도 성한 것이 없이 그냥 싹 갉아 먹고 가 버리지 않습니까? 펄 벅(Pearl S. Buck, 1892-1973)이 중국을 배경으로 해서 쓴 『대지』라는 소설에도 보면 황충 떼가 굉장히 몰려오는 장면이 나옵니다. 그것이 무서운 재앙 아닙니까? 애굽에도 이런 것이 종종 있고 팔레스타인에도 더러 있었습니다. 요엘 선지서에도 황충 이야기가 나옵니다(참조. 욜 1:4; 2:25). 사람이 먹어야 할 것에 황충이 입을 대면 사람이 먹을 것이 없이 완전히 다 먹어버립니다. 그런데 그 이빨이 어떠냐 하면, 얼마나 무섭게 모든 것을 다 파괴하고 부서뜨리고 먹어버리는지 사자의 이와 같다는 것입니다. 위에서 볼 때는 여자의 머리털이 있고 얼굴을 보면 사람의 얼굴이 있어서 지혜가 있을 것 같은데 일단 먹는 것은 사자와 같이 먹는다는 것입니다.

"또 철 흉갑 같은 흉갑이 있고", 앞에서 본 전쟁을 위해서 예비한 말에 흉갑을 붙이기도 한다고 그랬는데 과연 이 황충은 그 앞에 흉갑이 떡 붙어 있다는 것입니다. 이것은 싸우러 나갈 때 해를 막기 위한 것이니까 그냥 자기 혼자서 아무 대적이 없이 움직이는 것이 아니라 벌써 적이 있을 것을 생각하고 일어나는 세력입니다. 요컨대 이것은 상대적인 세력이지 절대적인 독재 세력이 아닙니다. 적이 일어날 때에는 무섭게 싸울 각오를 하는 자입니다. 그러니까 이것은 그런 여러 세력 가운데 위대한 무서운 세력의 하나로 일어나서 대적하는 자에 대해서 용서 없이 나아가서 부딪쳐 싸우는 자를 뜻합니다. 그러니까 가슴에 무서운 철 흉갑이 있고 황충은 날개를 펴고 날아가는데 "그 날개들의 소리는 병거와 많은 말들이 전장으로 달려 들어가는 소리 같으며"(9절). 옛날에 전쟁을 가장 잘 상징하던 방법은 대포 소리나 총소리가 아닙니다. 대포나 총을 쏘는 시대가 아닌 때에는 전쟁을 하는 양상의 상징적인 소리는 말들이 뛰어가는 소리입니다. 굉장히 많은 말이 후드득후드득 전장으로 달려 들어가는 소리와 동시에 말만 가지 않고 전차 또는 병거를 말에다 매고 말 세 마리나 여섯 마리가 잡아끌면 뒤에서 채찍질해 가면서 막 몰고 가서 굉장히 신속하게 적진을 돌파하는 이것이 가장 상징적인 전쟁의 소리입니다. 그 시대에 대포가 있었다면 아마 대포 소리가 전쟁을 상징하는 소리가 되었을 것입니다. '멀리서부터 대포 소리가 쿵쿵 들려오더니 막 그냥 굉장히 파괴하는 무서운 소리가 들린다' 했겠지만 사도 요한 시대에 모든 사람에게 전쟁에 가까웠다는 무서운 신호의 소리는 단순히 나팔 소리 같은 것이 아닙니다. 나팔 소리가 나더라도 아무런 소식이 없으면 아무것도 아닙니다. 그러나 수많은 말들이 뛰어가고 그다음에는 전차 바퀴가 돌아가면서 내는 그 소리가 무서운 소리입니다.

공포가 지배하는 세상

천지가 암담하게 캄캄한 분위기 속에서 사람들의 영혼 어떻게 살지 알지 못할 절망을 주고 그다음에는 큰 공포를 주는데 아주 독한 시대적인 사조가 절망적이고 파괴적이고 찰나주의적인 것들이 막 지배하는 그 속에서 이제는 큰 황충의 모양으로 상징되는 괴상한 저주의 기관이 나타나서 전쟁을 일으키고 위협을 하고 무엇을 파괴해 나가고 그다음에는 교묘하게 행동하고 이제 해(害)를 가하기 시작합니다. "저희에게 이르시되 땅의 풀이나 푸른 것이나 각종 수목은 해하지 말고", 황충이 나온 것은 이런 식물을 해하려고 하는 것인데 이 황충은 식물을 해하려고 나온 황충이 아닙니다. "오직 이마에 하나님의 인 맞지 아니한 사람들만 해하라 하시더라"(4절). 하나님께서 분명하게 '이것은 내 것이다' 하고 확증해서 단순히 하나님과 그 사람만 알게 비밀히 한 것이 아니라 이마에다 인을 맞혀 가지고 다른 사람 앞에 증거한 것입니다. 그러니까 사람들 보기에도 하나님의 자녀인 것이고 하나님께 속한 자라는 것이 나타난다는 말씀입니다. 즉 신앙의 확실한 증거를 가지고 있는 그런 사람들 이외에는 해하라는 것입니다.

전쟁이 일어났을 때나 공포 분위기가 지배하고 정치적으로 큰 테러가 지배할 때에 과연 누가 안심하고 살 수 있습니까? 테러 세력이라는 것이 제일 정점에 있으면서 그 세력이 어디든지 미친다고 하면 그 아래 있는 모든 세력은 다 무서워서 떠는 것입니다. 그러니 보통

서민은 말할 것도 없습니다. 이렇게 무서운 세력, 예를 들면 스탈린 시대에 러시아의 그 공포 분위기라는 것은 스탈린 이하에 있는 모든 사람에게 미쳤습니다. 스탈린과 같이 사람을 죽이고 야단 내던 베리야라 해도 사실상 완전히 맘 놓고 평안하게 자기 세상이라고 하는 것이 아니라 언제 자기도 모르게 기묘한 수법으로 숙청을 당하는지 모른다는 것입니다. 같이 권좌에 앉아 있던 투하체프스키 원수를 비롯해서 이백만에 달하는 사람들이 그때 숙청을 당하지 않았습니까? 군대의 대지휘자로서 원수 자리에 있던 사람도 숙청을 당합니다. 가장 충성을 다하던 극동에 있던 블류헤르 원수라는 사람도 붙들려 가지고 다시 안 돌아오고 어디로 갔는지 모르게 죽여 버렸습니다. 이런 큰 공포가 지배하는 세계에서는 아무도 안심하고 살 수가 없습니다.

러시아에 앞서 불란서혁명이 그런 전형적인 것을 하나 보여 주었습니다. 당통이나 마라나 로베스피에르의 '공포 정치'라는 것이 시행될 때, 맨 처음에는 적으로 여기던 사람들을 단두대에다 놓고서 목을 떼꺽 떼꺽 무 밑동 자르듯이 잘라버렸습니다. 그냥 구류나 살리고 좀 때려서 내쫓고 그런 것이 아닙니다. 하도 많이 죽여서 아마 뎅겅 뎅겅 하는 소리가 났는지도 모릅니다. 그러고 나서 이제 정신이 도착(倒錯)되니까 좀 더 죽일 놈은 없을까 하고 찾아봤습니다. 그러니까 이번에는 과거에 적이었던 사람을 죄다 잡았습니다. 지금은 이쪽에 붙었다고 하지만 이중적이니까 못쓰겠다고 하고서 죽였습니다. 그런 다음에는 또 어떤 놈을 죽일까 생각하다가 적일 수 있는 놈을 잡아다가 죽였습니다. 그다음에는 또 누굴 죽일까 하다가 적이 될지도 모르는 사람을 잡아 죽이기 시작했습니다. 나중에는 제 편인데 충실하지 않다는 놈도 잡아다 죽였습니다. 얼마나 굉장한 공포 분위기입니까? 그 사실이 하나의 전형이 되어서 러시아 혁명을 할 때에도 그리고 그 이

후에도 소비에트 러시아에서는 덮어놓고 자기편이 아니면 사상이 불온하다든지 항상 적성을 띠고 있다든지 '너는 바른 사상을 체득지 못한 놈이다' 해 가지고 자꾸 죽여 버렸습니다. 숙청을 하면 행방불명입니다. 어디서 죽였는지 알 수 없는 것입니다. 이런 무서운 사실 가운데 맛보는 공포 분위기는 말로 할 수 없는 것입니다.

그런데 그런 속에서라도 확실한 신념을 가지고 주를 믿고 있는 사람은 첫째, 공포가 완전히 지배하지 못합니다. 둘째는 주님의 그 기이하신 섭리에 의해서 그런 속에서라도 건지시는 사람들은 늘 건짐을 받는 것입니다. 그러니까 여기서도 확실히 그리스도의 증거를 가져서 하나님께서 건지시려고 작정한 사람들은 머리에 인을 맞았습니다. 그것은 소수도 아니고 다수도 아니고 하나님이 정하신 수입니다. 그래서 열두 지파를 다 망라해서 한 지파도 빠지지 않고 매 지파마다 열둘이라는 확실한 수를 붙였습니다. 선택하고자 하는 사람을 반드시 선택했다는 것입니다. 그런데 그냥 열둘이 아니고 일만 이천씩을 선택합니다. 만(萬)이라는 수로 다수를 가리키는 것입니다. 이렇게 확실히 선택한 사람은 소수가 아니고 다수입니다. 그러니까 그중에 몇 명만이 아니라 다수로, 선택할 사람은 반드시 선택한다는 것입니다. 많으면 사람은 주체를 못하겠지만 하나님은 그런 일이 없습니다. 그러니까 '전 세계 인구를 놓고 생각한다면 그것은 많은 수가 아니다. 일만 이천씩뿐이다.' 이렇게 일만 이천을 여자적(如字的)으로만 해석하면 안 됩니다. 그것은 완전히 선택한 수이고 적지 않은 수입니다. 일만 이천이지, 일만 이천 일백도 아니고 일만 이천 하나도 아닙니다. 꼭 정확한 수로 선택한 그 수에 열씩을 곱한 것입니다.

땅 위에 나타나는 저주의 현실

그런데 이 사람들 이외에는 땅에 있는 모든 사람은 굉장한 공포 가운데 빠져 들어가서 굉장히 괴로움을 받을 것이라는 이야기입니다. 거기에 보면 "그러나 그들을 죽이지는 못하게 하시고 다섯 달 동안 괴롭게만 하도록 하시는데 그 괴롭게 함은 전갈이 사람을 쏠 때에 괴롭게 함과 같더라. 그날에는 사람들이 죽기를 구하여도 얻지 못하고 죽고 싶으나 죽음이 저희를 피하리로다"(5-6절). 사람이 죽고는 싶은데 죽음도 마음대로 못한다는 것입니다. 전쟁 때 지독한 독재와 지독한 절대주의적인 악랄한 정치 속에서 지내 보셨지만 많은 사람들이 생불여사(生不如死)라고 하고 또 맹자에 있는 말씀을 빌어서 '시일(時日)은 갈상(害喪)고 여급여(予及女)로 해망(偕亡)이라', '이날은 언제나 없어질꼬? 너나 나나 다 망하고 말겠다' 그렇게 이야기했습니다. 그렇다고 해서 그 시대에 '그러니까 죽어야겠다' 하고 자살하는 일은 없었습니다.

오히려 오늘날 그런 지독한 독재나 지독한 공포를 준 일이 없는 시대에 들어서서 툭 하면 자살 소동이 많이 납니다. 자살이 제일 많은 나라가 어디인 줄 아시지요? 사회 복리 시설이 제일 잘되어 있는 북구라파의 스칸디나비아 국가에서 자살이 많습니다. 지상의 낙원이라고 건설해 놓고 사는 스웨덴이나 덴마크 같은 나라에서 자살을 많이 합니다. 생의 의미를 잃고 아무런 생의 목표가 없고 절망적이 되어 회색의 절망적인 마음이 싹 지배하면 죽는 것입니다. 사람이 아무리 낙원을 건설해 놓았어도 하나님이 낙원의 공기로 덮어 주시지 않는 이상 낙원이 안 되는 것입니다. 아무리 과실나무를 많이 심고 아무리 이상 농촌을 건설했다 해도 한 가지가 모자라는 것입니다. 낙원이라고 느끼게 하는 신선하고 아름다운 공기가 없이 이상한 회색 구름과 같은 공기가 쏙 지배하면 '무엇 때문에 사는가, 살아서 무슨 재미가 있는가? 날마다 이렇게 사는 것이 무슨 의미가 있는가, 아 차라리 죽는 것이 낫겠다' 하고 모르는 사이에 자꾸 죽어갑니다. 그것 참 이상한 아이러니입니다.

그런데 여기 분위기는 단순히 그런 정도가 아니고 무서운 공포로 지배해서 사람들을 금방 죽을 것같이 달달 볶는 것입니다. 그런다고 해서 사람이 죽지는 않습니다. 볶이면 역설적으로 살려고 애쓰는 것입니다. 죽으려고 해도 죽음이 피한다는 것은 맘대로 죽어지지 않는 시대라는 것입니다. '죽겠다, 죽겠다' 하지만 죽어지지 않는다는 말입니다. 죽어지지도 않고 '죽어 버리면 그만 아니냐?' 하면서도 그냥 이 속에서 어떻게든 살아 보려고 아귀다툼을 하면서 살아가는 것입니다. 이것이 사람들이 저주를 받은 하나의 현상입니다. 스스로 논리적인 척하면서도 굉장한 한 이율배반이라 할지, 비논리 가운데 삽니다. '죽겠다, 죽겠다' 하고 '참 살기가 몹시 괴롭다' 하면 '죽으면 그만 아니냐? 죽는 건 간단하다' 해도 절대로 죽지는 않습니다. '사람이 그렇게 쉽게 죽어지느냐?' 하는 것입니다. '죽어지기를 바랄 게 있느냐? 네가 죽으면 그만 아니냐? 그런데 죽는 것이 그렇게 어려우냐? 스칸디나비아 나라들에서 자살하는 것을 보면 죽는 것이 간단한데……' 오히려 평안하고 낙원을 건설해 준 사회에서는 그렇게 간단히 죽는데 이런 지옥 같은 곳, 도가니 속 같은 데에서는 죽어지지를 않습니다.

하나님께서 용허(容許)하지 않으시면 사람에게 죽을 마음이나 죽음에 대한 마음의 이상한 도착(倒錯)이라는 그런 정신이 지배하지 못합니다. 그러니까 그냥 본능적으로 아귀다툼을 해 가면서, 불성모양(不成模樣)을 해 가면서, 생불여사 하면서도 살아가려고 막 펄떡거립니다. 마치 물이 빠진 웅덩이에서 고기가 펄떡거리듯이 펄떡거리면서 살아가려고 애를 쓰는 것입니다.

'죽음을 구해도 죽음이 피해 간다' 이것은 굉장히 저주받은 현상입니다. 사람은 '살아 보다가 최악의 경우에 죽기밖에 더 할까? 죽어 버리면 간단하지' 하지만, 말은 쉬운데 그렇게 용이하게 죽지 못한다는 것입니다. 하나님이 불러 가시지 않는데 사람이 제 마음대로 죽을 수 있는 것이 아니라는 말입니다. 생사가 하나님의 손에 달려 있는 것입니다. 누구든지 간에 사는 것도 하나님이 살려 줘야 사는 것이고 죽는 것도 하나님이 불러야 영혼이 가는 것입니다. 내가 '내 영혼아, 어서 가라. 어서 가라' 하고 암만 때려서 내쫓아도 그냥 붙어 있지 나가지를 않습니다. 그래서 모진 목숨을 그냥 살리고 앉아 있으면서 그 고생을 다 합니다. '살아서 이 고생을 다 맛봐라. 간단히 죽어 가지고서 네 육신이 슬쩍 도피하는 것은 안 된다.' 여기에 생지옥을 만들어 놓고 '이 생지옥 속에서 고생해라' 하는 것입니다. 이것이 황충 이야기입니다. 이것이 저주의 사실입니다. 땅 위에 이와 같은 저주의 현실이 온다는 것입니다.

과거에도 이만큼 혹심하지는 않았어도 때때로 땅 위에는 유사한 성질의 소규모의 저주 현상이 지역적으로 나타났던 것을 다 기억하실 것입니다. 공산 혁명을 일으킨 사회에 있는 공포라는 사실들이 때때로 이런 저주의 현실을 일으킵니다. 그러나 공산 혁명뿐 아니라 과거의 일본이나 독일의 히틀러, 이태리의 무솔리니 같은 파시즘의 국가, 즉 백색 독재의 국가 절대주의 체제하에서 도착(倒錯)된 정신으로 미친놈같이 날뛰면서 세계를 금방이라도 집어먹을 듯이 야단 내고 금방 자기의 욕망을 달성할 듯이 권력에 주려서 주린 사자와 같이 날뛰는 자들이 국정을 딱 쥐고 앉아서 지랄을 하기 시작하면 사람들이 달달 볶여서 살 수가 없습니다. 그렇다고 간단히 죽지도 못하는 것입니다. 이런 것이 다 저주받은 현상인 것입니다.

역사 위에 나타난 공포와 황충

이런 것을 우리는 역사에서 벌써 증험해 보았습니다. 우리 생전에 다 보고 지나간 일들입니다. 그리고 지금 아주 젊은 사람들을 제외하고는 독일의 히틀러나 이태리의 무솔리니를 모방한 일본의 백색 테러의 공포 정치의 사실들을 몇 년 동안 다 겪었습니다. 그것을 겪으면서 그 시대에도 계시록 이 부분을 가만히 읽을 때면 '결국 이런 것을 세계적으로 확대하면 이러한 것이 되겠구나. 이것이 무엇인가? 사는 것인가?' 날마다 공포, 날마다 전율, 날마다 그 야단을 내고 아침에 일어나면 '자, 오늘은 무엇이 일어나려는가? 오늘은 평안할 것인가?' 밤에 잘 때는 '밤중에는 덮칠 일이 없겠는가?' 하고 전전긍긍합니다. 왜냐하면 밤중에 많이 와서 잡아갔습니다. 여러분도 다 아시지요? 징용을 보내고 탄광에 보내려고 해도 도망을 하니까, 가만히 놓아두었다가 밤에 집에 들어와서 자는 사람을 전투모를 쓰고 각반을 찬 자들이, 시청에서 나온 자들이 밤에 가만히 와서 둘러싼 다음에는 갑자기 막 우당탕탕 문을 두드리고는 울타리를 넘어서 도망가는 사람을 잡아가 버렸습니다. 물고기가 튀면 딱 그물에다 가두어 넣듯이 그렇게 잡아갔습니다. 그러니 모두 놀라서 가슴을 얼마나 두근거리며 살고 밤엔들 평안하게 살겠습니까?

이와 같이 밤에도 평안이 없고 낮에도 평안이 없는 그런 세상을 다 살아 보았습니다. 이것이 세계적으로 확대되고 거대한 대규모의 공포를 가지고서 지랄을 하면 그것이 바로 여기 이것과 같을 것입니다. 그때도 이것을 읽으면서 '역시 이런 것이구나' 하고 생각했습니다. 해는 그대로 말갛지만 희망이 없고 절망적이면 해가 노랗게 보입니다. 해가 노랗고 구름이 가린 것같이 되면 밝은 것이 무엇이 있겠습니까? 날은 쨍쨍하게 비추는데 아무것도 밝은 것이 없습니다. 햇빛이 우리에게 희망을 주어야 하는데 희망이 아니라 '무슨 어려운 일인가?' 하고 늘 대기하면서 전전긍긍하게 만들어 준다면 그것은 구름에 가려진 것만도 못한 것입니다. 이러한 사실들이 이마에 하나님의 구원의 확실한 보증의 인을 맞지 아니한 사람에게는 다 임할 것이라는 이야기입니다. 또한 오랫동안은 아니지만 어떤 기간 동안에는 이런 무서운 공포가 지배한다는 것입니다. 인류를 가만히 두지 않는다는 말입니다. 과거에 "악한 일에 징벌이 속히 실행되지 않으므로 인생들이 악을 행하기에 마음이 담대하도다"(전 8:11) 하고 말씀하신 대로 악을 행하였는데 '어디 얼마나 담대한가 보자' 하고 이번에는 무서운 공포로 지배를 하는 것입니다.

사람들이 하나님 앞에서 형벌을 받는데 가지가지 방법으로 땅 위에서 받고 영원한 세계에 가서 받는다는 것입니다. 영원한 세계에서 받는 정도로 끝나지 않습니다. '육신을 벗고서야 형벌을 받는 것이 아니다. 육신을 입고 앉아서 형벌을 받아라' 하시는 것입니다. 육신을 입고 앉아서 받는 형벌의 정도가 이런 것들입니다.

하나님을 믿고 의지하는 자를 보호하심

이것이 천사의 나팔에서 '자, 나간다' 하고서 크게 하나님의 심판의 호령이 나오는 것 같은 소리로 들리는 것입니다. 이런 것이 역사상에 나타난다는 것입니다. 그리고 하나님의 큰 원칙 가운데 역사 위에 이런 것을 나타나게 하시고 이런 것이 발생하게 하시는 것이 하나님의 뜻이라는 것입니다. 그러므로 인류의 최종말의 어느 한 시대에만 이것이 오고 만다는 이야기가 아닙니다. 어느 시대든지 사람의 죄가 관영(貫盈)하고, 사람의 사회에 대해서 하나님께서 심판하시고자 할 때는 이런 것도 중요한 방법의 하나로 쓰시는 것입니다. 국가에 무엄하고 무식하고 괴악한 백색적인 독재자가 서서 지배를 할 때는 그것은 심판을 받는 한 증거가 됩니다. 히틀러 같은 자가 국정을 지배하든지 무솔리니 같은 자가 지배할 때는 벌써 심판을 받는 것입니다. 국민들은 '이제 우리 독일 백성도 이만하면 제1차 세계대전의 전채(戰債) 때문에 고생을 할 것이 없다. 전채고 뭣이고 다 집어 내던져라' 하고서 한동안 좋아했지만 그러나 나중에는 자기네가 좋다고 찬양하던 그것 자체가 자기네를 꽉 잡아서 무섭게 노예화하고 국민을 무서운 공포 가운데 몰아넣고 말았습니다. 독일 사람은 평안했느냐 하면 독일 사람이 먼저 히틀러의 손안에서 죽을 뻔했던 것입니다. 히틀러가 나오는 이런 것이 말하자면 일종의 황충입니다. 군비를 막 증강시켜 가지고 만일에 반항할 것 같으면 두말할 것 없이 철퇴를 내리는 식으로 끌고 나갔습니다. 무력을 가지고 끄는 것, 그 수많은 전차와 수많은 대포가 굴러가는 소리로 때때로 시위를 합니다. 황충이 날개 치는 소리가 많은 병거의 소리와 같고 전장으로 빨리 달려가는 말들의 소리와 같다는 것은 결국 그런 이야기입니다.

 땅 위에는 때때로 무서운 재앙이 임하는 것입니다. 오직 하나님을 믿고 의지하는 사람에게는 언제든지 하나님의 보호가 양방(兩方)에서 오는 것입니다. 마음 가운데 평안을 주고 확신을 가지고 의지하게 합니다. '이제 세상에 의지할 것이 아무것도 없다. 질서에 대해서 신뢰하고 살았더니 그 질서가 붕괴했구나' 하고서 무서워하지만, 우리는 사람의 마음 가운데 공통적으로 심어진 질서를 유지하고 나가는 정의(正義)의 관념이나 정의의 소원으로 말미암아 사람끼리의 견제로 발생하는 질서를 의지하는 것이 아닙니다. 사람의 법을 의지하는 것이 아니라 항상 의지하는 것은 하나님입니다. 하나님께서 그것을 일반 은총으로 써 주시면 그 은총으로서 우리가 받는 것입니다. 그러나 의지하는 것은 결국 하나님입니다. 그런고로 하나님께서 그런 사회를 징벌하시기 위해서 그 질서가 어느 때는 도착(倒錯)이 되거나 무서운 편파적인 사실을 발생시키실 때에도 하나님께서 보호하신다는 것을 확신하고 살아야 합니다. 하나님께서 보호해 주시지 않으면 살아갈 길이 없는 것입니다. 평안했을 때도 하나님이 보호하셔야 하고 어려운 때도 하나님이 보호하셔야 하는 것입니다. 그러니까 이마에 인 맞은 사람 노릇을 하려면, 이마에 인을 맞는 것이지 손에다 가만히 맞고 속에다 가만히 맞는 것이 아니니까 누구든지 볼 때에 하나님의 인 맞은 사람이라는 것을 알 수 있는 생활을 하라는 이야기입니다.

기도

거룩하신 아버지여, 저희들을 분명히 아버지의 것으로서 인을 쳐 주셨고 아버지의 것으로서 세상 모든 사람 앞에 확실히 드러냈사오니 아버지의 것으로서 생활을 하게 하시고, 저희들이 다른 사람들과 꼭 같은 양태로 이 세상의 환난과 이 세상에 임하는 하나님의 무서운 형벌과 진노의 사실들을 받게 하시는 것이 아니고 저희들은 아버님께서 완전히 구별하여 주셔서 징계를 하시더라도 구별된 위치에서 저희를 징계하시는 것을 확신하고 아버님의 소유인 것을 언제든지 저희들이 간직하고 살고 언제든지 감사하고 살아가게 저희 마음을 열어 주시사 이 거룩한 도리를 잘 보게 하시고 의지하게 하여 주옵소서. 진실로 아버지의 무한하신 사랑으로 구별하시사 보호하시는 것을 저희가 확신하오니 주님, 저희와 같이하시고 이 세대의 여러 가지 험난한 일들 속에서 저희에게 끝까지 평안을 주시고 고요하고 단정한 가운데 주를 의지하고 살게 하시고 어려움이 없게 주님께서 항상 보호하시고 지키시옵소서. 주를 믿는 믿음 가운데 확실히 살게 하시고 주위의 모든 악하고 불의한 자를 주님의 무서우신 진노로 다 처리하시고 삼제(芟除)하시며 주님이 형벌하시고 주님이 저희들을 온전한 사랑의 품에 고요히 두르시고 지키시옵소서. 주님의 튼튼하신 보루 가운데 거룩히 살기를 원하옵나이다.

우리 주 예수 이름으로 기도하옵나이다. 아멘.

1972년 1월 5일 수요 기도회

제11강
일곱 나팔 (2)

땅에 임하는
두 번째 재화(災禍)

요한계시록 10:1-11

요한계시록 10:1-11

[1]내가 또 보니 힘센 다른 천사가 구름을 입고 하늘에서 내려오는데 그 머리 위에 무지개가 있고 그 얼굴은 해 같고 그 발은 불기둥 같으며 [2]그 손에 펴 놓인 작은 책을 들고 그 오른발은 바다를 밟고 왼발은 땅을 밟고 [3]사자의 부르짖는 것같이 큰 소리로 외치니 외칠 때에 일곱 우레가 그 소리를 발하더라 [4]일곱 우레가 발할 때에 내가 기록하려고 하다가 곧 들으니 하늘에서 소리 나서 말하기를 일곱 우레가 발한 것을 인봉하고 기록하지 말라 하더라 [5]내가 본 바 바다와 땅을 밟고 섰는 천사가 하늘을 향하여 오른손을 들고 [6]세세토록 살아 계신 자 곧 하늘과 그 가운데 있는 물건이며 땅과 그 가운데 있는 물건이며 바다와 그 가운데 있는 물건을 창조하신 이를 가리켜 맹세하여 가로되 지체하지 아니하리니 [7]일곱째 천사가 소리 내는 날 그 나팔을 불게 될 때에 하나님의 비밀이 그 종 선지자들에게 전하신 복음과 같이 이루리라 [8]하늘에서 나서 내게 들리던 음성이 또 내게 말하여 가로되 네가 가서 바다와 땅을 밟고 섰는 천사의 손에 펴 놓인 책을 가지라 하기로 [9]내가 천사에게 나아가 작은 책을 달라 한즉 천사가 가로되 갖다 먹어 버리라 네 배에는 쓰나 네 입에는 꿀같이 달리라 하거늘 [10]내가 천사의 손에서 작은 책을 갖다 먹어 버리니 내 입에는 꿀같이 다나 먹은 후에 내 배에서는 쓰게 되더라 [11]저가 내게 말하기를 네가 많은 백성과 나라와 방언과 임금에게 다시 예언하여야 하리라 하더라

제11강
일곱 나팔 (2)

땅에 임하는 두 번째 재화(災禍)

여섯째 천사의 나팔

계시록 9장부터는 큰 재화(災禍)에 대한 이야기입니다. "내가 또 보고 들으니 공중에 날아가는 독수리가 큰 소리로 이르되 땅에 거하는 자들에게는 화, 화, 화가 있으리로다. 이 외에도 세 천사의 불 나팔 소리를 인함이로다 하더라"(계 8:13). 이렇게 해서 지금 일곱째 인을 떼셨는데 거기서 일곱 천사의 나팔이 나옵니다. 일곱 천사의 나팔 가운데 네 나팔이 지나간 다음에 다섯, 여섯, 일곱은 특별히 재화의 나팔입니다. 이렇게 해서 다섯째 천사가 나팔을 불 때에 하늘에서 땅에 떨어진 별이 있어서 무저갱의 열쇠를 받아 가지고 무저갱에서 무엇이 나오게 하는데 그것은 황충입니다. 연기 가운데서 나오는데, "황충들의 모양은 전쟁을 위하여 예비한 말들 같고 그 머리에 금 같은 면류관 비슷한 것을 썼으며 그 얼굴은 사람의 얼굴 같고 또 여자의 머리털 같은 머리털이 있고 그 이는 사자의 이 같으며 또 철흉갑 같은 흉갑이 있고 그 날개들의 소리는 병거와 많은 말들이 전장으로 달려들어가는 소리 같으며 또 전갈과 같은 꼬리와 쏘는 살이 있어 그 꼬리에는 다섯 달 동안 사람들을 해하는 권세가 있더라"(계 9:7-10). 황충이 대개는 앞에서 해하고 뒤로는 해하지 않는데 이 황충은 앞에서만 해할 뿐 아니라 뒤에서도 해하고 갑니다. 지나간 후에 화가 그냥 남아 있습니다. 그다음에 황충에는 임금이 있는데 그 이름이 '무저갱의 사자'입니다. 히브리 이름은 '아바돈'이고 헬라어로는 '아볼루온'입니다. 다 같이 '멸망'이라는 뜻입니다. 이렇게 해서 화가 하나 지나갔습니다.

그다음에 둘째 화가 이르는데 그것은 여섯째 천사의 나팔이 곧 둘째 화입니다. 하나님 앞 금단 네 뿔에서 한 음성이 나 가지고 나팔을 가진 여섯째 천사에게 "큰 강 유브라데에 결박한 네 천사를 놓아 주라"(계 9:14) 하고 분부를 내리셨습니다. 그래서 네 천사가 놓였으니 이 천사들은 그해, 그달, 그날, 그때에 이르러서 큰일을 하기 위해서 딱 거기다가 가둬 놓아 뒀던 것입니다. "사람 삼분의 일을 죽이기로 예비한 자들이더라"(계 9:15). 어떻게 죽이느냐 하면 마병을 다 초모(招募)해 가지고 큰 전쟁을 일으켰는데 "마병대의 수는 이만만이니 내가 그들의 수를 들었노라"(계 9:16). 2억이나 되는 수가 동원되어서 싸움을 하게 된다는 것입니다.

요새 '아마겟돈 대전쟁'이라 해 가지고 '동원 수는 2억이라' 하는 소리를 하는데, 여기 '이만만'이라는 수가 나온 까닭에 하는 말입니다. 굉장히 많은 수가 직접 전쟁에 참가해서 전투원으로 활동할 것이라 하는 이야기입니다. 특별히 마병대라 하니까 아마 전차 기병, 철기병이니까 기갑 부대(cavalry), 즉 전차대나 탱크대로 생각할 수가 있겠지요. 그러나 앞으로 탱크대가 얼마나 더 많이 활용될는지 모르겠습니다. 굉장히 많은 군대가 동원되어서 싸움을 하는데, "이같이 이상한 가운데 그 말들과 그 탄 자들을 보니 불빛과 자줏빛과 유황빛 흉갑이 있고", 가슴에다 어린갑을 붙였는데 불빛이고 자줏빛이고 유황빛이다. 그다음에 "말들의 머리는 사자 머리 같고 그 입에서는 불과 연기와 유황이 나오더라"(계 9:17). 입에서 불과 연기와 유황이 나온다니까 요새 전차가 쏘아 대는 것을 생각할 수도 있습니다. 또한 전차는 포탄만 쏘는 것이 아니라 화염 방사를 할 수가 있는 것입니다. 벌써 제2차 세계대전 때 그런 것이 나왔습니다. 미국 측에서 새로 만든 화염 방사기는 불이 훅 나오는 것이 아니라 가스만 나와서 저편에 가서 닿으면서 불이 확 하니 붙어서 오르게 푹푹 가스만 뿜어냅니다. 조금 구식은 아예 불이 길게 훅 뿜어 나가는 것입니다. 아이들이 물총 가지고 물을 훅 쏘면 물이 튀어 나가듯이 불이 쑥 튀어 나가는데 큰 규모로 쑥 나가고 쑥 나가고 그랬는데 이제 가스만 휙 하니 나가면 저쪽에 닿는 데가 불에 타 버립니다. 그러나 여기 나온 것은 그런 정도가 아닙니다. "불과 연기와 유황을 인하여 사람 삼분의 일이 죽임을 당하리라." 이것은 단순히 어떤 무기 하나의 모양이라는 것보다도 요컨대 전쟁을 할 때에 가장 현저하게 클로즈업되어 현저하게 떠오르는 전쟁 양상입니다.

전쟁 양상의 변화

로마 시대 전쟁에서 크게 떠오르는 것은 최후에 보병들이 부딪쳐 가지고서 야단 내는 살진(殺陣)이지요? 그러면 그 뒤에 기병, 나중에는 코끼리까지 동원해 가지고 막 나가서 짓밟고 야단 내는 그것이 옛날의 전쟁 양상입니다. 그러나 현대에 와서 제2차 세계대전은 제1차 세계대전과 그 이후의 많은 전쟁에서 별로 나타내지 않았던 특색 하나를 나타냈습니다. 그것이 입체전이라는 것입니다. 가령 불란서의 난공불락이라는 철과 같은 마지노 전선을 뚜드려 부술 때의 전투를 보면 마지노 전선을 구축해 놓았으니까 독일이 아무리 세어도 마지노 전선은 못 넘어온다고 안심을 하지 않았어요? 독일도 지크프리트 전선(Siegfried Line)이라는 것을 만들어서 이렇게 두 개의 전선을 딱 대치해 놓았습니다. 그런데 독일 군대가 실지로 불란서를 석권하기 전에 어디로 해서 들어갔느냐 하면 바로 그 마지노 전선입니다. 마지노 전선이라는 난공불락의 전선은 자연 지형을 다 이용하고 그리고 지형이 판판한 자리에는 굉장히 높은 성을 쌓고 그 안에다가 계속적으로 장애를 놓아서 도저히 넘어갈 수 없게 다 만들어 놓았습니다. 그러니까 어디 다른 데로 들어갈 데가 없습니다.

히틀러가 그것을 공격할 때에는 입체전이라는 특색이 잘 나타났습니다. 먼저 비행기를 이용해서, 그전에는 비행기가 지나가면서 폭탄을 던지는 식이었는데 슈투카(Stuka)라는 비행기는 급강하를 해서 그냥 거기로 떨어져 죽는 것같이 아래로 내려가서 거의 닿을 듯이 가까이 가서 폭탄을 던지고 다시 올라갔습니다. 그렇게 수천 대의 비행기가 가서 폭탄을 퍼부어 가지고 마지노 전선에 폭탄이 작렬했는데 그와 때를 맞춰서는 멀리서 마지노 전선에다 대포를 끝없이 쏘았습니다. 그래서 결국 마지노 전선이 일각(一刻)에 무너지게 막 두들겨 부순 것입니다. 그래서 일부가 무너지니까 그것을 계속적으로 쳐서 더 무너뜨리고 그다음에는 폭탄으로 위에 퍼부어서 무너진 잔해가 가득하게 쌓였을 때에 이제 거기에 전차들이 돌입해 들어갔습니다. 그야말로 황충 떼가 돌입해 들어가듯 했습니다. 제2차 세계대전에 독일이 마지노 전선을 두들겨 부수는 영화가 전쟁 시기에 뉴스로 한참 나왔지요? 그것은 불란서의 참모 본부가 도저히 생각지 못했던 전략입니다. 정정당당하게 가장 강하게 전선을 만든 그 자리를 두들겨 부수고서 들어왔던 것입니다.

또 한 가지 양상은 굉장한 기동력입니다. 기갑 부대의 굉장한 기동력을 갖춰서 이전까지 하던 식으로 전차가 꿈질꿈질 가지 않고 큰 자동차가 달리듯이 막 달려 들어가서 열을 세워 가지고서 가는 길에 쭉 나열한 다음에 삥 돌아가면서 마구 포를 쏘아 댑니다. 이렇게 해 가지고 어떻게 붙잡지 못하게 만들어 놓았습니다. 그런데 그때 영화만 보더라도 막 공격해 들어갈 때는 시속 40km 정도로 달리는데 그렇게 빨리 달리는 뒤에는 반드시 보병이 거기다 손을 대고 손을 못 떼게 하고 달음질하면서 따라가게 하지 않던가요? 보병이 그렇게 뒤에 따라 들어가서 전차가 다 쓸어 놓은 다음에는 보병이 나가서 점령을 합니다. 최후에 백병전 할 때는 단병접전(短兵接戰) 같은 것이나 총검돌격(bayonet charge)이라는 것은 좀 구식입니다. 그다음에는 기관단총을 가지고 쏘면서 소제해 버리는 식으로 전쟁을 했습니다. 이런 것이 2차 세계대전 때의 양상입니다.

거기에 비행기의 공격은 어떤 의미가 강했습니까? 그때 B-29는 굉장히 강했습니다. '공중을 날아다니는 요새'라고 이야기했습니다. 그러나 제2차 세계대전 이후에 6.25 사변 나는 때쯤부터 그 몇 년 후까지 세계의 무기와 전쟁 양식의 발전은 2차 세계대전은 어린아이와 같은 짓이라고 할 정도로 발달해 버렸습니다. 원자탄이나 수소탄을 떠나서라도 가령 공중의 초요새(Stratofortress)라는 B-52는 굉장한 비행기 아닙니까? B-29 같은 것은 거기에 대면 어린애 같은 비행기가 됐습니다. 이런 것들이 원자탄도 싣고 다니고 이보다 더 무서운 짓을 얼마든지 하게 되어 있습니다. 그런데 이제는 그 비행기에다 그렇게 큰 기대를 할 필요도 없이 그냥 대륙간 탄도탄(ICBM)이라는 것이 단추만 누르면 그냥 날아가게 되어 있습니다.

제2차 세계대전 때 미국의 공군 사령관으로 있던 이가 헨리 할리 아놀드(Henry Harley Arnold)라는 대장인데 그 사람이 제2차 세계대전 직후에 한 말이 있습니다. '누름단추식 전쟁'(push-button war)에 관한 이야기인데 앞으로 전쟁은 이렇게 된다는 것입니다. 그때는 너무나 황당한 이야기 같았는데 그것이 오늘날에는 전부 다 현실화해 버리고 말았습니다. 단추 하나 눌러서 전쟁을 하고 단추를 누르면 땅에 감춰졌던 모든 미사일이 공중으로 올라가서 성층권으로 날아서 그래서 겨냥한 데로 가서 떨어진다는 것입니다. 영국의 유명한 전쟁 평론가 한 사람이 쓴 책을 보니까 가령 소련 측에서 미국으로 수소탄을 던지고 미국 측에서 소련으로 수소탄을 미사일 장치로써 던진다면 대체로 소련에서 12개나 13개 던지면 된다는 것입니다. 많이도 필요 없고 미국에서 가장 큰 도시 13개를 골라서 던지면 1억 명이 죽는다는 것입니다. 단추를 한 번 누르면 1억 명은 다음 순간엔 죽는 것입니다.

그래서 미국의 민방위 총본부의 사령으로 있는 윌슨이라는 사람이 1950년대에 미국 국민에게 '만일 미국 사람들이 민간 방위 본부에서 명령하는 것을 잘 준행해 주면 죽는 수를 한 오천만 명은 감해서 한 오천만 명밖에 안 죽는다' 하고 말했습니다. 방위를 하려면 타고 다니는 자동차가 많으니까 자동차까지라도 다 이용해서 그것을 산과 같이 밀집해서 쌓아 놓으면 그것이 상당히 방위벽이 된다는 것입니다. 그러나 수소탄을 막 완성했던 1950년대 말에 미국 원자 연구회 위원장이었던 루이스 스트라우스(Lewis L. Strauss)라는 사람에게 미국의 기자들이 모여서 물었습니다. '한 방의 위력이 얼마나 크냐?' 하니까 '세계에서 가장 튼튼하게 만든 도시가 뉴욕이다. 그런데 한 방이면 뉴욕이 다 없어진다' 그랬습니다. 맨해튼은 바위 위에다가 세운 도시입니다. '아, 뉴욕도 한 방이면 없어지느냐?' '한 방이면 뉴욕의 중요한 데는

다 없어지고 만다.' 그것이 1960년 이전의 이야기입니다. 그런데 그 후로 지금 한 14, 5년이 지났습니다. 이런 것이 다 발표되어 있는 것입니다. 오늘날은 그러니까 무슨 방식이 또 나왔는지 알 수 없습니다.

20세기 초에 유행한 종말론의 내용

제1차 세계대전 이후나 그 전후로 계시록을 강해할 때에, 그전에는 생각을 좀 별달리 했는데 1901년경에 미국에 '예언 운동'이라 해서 근본주의 계통의 유명한 목사들이 많이 모여 가지고 계시록을 가지고 예수님의 재림 예언을 했습니다. 그때가 미국에 예수 재림에 대한 공부, 계시록 공부에 불이 활활 타오른 때입니다. 그때 그 예언에 의한 설교를 한 설교집 혹은 강연집들이 죽 출판됐습니다. 제가 그런 것을 알 턱이 없는데 그 강연집에 자세히 보고했기에 한참 재미가 있어서 1901년, 즉 19세기에서 20세기를 건너오는 그 시기에 미국의 가장 근본주의적인 교회들은 무엇을 생각했는가를 조사를 하느라고 그것을 열심히 읽어 봤습니다. 한번 읽고서 다시 재미가 없어서 안 읽었는데, 모든 목사들이 설교를 하고 중요하게 이론한 것을 거기에 다 써 놓았습니다. 그러니까 일종의 의사록 같은 것이고 그다음에는 설교집으로 내 놓았습니다. 블랙스톤(W.E. Blackstone)이라는 사람이 그냥 B자 이니셜만 써 가지고 『Jesus Is Coming』이라는 책을 낸 일이 있습니다. 그것이 예수 재림에 대한 이론으로 가장 많이 팔린 책입니다. 그 책을 보면 그 안에다 성경을 다 뽑아서 집어넣고서 죽 이야기해 가는데 그것이 일종의 종말론이고 말세학입니다.

말세학의 내용은 한국에 있는 교회들이 아주 잘 알 것입니다. 왜냐하면 한국의 장로교나 성결교나 감리교까지라도 1930년대의 부흥회에서는 말세학이 아주 굉장히 곁들여졌고 그 불이 30년대에만 일어난 것이 아니라 40년대와 해방 이후에도 계속해서 붙어 가지고 '종말학'이라는 것 때문에 교회가 손해도 받고 요동도 하고 갈라지고 찢어지고 하는 일이 많이 있었습니다. 이것이 1930년대 들어서 일어난 일입니다. 그때 예수님의 재림에 관한 책들이 돌아다녔을 뿐 아니라 주로 부흥사들이 재림론에 대한 부흥회를 많이 했습니다. 아주 큰 효시는 길선주 목사님인데 그 목사님 이외에도 많은 이들이 비슷한 설을 가지고 이야기했습니다. 1900년대 초에 미국에서 하던 그 이야기를 가져다가 한 것입니다. 그러니까 여러분들도 재림론에 대해서 아주 잘 아실 것입니다. 이러한 재림론을 블랙스톤이라는 사람이 써서 참 많은 사람이 읽게 하고 또 많은 목사들이 거의 여출일구(如出一口)로 그런 식 이야기를 했습니다.

제1차 세계대전 이후에 아마겟돈 대전쟁에 대한 이야기를 할 때는 주로 1차 세계대전에서 경험했던 무기 사용을 많이 생각했습니다. 그때 경험한 무기 가운데 특이한 것은 비행기입니다. 비행기가 나와서 폭탄을 던지는데 오늘날 비행기가 폭탄을 던지는 것과는 비교가 안 되게 아주 유치하고 원시적입니다. 폭탄만 던지고 가다가 나중에는 서로 공중전을 한다고 기관총이 발명돼 가지고 기관총을 비행기에다 놓고서 쏘다가 자기 프로펠러가 끊어져 가지고 그냥 뚝 떨어진 비행기가 많이 있었습니다. 그래서 나중에 기관총의 탄환을 프로펠러가 돌아가는 그 사이로 나갈 수 있게 동기화 시스템(synchronization system)을 연구해서 프로펠러 돌아가는 것과 기관총이 쏘는 것이 언제든지 반드시 잘 조화되게 기계를 연결했습니다. 그러나 그것도 자유롭게 마음대로 할 수 있는 것은 아니었습니다. 그래도 그런 비행기를 가지고서 독일의 리히트호펜(Richthofen) 같은 사람은 굉장히 많은 비행기를 격추했다고 '격추 왕'이라는 이름까지 얻었습니다. 그리고 제1차 세계대전이 끝날 무렵에 영국 군대가 발명한 것이 오늘날의 탱크입니다. 그것이 쑥 나오면 독일 군대가 '저것이 무엇인지 모르겠다'고 해서 '괴물'이라고 그랬습니다.

그때 말세학을 하는 분들은 아마겟돈 대전쟁이라는 것을 여출일구로 이야기하였습니다. 그것이 다 그대로 우리나라에도 들어왔습니다. 그래서 말하기를 아마겟돈 대전쟁은 어디서 하느냐 하면 여호사밧 골짜기에서 한다는 것입니다. 왜 거기인가 하면, 아마겟돈(Ἀρμαγεδδών)에서 '마겟돈'은 골짜기라는 뜻이고 여호사밧 골짜기는 예루살렘의 기드론 시내 일대인데 웃시야 왕 때 지진이 나서 골짜기가 쫙 갈라진 일이 있으니까 꼭 그때처럼 지진이 나서 천하에 있는 모든 임금들이 그리로 다 모일 수 있도록 그 골짜기가 크게 넓어진다는 것입니다. 감람산과 예루살렘 사이의 골짜기가 넓어져 가지고 그 앞으로 천하의 왕들이 거기에 다 모이면 예수님이 그때 공중에서 칠 년 동안 앉아 계시다가 '이제는 내려가 보자' 하고 내려오셔서 예수님의 발이 감람산에 턱 닿고 그래서 거기서 천하 열국을 심판한다는 것입니다. 심판도 여러 심판이 있는데 그것이 열국 심판이라는 것입니다.

아마겟돈이라는 것은 거기에서 일어나는 대전쟁이고, 거기에 세계 모든 백성들이 나와서 큰 전쟁을 하는데 '유브라데스 강에 있는 천사를 놓았다'고 했으니까 묶였던 것을 놓는 까닭에 유브라데스 강이 전선으로서 중요한 요충 지대가 되는 것이다. 거기가 말하자면 전쟁의 본장으로 들어가는 데라는 것입니다. 유브라데 강이 나중에 마른다는 이야기가 나오지요? "여섯째가 그 대접을 큰 강 유브라데에 쏟으매 강물이 말라서 동방에서 오는 왕들의 길이 예비되더라"(계 16:12). 동방에서 오는 왕이라는 것은 북쪽에 있는 로스와 메섹과 두발 임금 곡이 북방의 왕이지만(참조. 겔 38:2) 동쪽으로 내려가서 일본까지라도

다 점령한 다음에는 거기서부터 이쪽으로 오니까 그 지점에서 볼 때는 동방에서 오는 왕이 된다는 것입니다. 그러니까 그것이 로스와 메섹과 두발 임금 곡 이야기입니다. 이렇게 해서 북방의 거대한 동맹국, 혹은 통일된 거대한 큰 세력 하나가 있고 로마를 중심으로 한 로마 제국이라는 것이 하나 있어서 두 개의 큰 세력이 그때는 세계를 지배한다는 것이 그 사람들의 종말론 가운데 나오는 국제 정세 이야기입니다. 그것이 그들의 예언입니다. 예언을 해석하는 것이 아니라 그렇게 예언을 해 버립니다. 그래서 여기 계시록을 보면 마병대의 수가 이만만이라고 했으니 전쟁을 할 때는 거기서 대포를 가지고 총을 가지고 기관총을 가지고 막 굉장히 싸움을 한다는 것입니다.

계시록에 나타난 전쟁 양상의 특수성

그런데 오늘날까지 예수님은 오시지 않았고, 아마겟돈 전쟁은 앞으로 있을 것이라고 하면 그런 식으로 싸움을 하겠습니까? 유브라데스 강 골짜기나 므깃도 골짜기나 북쪽 갈릴리 일대에 있는 에스드라엘론 골짜기에서 싸움을 해야 합니까? 그런 후에 여호사밧 골짜기로 가야 합니까? 오늘날 전쟁의 양상으로 보아서 그런 곳이 어떤 의미를 가지고 있느냐 하는 문제입니다. 옛날에는 '심판자가 떡 있고 천하의 왕들을 그 앞으로 모은다' 하는 식으로 보았지만 오늘날에는 그것이 무슨 의미가 있습니까? 지금은 회집(會集)이라는 것도 양식을 아주 달리하게 되었습니다. 커뮤니케이션이나 명령 전달도 옛날같이 '이리 오너라. 내가 네게 명령한다' 하는 이런 원시적 방법이 아닙니다. 백 리 바깥에 있어도 부하에게 직접 명령을 하게 되었습니다. 쉬운 예는 전화이고 그보다 더 쉬운 다른 통신 방법이 있어 가지고 얼마든지 할 수 있습니다.

비행기 타려고 비행장에 가시면, 여기 김포에도 있는지 몰라도 동경 같은 데서는 무엇으로 광고하는지 잘 아시지요? 텔레비전으로 하지 않습니까? 사람이 썩 나와 가지고 '무엇은 몇 시, 무엇은 몇 시' 하고 이야기를 하는데 조금 있다 그 시간표가 거기에 다 나옵니다. 앞에 큰 광고판이 있지만 어디서든지 볼 수 있게 사방에 텔레비전을 놓아두고서 그렇게 보여 줍니다. 광고도 그런 식으로 하는 것이지 누군가 '사람들은 다 이리 오시오. 내 이야기 들으시오' 하는 그런 식이 아닙니다. 이러한 통신 방법이 굉장히 발달해서 그것이 대중을 향해서만이 아니라 개개인을 향해서 얼마든지 외칠 수 있게 되어 있습니다.

요새 같으면 국가가 비상한 시기에 무엇을 전달하려고 할 때에 무엇을 쓰는 줄 잘 아시지요? 일본에서는 동경에 앞으로 큰 지진이 올 것이라고 해서 지진에 대한 대비로 모든 국민에게 누구든지 트랜지스터를 가지고 있으라고 합니다. 일단 유사할 때에 통신망이 다 끊어지더라도 송신할 탑만 있으면 트랜지스터로 소식을 전할 수 있을 테니까 그래서 트랜지스터로 어떻게 하라고 지시를 하겠다는 것입니다. 그래서 그렇게 통신할 수 있는 철탑을 하나만이 아니라 여러 군데에 두었습니다. 지진으로 한꺼번에 다 쓰러지는 일이 없도록 굉장한 간격을 두고 세웠으니까 하나가 쓰러지고 그다음 것, 그다음 것이 쓰러지더라도 또 다른 것을 사용해서 전 시민에게 이야기를 할 수 있다는 것입니다. 그러니까 그것이 통신 방법 또는 그러한 명령 전달 방법입니다.

그러니까 심판자 앞에 모으는 효과를 내려면 사람을 많이 죽이든지 전쟁을 이기든지 해야 합니다. 옛날 로마 시대나 그 이전의 헬라 시대나 고대의 바벨론 식으로 사람이 북적북적 많이 모여서 접전하는 방식은 끝났습니다. 그러나 지금은 그러한 접전으로 이기고 지고 하지 않습니다. 최후에 보병이 가서 점령하는 것은 점령하러 들어가는 것뿐입니다. 지금 이런 형편에서 보면 아마겟돈 전쟁이라는 것을 에스드라엘론 골짜기나 므깃도 골짜기에서 하는 것으로 생각하기 어려운 것입니다. 이만만을 동원해 가지고 한다는 것인데, 전 세계 지구 위에 2억을 동원하든지 20억을 동원하든지 동원해 가지고서 '전투를 하자' 하고 나설 수 있다고 말하겠지만 그 사람들에게 '전쟁을 하는 양식이 어떻게 될 것인가?' 하고 물으면 과연 지금은 어떻게 대답을 하겠습니까?

왜 이런 이야기를 하는고 하니 "그 말들과 그 탄 자들을 보니 불빛과 자줏빛과 유황빛 흉갑이 있고 말들의 머리는 사자 머리 같고 입에서는 불과 연기와 유황이 나오더라"(17절). 이러한 말씀을 오늘날에는 화염 방사기로 상상을 하고 옛날에 그것이 없을 때에는 대완구(大碗口)라는 것으로 상상을 하고 그다음에는 대포로 상상하고 탱크로 상상했습니다. 그 시대마다 무기가 발달하는 대로 자꾸 거기에 부합해서 생각한 것입니다. 성경을 해석할 때 그때 그 시대에 발달한 무기와 부합해서 생각하면 그럴듯하게 생각이 됩니다. 옛날에는 대완구라는 것이 있어서 주둥이에다가 유황도 넣고 염초도 쿡쿡 쑤셔 넣고 그다음에 불을 댕긴 심지를 속에다 집어넣고 뒤로 피하고서 귀 막고 있으면 펑 하고 포탄이 터져 나가고 대포는 뒤로 물러나고 그랬습니다. 그전에는 예를 들면 천보뢰라는 무기도 있었습니다. 그러니까 대원군 때에 대완구라는 대포가 나왔고 이제는 탱크가 나왔습니다. 과연 탱크는 움직이면서 가니까 이제는 화염 방사기가 붙어 있는 탱크나 장갑차로 해석을 합니다. 그러면 다음번에는 무엇이 될까요?

그 시대에 있는 양상을 거기다가 붙여서 '이것이 아닌가, 저것이 아닌가?' 하고 호기심을 불러일으키는 해석을 하는 일이 어느 시대든지 있었습니다. 그런데 이 말씀이 '어떤 양상을 가진 무기를 어떻게 쓸 것이다' 하는 일의 묘사이겠습니까? 그렇다면 적어도 2천 년 동안은 이것이 무엇인지 몰랐을 것입니다. 그러면 이것이 무엇인지 모르는 2천 년 동안에는 결국 이 말씀은 무슨 의미를 가지고 있었습니까? 그때그때마다 어떤 무기라고 생각했으면 무슨 의미가 있습니까? 그러니까 이것을 '어떤 양식의 무기를 쓴다' 하는 것으로 억강부회(抑强附會)하지 말고 그 양식(style)이 어떻든지 간에 '이것이 왜 있는가?' 그리고 '이것은 무슨 작용을 하고 있는 것인가?' 그것을 취해야 합니다.

　계시록 가운데서 아주 괴상하고 이상한 것들을 보았고 여기서 그것이 주동이 되어 가지고 나와서 전쟁을 일으키는데, 여기에 있는 것은 요한 시대의 표현이고 그것으로 표현한 특이한 씬(scene)입니다. 그 시대에도 전쟁을 할 때에 불을 쓰기는 썼지만 불을 질러 가지고 불을 던지거나 화전을 쏘기도 하고 투석기에다가 돌에다가 헌 옷가지나 천을 감고 기름을 묻힌 후에 활활 불을 붙여서 투석대에 놓고 성을 향해서 던지기도 했습니다. 그리고 그때는 실컷 해 봐야 유황이나 염초를 가져다가 불을 질러서 사방에 뿌렸습니다. 뿌린다는 것도 어려운 일이지 쉬운 일은 아닙니다. 겨우 성 위에서 긴 국자 같은 것을 가지고 퍼서 성으로 올라오려고 하는 적에게 둘러씌우는 정도입니다. 그러한 식 전쟁 양상 가운데서 요한이 이러한 묵시를 보았다는 것은 특이한 일입니다. 괴상한 것이 나옵니다. "그 탄 자들을 보니 불빛과 자줏빛과 유황빛 흉갑이 있고 또 말들의 머리는 사자 머리 같고 입에서는 불과 연기와 유황이 나오더라"(17절). 입에서 불과 연기와 유황이 나오게 한 무기가 옛날에 우리에게도 있었지요? 바로 거북선입니다. 거북선 주둥이를 용의 형상으로 만들어 놓고 그 속에 불을 넣고서 그것을 바깥으로 내질렀습니다. 다른 배가 접근하면 그것으로 쏟아 던져서 불을 지르려고 한 것입니다.

"이 세 재앙 곧 저희 입에서 나오는 불과 연기와 유황을 인하여 사람 삼분의 일이 죽임을 당하니라"(18절). 사람 삼분의 일을 죽이려면 무엇이 있어야 하겠습니까? 사람의 삼분의 일을 죽이려면 보통 불과 연기와 유황 가지고는 안 되지요? 그러니까 불과 연기와 유황이라는 말로 표시된 것은 그 시대에는 상상할 수 없는 굉장히 무서운 것입니다. 심판을 상징하는 불이나 지옥에서 나온 불과 같은 것이 곁들여져 있는 무서운 사실을 상상하거나, 자연 현상 가운데 혹은 사회 현상 가운데 큰 요동이 있을 것을 여기서 상상하는 것입니다. 이것이 정신적인 사실이 아니라 실지로 어떠한 양상의 전쟁이 될는지 우리가 알 수는 없지만 예수님의 재림 때에 가장 발달한 무기로 야단이 날 것이라고 생각하는 것뿐입니다. 지금 그것이 무엇이라고 '화염 방사기다. 대완구다. 대포다' 하고 이야기해 봐야 소용이 없습니다. 그전에는 계시록 강해를 하면서 큰 천사가 공중으로 날아가면서 '큰 화가 지나갔다' 하고서는 외치는 것도 '비행기를 타고 가면서 선전하는 것이다' 하는 식으로 설명하는 것을 들었습니다. 그러나 비행기를 타고 가면서 암만 소리를 크게 질러 봐도 들을 수 있는 사람은 없습니다.

불의 심판

그러니까 그런 식으로 생각하지 말고 그때에 어떠한 양상이 될는지 사람은 상상할 수 없지만 가장 무서운 양상은 불이라는 것입니다. 이것은 최후까지 항상 이 세상을 멸망시키는 중요한 원소가 될 것입니다. 사도 베드로는 땅이 불에 녹아진다고 그랬습니다(참조. 벧후 3:12). 옛날에 물로 한 번 심판했지만 마지막에는 불입니다. 지금 수소탄(水素彈)이라는 것이 결국 무엇입니까? 이름에는 물 수(水) 자가 들어 있지만 결국 무엇인가요? 열적인 핵반응이지요? 핵의 반응이 일어나는데, 그것은 열을 가지고 하는 것이 아닙니까? 핵의 이동으로 말미암아 발생하는 굉장한 에너지가 결국은 폭발을 시킨다는 그것보다는 그것으로 말미암아서 중수소에다가 불을 질러 가지고 그놈이 초고도의 온도를 발해서 그 불로 녹여 버리는 것 아닙니까? 그래서 폭발 후에는 땅이 녹지 않았습니까? 모래가 다 녹아서 흐물흐물하게 되었습니다. 이런 것들이 나온다는 것을 대개 상상하는 것입니다. 이보다 더한 것이 나올는지도 알 수 없으나 문제는 심판의 상징, 심판의 도구로서 이 불이 가장 무서운 것입니다. 하나님께서는 불을 쓰셔서 심판하신다고 하셨습니다. 그런고로 지옥도 불이라고 그랬습니다. 최종 심판의 도구로서 남은 것이 불이라는 것은 분명합니다.

성경에서 지옥을 이야기할 때에 불이라는 것은 상징적인 용어가 아닙니다. 예수님께서 비유로 '불'을 말씀하셨지만 그 비유를 제자들에게 해석해 주실 때에도 '불'이라고 하셨습니다. '가라지를 묶어서 불에다 넣는다' 하는 것은 비유이고 그 비유를 해석을 하실 때에도 '그 나라에 거치는 것과 불법을 행하는 자들을 모아 가지고 꺼지지 않는 불에다 집어넣는다'(참조. 마 13:40-42) 하고 다시 불 이야기를 하셨습니다. 그런고로 결국 불은 단순한 심벌(symbol)이 아니라 실재(reality)인 것입니다. 예수님은 지옥을 설명할 때도 불이라는 말을 그냥 썼지 불이란 상징을 나중에 다른 것으로 설명을 해 놓으신 일이 없습니다. "거기는 구더기도 죽지 않고 불도 꺼지지 아니하느니라"(막 9:48) 하고 말씀하셔서 항상 불은 불이라고 했습니다. 이런 것을 보면 불이라는 것은 어떠한 형식으로 나오든지 결국 그것은 불입니다.

그리고 불이라는 것은 불을 어디다가 붙여야 하는 것이 아닙니다. 발화점에 도달만 하면 아무것이라도 타는 것 아닙니까? 철(鐵)도 발화점이 있는 것입니다. 그것도 결국 불이 나 가지고 녹는 것입니다.

시멘트 바닥이라 해도 발화점에 도달하면 불이 나는 것입니다. 각각 그 물질에 발화점이 있어서 거기에 도달하면 불이 나고 마는 것입니다. 나무에다 불을 붙여야만 불이 나는 것이 아니라 어떤 일정한 열이 있어서 발화점에 이르면, 예를 들어 나무는 비교적 발화점이 낮으니까 뜨거운 난로 옆에다가 세워 두면 난로의 불이 와서 붙는 일이 없어도 결국 확 하고 불이 나고 마는 것입니다.

요컨대 이 지구도 불로 활활 탈 수가 있다는 것입니다. 그러니까 사람의 삼분의 일이 죽을 만큼 굉장히 무서운 불이 땅 위에 있을 것을 말씀하신 것입니다. 무엇으로 그 불을 낼 것인지 우리가 알 수 없습니다. 사도 요한은 그런 원시적인 전쟁 양상이 있는 시대에 이런 괴상한 것들이 나와서 야단을 낸다고 이야기한 것입니다. 거기에는 초자연적인 것이 있고 그것은 가장 전율할 만한 사실이고 동시에 그것은 하나님의 엄연한 심판의 재난이라는 것을 표시한 것입니다.

무서운 심판에도 회개하지 않는 사람들

"이 말들의 힘은 그 입과 그 꼬리에 있으니 그 꼬리는 뱀 같고 또 꼬리에 머리가 있어 이것으로 해하더라. 이 재앙에 죽지 않고 남은 사람들은 손으로 행하는 일을 회개치 아니하고 오히려 여러 귀신과 또는 보거나 듣거나 다니거나 하지 못하는 금, 은, 동과 목석의 우상에게 절하고 살인과 복술과 음행과 도둑질을 회개치 아니하더라"(19-21절). 이렇게 무서운 심판과 저주를 받아도 사람은 회개하지 않는다는 것입니다. 굉장한 무서운 전쟁이 나서 불로, 즉 공중에서 폭탄을 던지고 야단 내고 해서 사실상 굉장한 불로 그 땅에 전쟁을 한 번 치른다고 해서 사람들이 '아이고 뜨거워라. 이제는 다시는 하지 않겠다' 하고 선량해지고 회개하느냐 하면, 사람은 더 악해져서 이제는 그전에 안 그러던 사람들도 당장 마음이 뒤집혀 가지고 남의 것을 착취하고 눌러서 '언제 다시 보겠느냐? 이것이 마지막이다' 하고서 재주만 있으면 남의 피라도 흘려 가지고 거기서 제 행복을 취하려고 하는 무서운 사회가 나타나는 것입니다.

이것이 사람의 사회입니다. 하나님의 무서운 심판과 저주 가운데서도 이런 무서운 근본적인 부패가 사람의 사회에서 없어지지 않는다는 것입니다. 그렇게 생겼으니까 영원한 지옥 불에 들어가는 수밖에 없는 것입니다. 얼마 동안 남겨 두면 더 악해집니다. 악해지니까 영원한 지옥 불에 들어가서 영원히 다시 어떻게 하지 못하게 형벌을 끝까지 받아야 하는 것입니다. 죄악의 근성이 그렇게 무서운 사실을 이야기하는 것입니다.

그다음에는 다른 천사가 하늘에서 내려와서 큰 소리로 일곱 우레를 발하는데, 이제 그 책 이야기입니다. 감춰져 있던, 도저히 전에 알지 못하던 큰 사실들이 나타나서 진리를 간절히 알고자 하는 요한이 받아먹을 때에는 입에는 참 달았지만 배에는 굉장히 썼다는 이야기가 나옵니다. '그 사실 자체는 굉장히 쓰다. 즉 무서운 것이다. 이것이 무엇일까' 하고 신비를 알고자 했을 때 알려 주시니까 알지 못하던 진리를 알았으니 그로 말미암은 기쁨이 있어서 입에는 달았지만 그러나 안 내용이 참 무서운 사실, 재화(災禍)와 환난에 대한 이야기였습니다. 이것이 주로 10장에 있는 내용입니다.

기도

거룩하신 아버지시여, 결국 이 땅에는 평화롭고 아름다운 세계가 조용히 건설되어 있을 것이 아니고 마침내 아버님의 무서운 진노가 재화로 환난으로 땅 위에 임할 것을 저희가 이제 보았고, 그런 땅에서 그것을 아직 정지하시고 기다리시는 것은 이 안에 있는 하나님의 거룩한 나라의 진행이 이르러야 할 곳까지 아무 탈이 없이 이르게 하시려고 이 큰 화가 임하는 것을 지금 멈추시고 재앙이 임할 것을 막고 계시는 것을 믿사옵나이다. 사람의 여러 가지 악과 죄악의 소행을 보아서는 죄악이 관영한 사실이 금방 이를 수 있지만 그렇게 금방 관영하지 못하게, 멱이 차지 못하게 막으시는 것도 오직 그 사랑하시는 자녀와 그 사랑하시는 백성이 거룩한 목적지에 이르게 하시려는 크신 섭리와 경륜의 발휘이고 그 거룩한 자비의 소치로서 이 거룩하신 자비에 의하여 저희가 오늘날에도 살아서 아버지의 말씀도 생각해 가면서 갈 길을 가게 되나이다.

거룩하신 아버지여, 저희들 마음 가운데 이 진리의 깊이를 더 깨달아 알게 하시고 세계에 장차 올 여러 가지 무서운 환난에 대해서도 더 생각할 수 있게 하시고, 그러나 하나님께서 극진하신 사랑으로 저희를 보호하셔서 하나님의 극진하신 사랑의 보호가 비로소 우리에게 있어서 안전과 평안이 있는 것을 생각하게 하옵소서. 여호와께서 이와 같이 성을 지켜 주시는 큰 까닭을 저희가 확실히 더 바르게 깨달아서 항상 그 까닭 가운데 거하게 하여 주시며 이리하여 하나님께서 저희를 세상에 두시고 경영하시는 바를 온전히 이루시기를 원하오며 그 그릇으로 끝까지 쓰임을 받게 하여 주시옵소서. 건강을 주시고 평강을 주시며 항상 모든 악을 물리쳐 주시고 고요한 품 안에서 주님의 거룩한 영광을 드러내게 하옵소서.

예수님 이름으로 기도하옵나이다. 아멘.

1972년 1월 12일 수요 기도회

제12강

마귀가 땅으로 내쫓김

요한계시록 12:1-17

요한계시록 12:1-17

^{1}하늘에 큰 이적이 보이니 해를 입은 한 여자가 있는데 그 발아래는 달이 있고 그 머리에는 열두 별의 면류관을 썼더라 ^{2}이 여자가 아이를 배어 해산하게 되매 아파서 애써 부르짖더라 ^{3}하늘에 또 다른 이적이 보이니 보라 한 큰 붉은 용이 있어 머리가 일곱이요 뿔이 열이라 그 여러 머리에 일곱 면류관이 있는데 ^{4}그 꼬리가 하늘 별 삼분의 일을 끌어다가 땅에 던지더라 용이 해산하려는 여자 앞에서 그가 해산하면 그 아이를 삼키고자 하더니 ^{5}여자가 아들을 낳으니 이는 장차 철장으로 만국을 다스릴 남자라 그 아이를 하나님 앞과 그 보좌 앞으로 올려 가더라 ^{6}그 여자가 광야로 도망하매 거기서 일천 이백육십 일 동안 저를 양육하기 위하여 하나님의 예비하신 곳이 있더라 ^{7}하늘에 전쟁이 있으니 미가엘과 그의 사자들이 용으로 더불어 싸울새 용과 그의 사자들도 싸우나 ^{8}이기지 못하여 다시 하늘에서 저희의 있을 곳을 얻지 못한지라 ^{9}큰 용이 내어 쫓기니 옛 뱀 곧 마귀라고도 하고 사탄이라고도 하는 온 천하를 꾀는 자라 땅으로 내어 쫓기니 그의 사자들도 저와 함께 내어 쫓기니라 ^{10}내가 또 들으니 하늘에 큰 음성이 있어 가로되 이제 우리 하나님의 구원과 능력과 나라와 또 그의 그리스도의 권세가 이루었으니 우리 형제들을 참소(讒訴)하던 자 곧 우리 하나님 앞에서 밤낮 참소하던 자가 쫓겨났고 ^{11}또 여러 형제가 어린양의 피와 자기의 증거하는 말을 인하여 저를 이기었으니 그들은 죽기까지 자기 생명을 아끼지 아니하였도다 ^{12}그러므로 하늘과 그 가운데 거하는 자들은 즐거워하라 그러나 땅과 바다는 화 있을진저 이는 마귀가 자기의 때가 얼마 못된 줄을 알므로 크게 분 내어 너희에게 내려갔음이라 하더라 ^{13}용이 자기가 땅으로 내어 쫓긴 것을 보고 남자를 낳은 여자를 핍박하는지라 ^{14}그 여자가 큰 독수리의 두 날개를 받아 광야 자기 곳으로 날아가 거기서 그 뱀의 낯을 피하여 한 때와 두 때와 반 때를 양육받으매 ^{15}여자의 뒤에서 뱀이 그 입으로 물을 강같이 토하여 여자를 물에 떠내려가게 하려 하되 ^{16}땅이 여자를 도와 그 입을 벌려 용의 입에서 토한 강물을 삼키니 ^{17}용이 여자에게 분노하여 돌아가서 그 여자의 남은 자손 곧 하나님의 계명을 지키며 예수의 증거를 가진 자들로 더불어 싸우려고 바다 모래 위에 섰더라

제12강
마귀가 땅으로 내쫓김

계시록 12장의 장면들

　여기에 이제 그림이 한 장면씩 펼쳐집니다. 처음에는 어떤 크고 환히 빛나는 여인이 아이를 낳으니까 그 앞에 붉은 용이 있어서 그 아이를 삼키고자 하는데 여자가 아들을 낳으니까 그 아이가 곧 하나님의 앞과 보좌 앞으로 올려 갔고 여자는 광야로 도망했다는 것이 나오고, 그다음에 붉은 용은 하늘에서 전쟁을 하는데 저편은 미가엘과 그의 사자들이고 이쪽은 용이 저희 사자들과 더불어 한바탕 큰 싸움이 있고, 결국 용이 져서 하늘에서 있을 곳을 얻지 못하고 땅으로 내쫓겼다는 사실이 나옵니다. 그다음에 땅으로 내쫓긴 용이 이번에는 그 남자를 낳은 여인을 핍박하니까 여인이 큰 독수리의 날개를 받아서 광야 자기 곳으로 날아가 그 뱀의 낯을 피하여 한 때와 두 때와 반 때를 지냈다. 그다음에는 뱀이 여자의 뒤에서 입으로 물을 강같이 토해서 여자를 물에 떠내려가게 하려고 하니까 땅이 여자를 도와서 그

물을 다 삼켰다. 그러니까 용은 분을 내어서 그 여자의 남은 자손들과 만나서 싸우려고 나가서 바다 모래 위에 섰다 하는 이야기입니다.

그러니까 여기서는 이제 큰 전쟁이 하나 일어나는데 그 전쟁을 전후로 해서 벌어지는 사건을 이야기하고 있습니다. 전쟁을 한 결과 용이 하늘에서 내쫓김을 받았다는 것입니다. 이 용은 "옛 뱀 혹은 마귀라고도 하고 사탄이라고도 하는 온 천하를 꾀는 자라"(9절) 했습니다. 용은 마귀입니다. 그러니까 마귀가 하늘에 있다가 땅으로 내쫓김을 받았다는 이야기입니다. 그것이 이 이야기의 한 정점입니다. 두 번째는 그 마귀가 여인을 핍박하지만 효과가 없으니까 여인의 남은 자손들을 핍박한다는 것입니다. 핍박의 단계를 보면 먼저 여인이 낳는 아이를 삼키려고 했고, 그다음에는 여인을 핍박하고, 그다음에는 여인의 남은 자손과 더불어 싸우려고 했다는 것입니다. 그런데 하나님께서 그 여인을 잘 길러서 광야에 있는 자기의 곳으로 가서 한 때와 두 때와 반 때 즉 세 때 반, 날수로 보면 1260일 동안 양육하기 위하여 갔다고 했습니다. 이야기는 그렇습니다. 이제 이것이 각각 무엇이라고 일일이 해석하려는 것은 아니고 이것이 우리에게 한 개의 그림을 줄 때 우리가 연상하고 자연히 중요하게 생각해야 할 문제가 무엇인가를 생각해 보겠습니다.

용이 하늘에서 쫓겨남

먼저 하늘에서 마귀가 싸워서 내쫓기는 것을 용이 내쫓기는 것으로 상징해서 썼는데 그러면 그것은 언제의 일입니까? 그것이 장차 예수님께서 재림하셔서 공중의 권세 잡은 자를 완전히 진멸(殄滅)하실 때의 일인지 혹은 그 이전에 언제 그런 일이 있었는지 하는 문제입니다. 그런데 여기에 보면 찬송이 있습니다. 사탄이 내쫓긴 다음에 "하늘에 큰 음성이 있어 가로되 이제 우리 하나님의 구원과 능력과 나라와 또 그의 그리스도의 권세가 이루었으니 우리 형제들을 참소(讒訴)하던 자 곧 우리 하나님 앞에서 밤낮 참소하던 자가 쫓겨났고 또 여러 형제가 어린양의 피와 자기의 증거하는 말을 인하여 저를 이기었으니 그들은 죽기까지 자기 생명을 아끼지 아니하였도다"(10-11절). 이것이 첫째 부분이고 둘째 부분은 "그러므로 하늘과 그 가운데 거하는 자들은 즐거워하라. 그러나 땅과 바다는 화 있을진저. 이는 마귀가 자기의 때가 얼마 못 된 줄을 알므로 크게 분 내어 너희에게 내려갔음이라"(13절). 그런 것을 보면 용이 쫓겨난 것은 어떤 일정한 위치에서 딱 떨어진 것이지 완전히 진멸당한 것은 아닙니다. 분명히 최후의 심판은 아닙니다. 최후의 심판에는 이런 것이 다 없어지는 것입니다. 용을 불 못에 집어넣는다고 하셨습니다(참조. 계 20:14). 그러나 여기 보면 땅에 내려가서 이제 환난을 일으키고 작희(作戱)를 할 참입니다.

그 용이 하늘에서 내쫓겼다는 것은 그의 권세를 잃었다는 말입니다. 우리말로도 '그 사람이 거기서 쫓겨났다' 하는 말을 씁니다. 누가 꽉 밀어서 나갔다는 것이 아니고 직위와 권세를 잃어버렸다는 뜻으로 그렇게 말을 합니다. 그러니까 그 권위 있는 지위에서 그가 가지고 상당히 세력을 펼칠 수 있는 그런 모든 이점과 권세를 빼앗기고 말았다는 이야기입니다. "하나님의 구원과 능력과 나라와 또 그의 그리스도의 권세가 이루었으니 우리 형제들을 참소하던 자 곧 우리 하나님 앞에서 밤낮 참소하던 자가 쫓겨났고"(10절), 밤낮 참소하던 용이 쫓겨난 것입니다.

마귀의 역할과 임무

그렇다면 이 계시록을 떠나서라도 '마귀는 대체 무슨 소임을 가지고 있었는가?' 하는 큰 문제를 하나 생각해 봅시다. 마귀는 아담을 짓기 전에 벌써 있었고 아담을 지은 후에 타락한 천사로서 에덴 동산에 몹쓸 계교를 부려 가지고 올무를 놓아서 인류의 시조(始祖)를 자빠뜨린 것입니다. 그리고 욥기를 보면 마귀가 하나님의 사랑하는 자녀, 즉 욥과 같은 충실한 종에 대해서도 참소하는 것을 볼 수 있습니다. 마귀라고 하는 자가 적이 되어 가지고 고자질을 합니다. '하나님 저래도 가만 두시렵니까? 저렇게 잘못합니다. 하나님을 저렇게 잘 공경하는 것 같지만 하나님이 사위(四圍)를 둘러 주시고 다 산업을 흥왕하게 해 주시고 다 복을 주시니까 그러지, 하나님께서 복을 안 주어 보십시오. 저가 하나님을 언제 봤느냐는 듯이 하고 자기에게 복을 준다는 다른 신한테로 족히 갈 것입니다' 하고 참소를 하는 자입니다. 이런 자가 어떤 높은 위치에서 강력하게 하나님 앞에 참소를 계속하다가, 참소할 근거가 과거에는 많이 있었지만 어떤 큰 권세하에서 이제는 그것을 잃어버리고, 권세 있게 작용하던 자기의 위치를 잃어버리고 떨어진 것입니다.

"칠십 인이 기뻐 돌아와 가로되 주여, 주의 이름으로 귀신들도 우리에게 항복하더이다. 예수께서 이르시되 사탄이 하늘로서 번개같이 떨어지는 것을 내가 보았노라. 내가 너희에게 뱀과 전갈을 밟으며 원수의 모든 능력을 제어할 권세를 주었으니 너희를 해할 자가 결단코 없으리라. 그러나 귀신들이 너희에게 항복하는 것으로 기뻐하지 말고 너희의 이름이 하늘에 기록된 것으로 기뻐하라 하시니라"(눅 10:17-20). 예수님께서 칠십 인을 둘씩 짝지어서 보내시면서 가서 어떻게 해야 할 것인가를 길게 말씀하시고 그중에 완패한 도시, 고라신이라든지 벳세다라든지 또 무엇보다도 예수님이 본거를 두시고 활동하시던 가버나움이라든지에 대해서, 그 완고에 대해서 예수님이 말씀을 하시고 다 보냈습니다. 그 칠십 인이 기뻐서 돌아와서 "주의 이름으로 귀신들도 우리에게 항복하더이다" 하니까 예수님께서 "사탄이 하늘로서 번개같이 떨어지는 것을 내가 보았노라" 하고 말씀하셨습니다. '당연히 그럴 것이다. 내가 사탄이 하늘로서 번개같이 떨어지는 것을 보았다. 귀신을 부리고 지배하고 그 위에 군림하고 있는 사탄도 권세 있는 위치에서 땅으로 떨어지는 처지이다. 항차 그런 귀신이 너희에게 항복하는 것은 단순히 그것으로 끝이 아니다' 하고 말씀하신 것입니다.

　여기서 예수님이 하신 말씀은 적어도 시간적으로 그 이전의 이야기가 아닙니다. 옛날에 성자(聖子)로 아직 인성을 취하기 전에 하늘에 있었을 때, 즉 영원한 로고스로 있을 때 귀신이 땅으로 떨어지는 것을 봤다는 이야기가 아닙니다. 칠십 인이 와서 귀신이 항복한 이야기를 하니까 '음 그러냐? 귀신들이 그렇게 항복하더냐? 너희들이 귀신을 쫓아내도록 내가 권세를 주고 배포해서 지금 하는 이 일은 문 앞에 있는 사탄의 종자 몇몇만 넘어뜨리고 마는 것이 아니다. 마귀의 나라 전체에 대한 선전 포고와 그로 말미암은 공격의 중요한 개시이다. 마귀가 하늘에서 땅으로 떨어진다는 것은 기정사실이다' 하고 말씀하신 것입니다. 마귀가 항복하고 지는 것은 기정사실이라는 것입니다. 왜냐하면 예수님께 능력이 있기 때문입니다. '내 능력하에서 모든 귀신의 왕인 마귀도 하늘로부터 지금 땅에 떨어진다' 하는 말씀입니다.

　그러나 공중의 권세를 완전히 잃어버렸다는 이야기는 아닙니다. 예수님이 이 말씀을 하신 이후에도 사도 바울 선생은 "그때에 너희가 그 가운데서 행하여 이 세상 풍속을 좇고 공중의 권세 잡은 자를 따랐으니 곧 지금 불순종의 아들들 가운데서 역사하는 영이라"(엡 2:2) 하고 말했습니다. 옛날이야기가 아니라는 것입니다. 그러니까 이런 말씀은 아주 상징적이면서 은유적인 용법입니다. 물론 예수님이 하신 말씀대로 보면 예수님의 눈에 그렇게 분명히 띄고 그런 사실이 발생했겠지만, 그것은 하늘에서 거만하게 뽐내고 있던 자가 하나님의 크신 경륜의 진행에 의해서 마침내 자기의 본거지에 큰 공격을 당하고, 말하자면 그 자리에서 피난해서 떨어져 나가는 시간이 왔다는 것입니다.

하나님 나라의 역사 진행을 방해하는 마귀

마귀는 옛날부터 공중에 있으면서 하나님의 백성을 수없이 괴롭게 하면서 그 종자들을 땅에 보내서 또 자신이 땅에 와서 하나님의 신실한 종들을 넘어뜨리려고 하고 자기의 올무로 옭아서 끌고 가려고 하는 작해(作害)를 늘 해 왔습니다. 하나님 나라의 거룩한 자태가 맨 처음에 땅 위에 나타난 후에 역사의 진행에 따라서 하나님 나라의 역사도 차츰차츰 진행해 나갔습니다. 하나님 나라 역사가 진행해 나가는 가장 현저하고 분명한 사실은 하나님의 계시가 더욱 발전해 나간다는 것입니다. 하나님의 계시가 하나 내리고 얼마 가다가 또 내리고 또 내리고 이러한 것들이 아무 연락이 없이 내리는 것이 아니라 여기서 내린 것이 차츰차츰 발전해서 큰 계시가 내려서 이 사실을 분명하게 정돈하고, 또 한참 가다가 또 큰 계시가 내려서 이전 것도 다 정돈해서 마치 나무가 자라나는 것같이 차츰차츰 자라나서 시간적으로 역사 위에서 자꾸 발전해 나가는 것입니다.

그러니까 계시가 발전하는 자태는 그것 자체가 하나님 나라가 발전하는 큰 형상이고, 하나님 나라를 구성하는 하나님의 백성이 땅 위에 있으면서 그 백성들에게 하나님의 계시가 임해서 그 계시가 그 사람들의 생활 가운데에서 발전하는 자태를 나타내고 그러한 생활의 역사를 지어 가는 것이 또 한 가지 하나님 나라의 현저한 사실입니다.

생활을 통해서 하나님의 계시의 사실이 실증되고 실현되어 나간다는 것은 생활의 어떤 한 부분에서만이 아니라 생활의 모든 부분에서 나타납니다. 작게는 개인의 여러 가지 생활에서, 크게는 한 국가의 생활 가운데서 전부 나타납니다. 그래서 구체적으로 가장 현저한 자취를 취한 것은 한 국가와 한 민족을 단위로 해 가지고 국가 민족 생활을 경영하는 데에서 하나님 나라의 현저하고 구체적인 자태가 잘 드러났던 것입니다. 이것이 이스라엘 나라이고 이스라엘 민족이었습니다. 그것이 하나님의 나라의 한 자태였습니다.

하나님의 나라는 인생의 모든 부문에서 모든 표현 양태로 하나님 나라의 원칙, 즉 하나님의 통치의 큰 권세가 나타나는 것을 말합니다. 그 여러 부문이 종합적으로 하나의 목표와 성격을 가지고 나타날 때에 그것은 하나의 목표와 성격을 가진 사회 활동이고 이러한 단위 사회가 옛날에는 이스라엘이라는 한 민족과 한 국가 안에 있었습니다. 즉 국가 전체가 하나의 단위 사회 노릇을 했습니다. 그런고로 이스라엘의 국가 생활이라든지 민족 생활, 요컨대 민족으로서의 문화사나 국가로서의 정치와 국가를 경영해 나가는 국권 활동의 역사가 땅 위에 있어서 하나님 나라의 구체적인 발현의 형식이었습니다. 그러한 형식을 취해서 하나님 나라의 역사를 만들어 나간 것입니다. 그렇지만 이스라엘 나라가 하나님의 나라의 거룩한 자태만을 국민 생활 가운데 만전(萬全)히 충분히 압도적으로 나타낸 것은 아닙니다. 마귀가 이스라엘 나라 위에서 작용함으로써 마귀의 큰 작해의 사실도 이스라엘 역사 가운데 현저하고 크게 나타났습니다. 이렇게 하나님 나라가 진행할 때에 마귀는 마귀대로 맹렬하게 활동하면서 진행했던 것입니다. 그러나 마귀가 나타나서 맹렬히 활동하면 하나님께서 그것을 방치하시는 것이 아니고 때를 따라서 하나님께서 마귀의 끝 간 데 모르는 반역의 행동과 반신국 행동에 대해서 제어해 주셨습니다. 마귀는 끝없이 작해를 하려고 하지만 그것을 하지 못하게 때를 따라서 하나님께서 강력하게 간섭하셨습니다.

마귀의 작해에 대한 하나님의 간섭

맨 처음 인류 시조에게서 그 예를 보면, 인류 시조가 마귀의 올무에 걸려 가지고 넘어져 버렸습니다. 마귀는 그를 철저히 끌고 가서 완전히 자기 노예를 삼아서 하나님 앞에 완전한 저항과 반항의 큰 운동을 일으키려고 한 것입니다. 그런고로 아담과 하와에게서부터 발생하는 모든 인류를 철저하게 마귀의 종노릇을 할 수밖에 없도록 완전히 휘어잡는 것이 마귀의 의도였을 것입니다. 그러나 하나님께서는 그렇게 되도록 방치하지 않으셨습니다. '마귀가 제멋대로 하려고 너를 올무에 넣고 자빠뜨려 가지고 끌고 가는 이런 짓을 내가 용허(容許)하지 않는다. 마귀가 하는 일에도 제한이 있다. 그 이상은 더 하지 못하도록 내가 막는다. 그런고로 여인의 후손은 너의 후손과 원수가 되고 여인의 후손과 너와의 관계는 완전히 원수 관계가 될 것이다. 지금까지는 네가 그를 네 편에 넣어 가지고 같이 하나님 나라를 반역했지만 이제부터는 여인이 잘나서도 아니고 그 사람들이 갑자기 지혜가 생겨서 그런 것이 아니라 내가 직접 간섭해서 여인이 마귀의 후손들에게와 마귀에게 원수의 위치에 설 것이다. 이건 내가 친히 하는 일이다' 하고 제어하신 것입니다.

여인의 후손은 뱀의 후손에게 원수가 되고 뱀과 여인은 원수 관계를 맺도록 만드신 것입니다. 이것은 여인이 그런 의사를 표시하고 자기가 그렇게 해야겠다는 작정을 하고 하나님 앞에서 구한 것이 아니라 하나님께서 친히 명령하신 것입니다. '마귀 너는 여인을 끝없이 너의 노예로 끌고 가서 네 편을 삼아 가지고 끝 간 데 없이 반항하지 못한다. 내가 뽑아낸 여인의 후손은 나중에 너에게 원수가 될 뿐 아니라 네 머리를 상하는 날이 온다' 하고 말씀하셨습니다. 마귀의 일도 하나님의 거룩하신 간섭에 의해서 마귀가 자기 마음에 원하는 대로 끝없이 저항을 하고 끝없이 작해를 하도록 두어두시지 않는다는 것입니다.

사람의 공로나 사람의 자격이 있어서가 아니라 오직 하나님의 자비와 당신의 계획으로 이렇게 하십니다. 그러니까 창세기 3:15에 나타난 이 말씀을 가리켜 복음이라고 하는 것입니다. 이것이 최초의 복음의 형태입니다. 하나님께서 친히 간섭하셔서 마귀와 들러붙어 있는 것을 떼어 놓아서 서로 원수지간이 되게 하고 결코 그 둘이 함께 하나님을 반항하는 그대로 방치해 두지 않으시겠다는 것입니다. 그뿐 아니라 거기에 큰 내용을 또 하나 포함해서 '여인의 씨가 일어나서 사탄 네 머리를 상한다' 하셔서 사탄의 머리를 상하는 날이 올 것을 가르쳤습니다. 그러면 여인의 씨가 나와서 사탄의 머리를 상한다는 것은 사탄 자신의 역사 가운데에도 가장 중요한 역사의 한 정점이 되는 것입니다.

그러면 대체 언제 사탄의 머리를 상하게 합니까? 앞으로 예수께서 재림하셔서 사탄을 완전히 묶어 가지고 불 못에 집어넣는 것으로 그 머리를 상하게 하는 것입니까? 여기 보면 "우리를 거스르고 우리를 대적하는 의문에 쓴 증서를 도말하시고 제하여 버리사 십자가에 못 박으시고 정사와 권세를 벗겨 버려 밝히 드러내시고 십자가로 승리하셨느니라"(골 2:14-15). 정사(政事)와 권세, 아르케(ἀρχή)와 엑수시아(ἐξουσία)입니다. 이 말은 그전에 어디서 들었지요? 에베소서 6:12에 "우리의 씨름은 혈과 육에 대한 것이 아니요 정사와 권세와 이 어두움의 세상 주관자들과 하늘에 있는 악의 영들에게 대함이라" 해서 정사와 권세라는 말이 나왔습니다. "정사와 권세를 벗겨 버려 밝히 드러내시고", 과거에 저 구름 위에서 현묘(玄妙)하게 알지 못했던 것을 이제는 '보아라, 이것이다' 하고 땅에 떨어뜨려서 그 정체를 드러내셨다는 것입니다. "십자가로 승리하셨느니라." 십자가가 승전의 개가(凱歌)인 것을 가르치셨습니다.

'뱀은 여인의 씨의 발꿈치를 상한다' 하는 말이 거기에 대조적으로 나와 있습니다. 십자가에서 그 발꿈치를 상한 것입니다. 그런데 많은 사람들은 '이제 머리를 상할 때가 남아 있다. 아직도 마귀는 아주 기세등등하게 이겼다고 뽐내고 돌아다닌다' 이렇게 생각합니다. 만약 그렇다면 사탄은 예수님이 오셔서 심판하시는 때까지는 승리자의 위치에 있는 셈입니다. 우리는 사탄을 대항해서 싸울 수는 없고 예수님의 힘을 빌리고 예수님의 거룩한 은혜의 자비에 매달려 가지고 불쌍히 여겨서 그저 그의 등 뒤에 숨게 만들어 두시는 것이 고작일 것입니다. 왜냐하면 사탄은 아직도 도무지 상한 것 없이 그 여인의 씨의 발꿈치까지 상하고 이제는 '덤빌 테면 덤벼라' 하고서 난포(亂暴)를 행하고 있는 중이니까 무엇 하나도 우리가 이길 수가 없습니다.

그렇다면 전투의 교회(church militant)는 누구와 싸움을 해야 합니까? 분명히 교회는 그 마귀의 큰 국권 조직에 대해서 당당하게 싸워야 하고 싸우면 이긴다는 것을 가르쳤습니다. 지는 싸움을 싸우라는 것이 아닙니다. 싸우면 싸울수록 자꾸 패할 것이라는 이야기가 아닙니다. 네로가 사람들을 잡아들여서 박해를 했으면 그것으로 말미암아 교회는 참패를 당한 것입니까? 그렇지 않지요? 예수께서는 빌라도에게 "내 나라는 이 세상에 속한 것이 아니라. 만일 내 나라가 이 세상에 속한 것이었더면 내 종들이 싸워 나로 유대인들에게 넘기우지 않게 하였으리라 이제 내 나라는 여기에 속한 것이 아니니라"(요

18:36) 하고 대답하셨습니다. '내 나라는 이제 여기 이런 것이 아니다. 이와 같은 것이었다면 내가 물리력에 대해서 물리력으로 싸웠을 것이다. 내 군사가 싸워서 나를 유대인에게 잡히지 않게 했을 것이다. 내 나라는 이런 것이 아니다.' 이렇게 말씀하셔서 하나님 나라의 원칙이 그렇지 않다는 것을 가르치셨습니다. '지금은 그렇지 않다. 나중에 한번 보자' 그런 이야기가 아닙니다. '원래 내 나라는 그런 것이 아니다' 하는 말씀입니다.

그러니까 마귀의 머리를 상하게 하여서 마귀가 다시 강력한 힘을 발휘할 수 없게 만드신 사실은 이미 이전에 하나님이 약속하시고 이루신 일로 천계에서는 간주하시며 적용하셨으나 역사 위에서는 예수님의 십자가 위에서 비로소 발생한 것입니다. 예수님의 성육신(incarnation)은 땅에서는 예수님이 어린아이로 탄생하셔서 발생한 것입니다. 예수님이 어린아이의 몸으로 땅 위에 탄생해서 커 가지고 어른이 되어서 십자가에 달려서 돌아가셨다는 이 사실이 발생한 것과 이 사실이 아직 발생하지 않고 발생할 것으로 내다보고만 있던 시대와는 마귀의 작용과 하나님 나라의 성질과 상태에서 똑같지 않고 대단한 차이가 있는 것입니다. 다른 말로 하면 예수님이 십자가상에 달리신다는 사실이 있기 전 시대에 하나님 나라의 경영의 사실과 그 사실이 역사 위에 역사적 사실로 발생한 후에 시작한 하나님의 나라의 역사는 완연히 다르다는 것입니다.

그것은 마귀의 나라에도 큰 차이를 나타냅니다. 왜냐하면 예수님이 십자가에 달려 돌아가셔서 이제 마귀가 강력하게 주장할 수 있던 법적 근거가 되는 사람의 속죄의 문제가 완전히 역사상 이루어진 현실이 되고 더 이상 논란을 할 수 없게 되었기 때문입니다. 예수님의 속죄의 사실을 땅에 있는 인류 전체 위에 적용하기 위해서 땅 위에 효과를 발생하게 한 때는 언제이겠습니까? 속죄의 은혜를 현실적으로 기정사실로 구체적으로 발생하게 한 땅 위의 역사의 발생은 십자가에서 비롯한 것입니다. 그러면 그 이전에는 속죄의 공효가 도무지 효과가 없었습니까? 그 이전에도 속죄의 공효는 효과가 있었습니다. 앞으로 올 것을 미리 당겨서 효과가 거기에 미친 것입니다. 역사상으로 보아서는 앞으로 올 일이지만 하나님 나라에서는 시간적으로 앞뒤가 없는 까닭에 언제든지 적용되는 것입니다. 그러나 인류 역사에서는 예수님의 십자가라는 역사의 정점이 있은 후에는 그 이전에 비해 적용되는 사실이 훨씬 다른 양태를 취하게 되었습니다. 십자가 이후에는 속죄의 사실이 시간적인 관념을 가진 사람에게는 기정의 사실로, 기득의 사실로 명백한 역사상의 현실로 존재하도록 만든 것입니다. 시간이라는 범주 안에 속해 있는 사람은 아직 미발생의 사실, 장차 발생할 것이 확약된 사실은 장차 발생할 확약하에서만 활동할 수 있는 것입니다.

  히브리서에 있는 말씀을 볼지라도 많은 구약의 신자들의 위대한 사실들을 나열해 놓고서 모든 사람들이 다 간절한 마음으로 하나님을 믿고 의지하고 살았지만 그러나 허락하신 것을 그때 받은 것은 아니라고 가르쳤습니다. 허락하신 것을 받으려고 그것을 멀리 바라보고 나아간 것입니다. 그러나 오늘날 우리는 하나님께서 허락하신 것을 예수 그리스도의 생명이 임하는 즉시, 속죄의 사실이 적용되는 즉시에 벌써 기정사실로 다 주시는 것입니다. 하늘에 높이 올리사 그리스도와 함께 하늘에 앉히신다는 사실을 이미 발생한 사실로 세워 주시는 것입니다. 그런 것이 예수 그리스도의 십자가의 사실이 가져온 결과입니다. 그렇기 때문에 마귀의 역사에서는 마귀가 밤낮 하나님 앞에 어떤 사람 하나를 놓고 참소(讒訴)를 할지라도 예수님의 피가 하나님 앞에 공효로서 딱 놓아진 다음에는 그 사실 앞에서 더 할 말이 없어진 것입니다. 지금은 예수 그리스도의 공효가 적용되어서 연결되어 있는 사람을 '저 사람이 죄를 지었는데 가만두십니까?' 하고 참소를 하지 못한다는 것입니다. 해 봐야 소용이 없습니다.

그리스도의 공효가 역사상의 사실로 실현된 결과

예수 그리스도의 공효가 역사상 기정사실로 존재하기 이전에는 마귀가 참소를 합니다. 그가 어떤 사람인지 마귀도 잘 모르니까 '이 사람이 이렇게 죄를 지었는데도 그대로 가만두십니까?' 하고 참소를 하면 하나님께서 '나만이 아는 비밀이 있다.' '무슨 비밀이옵니까?' '이 사람은 예수 그리스도의 공로에 붙어 있다. 너는 지금 모른다. 그러나 그 공로가 현저하게 확실한 역사상 사실로 나타나는 날에는 너도 알게 될 것이다. 너는 좀 두고 봐라. 그런고로 네가 참소하는 이 사실을 내가 받아들이지 않는다.' 그러면 마귀는 '그러십니까?' 하고, 또 다른 사람을 하나님 앞에 '이 사람이 이렇게 죄를 짓고 이러이러니까 벌해야지 가만히 놓아두십니까?' 하고 참소하면 '너는 모른다. 그러나 이 사람은 예수 그리스도의 공효에 붙어 있다' 하신 것입니다. 그렇지만 그때는 그리스도의 공효는 아직 역사상의 사실로 존재하지 않았고 실재의 세계에서는 하나님의 경륜이 이미 존재하니까 효과는 발생할지라도 소위 역사상 사실로는 지금부터 1970여 년 전에 발생한 것입니다. 그러니까 그때 이전에 감추어져 있던 신비가 역사상 사실로서 사람에게 드러났을 뿐 아니라 마귀의 세계에서도 확연히 깨달아 알게 된 것입니다. 그러므로 마귀는 더 이상 예수 그리스도의 공로 앞에서 그 공로를 힘입고 있는 자에 대해서 이야기할 필요도 없고 이야기해 보아도 소용이 없게 되었습니다.

마귀가 권세로 의지하는 것은 율법입니다. 마귀도 '하나님 나라의 법이 있지 않습니까? 하나님 당신의 법에 의해서 처단해 주십시오' 하고 쟁소(爭訴)하는 것입니다. '저 사람은 지금 그 법에 의해서 하나님 앞에 은혜를 받으려고 하고 또 법에 의해서 하나님 앞에 영원한 생명을 얻으려고 하는 사람입니다. 그것을 얻으려면 법조문에 있는 대로 잘 지켜야 할 텐데 못 지키지 않습니까? 못 지키니까 그 법조문대로 처벌을 받아야 하겠습니다' 하는 주장입니다. 만일 땅 위에 있는 그 사람이 자기의 율법 행위를 가지고 어떻게든지 하나님 앞에 공로를 세워서 은혜를 받고 하나님의 구속의 은사 가운데 들어가려고 한다면 마귀의 그 이론과 논고(論告)에 대항할 말이 없을 것입니다. 누구든지 예수를 믿는다고 하면서 자기를 위해서 율법에 의한 공로를 조금이라도 세우려고 한다면 마귀의 이 논고에 대해서는 할 말이 없게 되어 버립니다. 마귀는 그런 경우에는 검사가 죄를 논고하듯이 항상 논고하는 것입니다. 이것이 참소입니다. 그러나 그가 진정으로 예수 그리스도의 공효를 의지하고 그것을 힘입으려고 하는 사람이라면 하나님께서 그것을 아실 뿐만 아니라 마귀도 그 사람이 예수 그리스도에게 속해서 그 공효 가운데 들어 있는 사람인 것을 확인한 까닭에 더 이상 논고를 할 것이 없습니다. "우리 형제들을 참소하던 자, 곧 우리 하나님 앞에서 밤낮 참소하던 자가 쫓겨났고"(계 12:10), 항상 우리 형제를 참소하던 그자가 이제 내쫓겼다는 것입니다.

예수 그리스도의 공효가 완전히 땅 위에서 역사상 기정사실로 이루어지는 그 시간까지는 하늘에 있는 자나 땅에 있는 자나 모두 이루어질 사실을 기대하고 바라고 있었습니다. 하늘에 있는 아브라함이나 혹은 모세나 또 그 이후에 땅 위에서 장차 올 구원의 크신 은혜, 은혜의 속죄의 사실을 형상으로나 어떠한 심벌로 교육을 받아서, 즉 제사의 여러 법칙으로 교육을 받아서 믿고 있던 사람들은 그 사실을 바라보고 의지하고 나갔던 것입니다. '하나님께서 용서하신다. 용서하시되 그냥 하시는 것이 아니고 피의 대가를 받으신다. 그런데 기껏해야 소나 양의 피를 흘리는 것인데 그것으로 사람의 죄의 대가가 완전히 지불되느냐? 그것은 아닐 것이다. 그러니까 무엇인지 이보다 더 나은 피가 있어야겠다. 그것이 올 것을 기대하고 믿고 나는 이것을 한다' 하는 정도였습니다.

그러나 오늘날 아무도 소나 양의 피를 흘려 가지고 드리면서 '이 피의 대가를 받으십시오' 하지 않습니다. 이미 흘리신 예수 그리스도의 피를 직접으로 지시하면서 '주여, 저 피를 보시옵소서' 하는 것입니다. 그러니까 오늘날 우리는 소도 양도 잡지 않고 비둘기도 잡지 않는 것입니다. 그런고로 우리가 의지하는 피는 형상이 아니고 상징이 아니고 예수 그리스도의 흘리신 실제의 피입니다. 다른 말로 하면 예수 그리스도께서 역사 위에서 실질상 쌓아 올린 공로를 의지하는 것입니다. 그러나 그 사람들은 장차 쌓아 올릴 공로를 예표한 것만 보고 그로 말미암아 장차 올 것을 기대하고 의지했던 것입니다. 이런 점에서 다릅니다.

마귀가 땅 위에서 교회를 핍박함

마귀도 그전에는 상당히 힘 있게 주장을 하다가 이제는 모든 것이 다 이루어졌으니까 그다음에는 할 말이 없게 되었습니다. 이렇게 해서 마귀의 나라가 진행하는 역사 가운데에서도 마귀는 하나님의 법정에서 설 자리를 잃어버린 것입니다. 하나님 앞에 논고할 위치를 잃어버렸습니다. 잃어버린 까닭에 남은 것은 그 큰 은혜를 땅 위에서 전파하는 기관을 어떻게든지 핍박하는 일뿐입니다. 땅 위에서 그것을 전파하는 큰 기관은 교회입니다. 그래서 땅에서 교회를 핍박을 하려고 하는 것입니다.

계시록 11, 12, 13장은 거의 같은 시대의 이야기인데 11장에서는 교회가 신구약 성경을 가지고 하나님의 말씀을 삼아서 강력하게 하나님의 거룩한 구원과 세상의 심판에 대해서 증거하는 자태가 나타납니다. 12장에서는 여인으로 상징된 교회를 배후에서 붉은 용이 핍박합니다. 그러나 하나님께서 이것을 끝까지 보호하시고 지키십니다. 붉은 용이 입에서 강같이 물을 토해도 그 물에 빠져 죽게 만들지 않고 땅이 입을 벌려서 물을 다 흡수하듯이 결국은 이 옳지 못한 것, 거짓된 것이 사라지고 교회를 해하려고 해서 교회가 떠내려가지 못하게 막아 주신다는 것을 가르쳤습니다. 그래서 이제는 교회 전체뿐만 아니라 그 개인을 놓고서 해야겠다는 것입니다. 이제 그 여인의 남은 자손과 더불어서 한번 싸워 보겠다는 것입니다.

13장에서 마귀는 가장 무서운 형태, 즉 개인들을 지배하는 강력한 정권이나 또한 그것들을 미혹시키는 아주 교묘하고 초범(超凡)한 능력을 가진 거짓 선지자로 나타나서 활동을 합니다. 요컨대 일천이백 육십 일이나 마흔두 달은 같은 기간인데 이것은 교회의 기간입니다(참조. 계 13:5). 이것은 다니엘서에서 상징적으로 나온 기간, 70주일에서 69주일을 빼고 나머지 한 주일에 대한 이야기일 것입니다(참조. 단 9:23-27). 그래서 한 주일의 절반이면 7년의 3년 반, 3년 반 혹은 셋 반, 셋 반 이렇게 나누는 것입니다. '한 때와 두 때와 반 때'라고 하더라도 상관없습니다(참조. 단 7:25; 12:7). 이렇게 해서 셋 반으로 보는데 이것은 길기도 하고 짧기도 한 기간입니다. 한 때인가 두 때인가 반 때인가 하면서 길었다 짧았다 하는 기간입니다. 계시록에서는 '마흔두 달'이라 해서, 마흔두 달이면 삼년 반이고 날 수로 따지니까 일천이백육십 일입니다. 그렇게 따져서 기간을 이야기한 것입니다.

'이제는 너는 여기서 더 장애를 하지 말아라. 하늘의 권세를 가진 높은 지위에서는 너를 떨어뜨려 버린다' 하고 마귀를 땅으로 쫓아냈으니까 자기가 다시 하늘에는 전과 같이 권세를 떨치고 돌아다닐 자리가 없다는 것을 확실히 알고 쫓겨난 것입니다. 마귀의 역사(歷史)에는 마귀의 나라가 존재하지만 마귀가 가졌던 역사상의 큰 권세가 예수 그리스도의 십자가의 승전으로, 공효의 완성으로 말미암아서 역사상 그 시기에 동시에 마귀의 권위가 땅에 실추된 것입니다. 권위가 땅에 떨어지니까 이제는 땅 위에서 발악을 시작합니다. 그래서 "용이 자기가 땅으로 내어 쫓긴 것을 보고 남자를 낳은 여자를 핍박하는지라"(계 12:13). 쫓겨나니까 이제 발악을 하는 것입니다. 이런 이야기입니다.

그런데 하나님 나라의 역사에서 이런 문제가 발생하면 어떻게 해야 할 것인가를 지금 가르치는 것입니다. 땅 위에서 마귀가 적극적으로 요동을 하게 되는 것은 첫째, 마귀가 과거에 하늘에서 권위를 가지고 더 영화로운 위치에서 그 종자를 데리고 활동하던 자리에서 물러나서 이제는 그가 주력하는 무대가 땅이라는 이야기입니다. 다니엘서를 보면 마귀가 천계에서 활동하는 이야기가 때때로 나타납니다. "내가 이같이 말하여 기도하며 내 죄와 및 내 백성 이스라엘의 죄를 자복하고 내 하나님의 거룩한 산을 위하여 내 하나님 여호와 앞에 간구할 때 곧 내가 말하여 기도할 때 이전 이상 중에 본 그 사람 가브리엘이 빨리 날아서 저녁 제사를 드릴 때쯤에 내게 이르더니 내게 가르치며 내게 말하여 가로되 다니엘아, 내가 이제 네게 지혜와 총명을 주려고 나왔나니 곧 네가 기도를 시작할 즈음에 명령이 내렸으므로 이제 네게 고하러 왔느니라. 너는 크게 은총을 입은 자라. 그런즉 너는 이 일을 생각하고 이 이상을 깨달을지니라"(단 9:21-23). 다니엘의 이 유명한 기도가 있을 때 벌써 천사 가브리엘이 명령을 받아서 내려왔다는 이야기입니다.

그다음에 다니엘 10장에 보면 헬라의 군(君), 페르시아의 군, 또 이스라엘의 군 미가엘, 이렇게 다 나옵니다. 여기서 말하고 있는 분이 누군지 모르겠으나 말하자면 가브리엘이라고 합시다. 가브리엘이라고 하면 그가 하나님의 명령을 받아서 다니엘이 이상을 간절히 알고자 구하고 궁구한 그때부터 그에게 오는데, "네가 깨달으려 하여 네 하나님 앞에 스스로 겸비케 하기로 결심하던 첫날부터 네 말이 들으신 바 되었으므로 내가 네 말로 인하여 왔느니라. 그런데 바사국 군이 이십일 일 동안 나를 막았으므로 내가 거기 바사국 왕들과 함께 머물러 있더니 군장 중 하나 미가엘이 와서 나를 도와주므로 이제 내가 말일에 네 백성의 당할 일을 네게 깨닫게 하러 왔노라"(12-14절). 하나님의 명령을 받들고 이상의 내용을, 지혜의 내용을 다니엘에게 전하려고 하는 천사가 오는 길을 막은 자들이 공중에 있었다는 것입니다. 그것이 페르시아의 군(君)이라고 했습니다. 그리고 "이제 내가 돌아가서 바사 군과 싸우려니와 내가 나간 후에는 헬라 군이 이를 것이라"(20절). 이것은 마귀와 그 나라가 다니엘 시대에 공중에서 어떻게 활동했는가를 보여 주는 이야기입니다. 지엄한 하나님의 명령을 받고 가는 대군 가브리엘이라도 중간에서 이렇게 막는다는 것입니다. 장애를 받고 세 이레 동안 막혀서 할 수 없이 바사 왕들과 같이 있으면서 갈 길을 가지 못하고 있는데 미가엘이 오더니 큰 힘을 발휘하여 그들을 쳐서 자기가 왔다는 이야기입니다.

그 옛날 마귀의 나라가 활동한 큰 유례(類例) 하나가 유다서에 또 나와 있습니다. 유다서 9절을 보면 "천사장 미가엘이 모세의 시체에 대하여 마귀와 다투어 변론할 때에 감히 훼방하는 판결을 쓰지 못하고 다만 말하되 주께서 너를 꾸짖으시기를 원하노라 하였거늘" 미가엘이 천사장인데도 불구하고 마귀에게 함부로 말하지 않았다는 말입니다. 마귀를 모욕하는 언사를 쓰지 않았다는 말입니다. 마귀와 다투어 변론을 하는데 그 제목은 모세의 시체 문제입니다. 무슨 싸움을 했다는 이야기보다도 모세의 시체 문제에 대해서 변론할 때에도 마귀의 그 괴팍스럽고 괴악한 이론과 생각에 대해서 '에이, 나쁜 놈아' 하고서 모욕적인 언사를 하지 않고 감히 훼방하는 말을 쓰지 못하고, 즉 훼방하는 판단을 그에게 내리지 않고 다만 점잖게 "주께서 너를 꾸짖으시기를 원하노라" 하였다는 것입니다. '네 생각하는 것이 이렇게 사곡되고 옳지 못하니 주께서 너를 꾸짖으시기를 원한다' 하는 뜻입니다.

그런데 이 세상에서 어떤 종류의 사람들이 있는데 이 사람들은 무엇이든지 알지 못하는 것을 맘대로 다 훼방을 한다는 것입니다. "이 사람들은 무엇이든지 그 알지 못하는 것을 훼방하는도다"(10절). 사탄에 대해서도 그가 큰 천사장이었던 까닭에, 비록 악마가 되었을지라도 굉장히 높은 위치와 권세를 가지고 있던 자인 까닭에 그것을 생각해서 미가엘도 함부로 훼방하는 말을 안 쓰고 있는데 이 세상 사람으로서 덮어놓고 알지 못하는 것을 훼방하는 이런 괴악한 무리들은 뭐냐 하는 것입니다. 하나님께 속한 사람은 그런 소리를 하지 않는다는 말입니다.

이와 같은 것을 보면 사탄이 미가엘과 더불어 모세의 시체 문제를 가지고 변론했다는 것을 알 수 있습니다. 이것은 땅 위에서 발생한 사실인데 어디서 이런 일이 발생했는지 그것은 알 수가 없지만 요컨대 사탄은 하늘에 있는 대군 미가엘과 더불어, 큰 지배자의 하나인 미가엘과 더불어 모세의 시체를 가지고 감히 논박하고 변론을 하는 처지이고 이런 높은 위치를 가졌던 자라는 것입니다. 그가 하늘에 있는 그런 높은 위치에서 이제는 내쫓겼습니다. 예수 그리스도의 공효를 역사 위에서 명확하게 역사적인 활동을 해서 이루신 까닭에 이제는 더 이상 마귀가 그 방면에서 권위를 주장할 수 없게 되었습니다. 그러므로 미가엘도 '이제는 너는 과거의 예수 그리스도의 공로에 대해서 무한히 많은 사람을 혼미케 하고 방황케 하고 거짓으로 꾸미고 이렇게 네 악이 끝없이 작용했었는데 예수 그리스도께서, 즉 하나님께서 도성인신(道成人身)하셔서 육신으로서 십자가를 지시는 일이 이제는 역사 위에 발생하지 않았느냐. 너는 굴복하고 떠나라' 하고 말할 수 있는 것입니다. 예수 그리스도께서 오시기 이전까지 마귀의 가장 큰 작용이 하나 있었는데 계시록은 그것을 '여인이 아이를 해산하면 집어 삼키려고 했다'고 표현했습니다. 그것을 하지 못했습니다. 그래서 '그 아이, 즉 예수 그리스도께서 이루어 놓으신 그 일 앞에 너는 이제는 완전히 퇴산(退散)해라. 네가 죽느냐 사느냐 건곤일척(乾坤一擲)으로 한 일이니까 너는 이제는 퇴산해라' 이렇게 해서 미가엘에게 쫓겨났다는 것입니다. 그러면 이제 그다음의 역사는 땅 위에서 전개되어 일어나는 일입니다.

마귀가 공중에서 큰 권위를 가지고 한 일

다니엘에게 거룩한 계시를 보내려고 할 때 중간에서 페르시아 위에서 작용하고 활동하고 있는 딱 손을 벌리고 막아선 큰 정사자(政事者)가 있었고 그리스 위에서 작용하고 있는 정사자가 있었습니다. 로마 위에는 로마의 정사자가 있었습니다. 페르시아의 대군이 가브리엘의 길을 막고 '못 간다. 다니엘에게 가르치지 못한다. 다니엘이 이것을 알면 계시가 땅 위에서 더 풍성해지고 하나님 나라에게는 큰 광채가 나타날 것인 까닭에 안 되겠다' 한 것입니다. 과연 다니엘이 받은 이 큰 사실은 하나님 나라의 계시의 내용을 훨씬 더 풍성하게 가르쳐 줍니다. 특별히 인간의 정치사 가운데 나타나는 하나님의 나라로서 이스라엘의 역사 발전에 관한 중요한 사실들을 가르쳐 주었습니다. 이것을 모르게 은폐해 버리자는 것입니다. 과거에 마귀의 중요한 작해 가운데 하나는 그런 것이었습니다. 하나님께서 사랑하시는 종인 선지자에게 하나님의 거룩한 계시를 내리려고 하시는데 그것을 못하게 막아 버렸다는 것입니다. 그렇지만 끝까지 막도록 내버려 두시는 일은 없습니다. 그것도 하나님의 거룩하신 경영 가운데서 허용된 일입니다.

다니엘은 땅 위에서 이십일 일 동안 기도를 하였지만 그 기도에 대해서 아무런 응낙이 없었습니다. 그러나 가만히 앉아 있지 않고 그동안 '그것이 무엇일까' 하고 더 연구했을 것입니다. 이십일 일 전에 받을 수 있을 뻔했습니다. 하지만 더 연구를 하고 기도하고 생각하면서 자꾸 궁구해 나가다가 마침내 힛데겔 강가에서 그를 만났습니다. 그를 만나서 물어보니까 '사실상 네가 하나님 앞에서 그것을 알기 원하여서 간절히 겸비한 그때에 벌써 하나님께서 나를 보내셨지만 도착은 이제야 했다. 스무하루 동안 바사국 대군이 나를 막아서 내가 그러고 있었다' 한 것입니다. 이런 것이 과거에 마귀가 공중에서 큰 권위를 가지고 한 일입니다.

그러나 이제는 미가엘이 그것을 완전히 쫓아내 버렸습니다. 예수님의 거룩하신 공효가 있는 까닭에 그 공효의 사실 위에서 이제 직접적으로 마귀의 권위를 가지고 할 수 있는 것을 제한할 수 있기 때문에 그렇게 하신 것입니다. 과거에는 마귀를 많이 용인을 해 주었지만 예수 그리스도의 십자가의 공효를 완성하신 역사가 발생하자마자 마귀가 과거에 할 수 있었던 일 가운데 많은 부분이 제한을 당해서 하늘에 있는 높은 위치에서 땅으로, 훨씬 낮은 위치로 떨어졌다는 말씀입니다. 그의 권세가 하늘에서는 이제 더 이상 작용할 수 없게 만드신 것입니다.

마귀가 하늘에서 쫓겨난 결과

과거에는 다니엘과 같은 성도가 하나님의 택하신 은사의 큰 그릇으로서 거룩한 계시를 그에게 내릴 만한 그런 사람이었지만 바사국 대군이라고 하는 자가 막음으로 말미암아서 그것을 적어도 이십일 일 동안 받지 못하고 지연당한 일이 있었지만 예수 그리스도의 십자가 이후에는 하나님의 거룩한 계시의 역사와 계시의 작용으로 더 이상 그런 일이 발생할 수 없습니다. 왜냐하면 지금 우리 안에는 성신께서 내주하고 계시기 때문입니다. 성신께서는 하나님께서 우리에게 주신 여러 가지 은혜를 알게 하시려고 내주하십니다. 과거에는 가브리엘이 와서 계시를 전달했지만 오늘날 하나님의 성신이 우리 안에서 환연히 대각(大覺)하게 하고 터득하게 하는 일은 막을 수가 없습니다. 이렇게 된 이상 마귀가 아무리 그것을 장애하려고 해도 할 수가 없습니다. 그 방면에서 마귀가 다시 권위를 펴도록 용허(容許)하지 않으신 것입니다. 그러므로 지금은 계시 역사의 발전으로 인해 계시가 과거 시대와는 훨씬 다른 형태로 나타나고 또한 계시를 얻는 방식에 있어서도 과거와 많이 다릅니다.

구약 시대에는 계시의 발생 형태가 오늘날보다는 훨씬 더 외계의 사실, 즉 형상이라든지 또 감각에 호소하는 사실들이 많이 있었습니다. 환상이 나타나든지 천사가 직접 전해 주든지 누군가 나와서 일러주는 이런 형태입니다. 다니엘에게서도 그런 일이 많이 있었습니다. 그러나 오늘날에는 내주(內住)하시는 성신님의 거룩한 조명으로 깨달게 하십니다. 그런고로 내주하신 성신님께서 나의 안에서 거룩하게 비추셔서 깨닫게 하시는 일을 마귀가 와서 중간에서 막을 재주가 없습니다. 과거같이 마귀가 그런 활동을 할 여지를 도무지 안 남겨두고 마귀의 그러한 활동을 완전히 봉쇄해 버리신 것입니다.

그러니까 오늘날 우리가 하나님의 계시를 매일매일 받아야 한다는 문제와 그 계시의 성질과 계시에 대한 우리의 감수력(感受力)이 과거와는 형식이 많이 다릅니다. 과거의 형식은 외계에서부터 감각에 호소하는 일이 많고 그리고 또 감각에 호소하는 만큼 그것은 환상이 나타나거나 어떤 정경이 그에게 보이거나 대외적인 어떤 인격자가 나타나서 그에게 가르쳐 주거나 그렇지 않으면 이렇게 외부에서 전달해 주거나 그랬습니다. 대개 선지자들에게도 계시가 그런 형식으로 많이 들어왔습니다. 그런 것들이 주축이 되고 그런 것들 외에 자기가 열심히 궁구하고 살펴서 하나님의 성신의 거룩한 인도와 지도 가운데서 그것을 수집해 가지고 노력해서 완성해 놓았습니다. 이것이 구약에서 계시가 보존되고 계시가 풍요하게 증가한 방식입니다.

그러나 신약 시대 이후에는 계시가 비교적 내시(內示)의 사실로 나타나되 사도들의 그 증언, 감각에 의해서 수득한 바와 경험한 바에 의해서와 또 사도들 안에서 역사하시는 성신님으로 말미암아 명확하게 해 놓은 이 사실로서 증거하는 사실 이외에는 구속의 크신 계시를 새로운 자료로 주시는 것이 없습니다. 그러므로 그 이후에는 새로운 자료를 주시는 것이 아니라 이미 주신 사실에 대한 해석으로 주시는 것입니다. 해석으로 주시는 까닭에 형태에 있어서도 과거에 재료를 주신 것과 같이 환상이나 감각에 호소하는 형태를 많이 취하지 않고 내부에서 성신님으로 명확하게 지시하셔서 깨닫게 하시고 확신을 주시고 그것을 변증해 주시는 일로 나타났습니다. 따라서 이러한 내부의 활동에 대해서 마귀가 와서 직접 간섭하고 손대지 못하게 만드셨습니다. 하나님의 성신의 감화와 인도와 내주로 말미암은 조명을 받는 사람에게 마귀가 들어가서 일을 하지 못하게 하셨습니다. 성신님이 주인 노릇을 하니까 마귀가 다시 들어가지 못하는 것입니다.

과거에는 천사가 오려고 할 때에 마귀가 막고 바사 대군이 막고 못 오게 했지만 오늘날에는 그렇게 하지 못합니다. 이러한 예에서 볼 수 있듯이 마귀가 이제는 이러한 일에 작용해서 방해할 권위를 더 이상 가지고 있지 않습니다. 예수 그리스도의 공로로 말미암은 여러 가지 직접적인 은혜의 사실이 구약 시대와는 많이 달라져서 그 특권의 내용이 우리에게 현저한 현실로 늘 작용합니다. 과거에는 그것이 현실로 작용하는 것보다는 주로 모형으로 있으면서 의미를 포함해 가지고 장래를 기대하게 하셨기에 마귀의 방해의 여지가 많았지만 오늘날에는 마귀가 그런 문제에 있어서 방해를 하지 못하는 기본적인 중요한 은사들이 서 있는 것입니다.

그리고 마귀가 하나님 앞에 참소할 수 없습니다. 과거에는 참소를 많이 했지만 이제는 쫓겨나고 말았습니다. 참소를 할 수 없는 중요한 이유가 있습니다. "나의 자녀들아, 내가 이것을 너희에게 씀은 너희로 죄를 범치 않게 하려 함이라. 만일 누가 죄를 범하면 아버지 앞에서 우리에게 대언자가 있으니 곧 의로우신 예수 그리스도시라. 저는 우리 죄를 위한 화목 제물이니 우리만 위할 뿐 아니요 온 세상의 죄를 위하심이라"(요일 2:1-2). 참소할 자가 설 자리가 없게 되었습니다. 예수님께서 이제 대언자로 떡 서 계신다는 것입니다. 이것이 요한일서 2장에 있는 말씀입니다. "아버지 앞에서 우리에게 대언자가 있으니", 과거에는 마귀가 검사와 같이 논고를 자꾸 했지만 이제는 마귀가 그 사람의 죄에 대해서 이야기하는 것이 아니라 대언자이신 예수님이 당신의 화목 제물 된 공로를 앞에다 놓으시고 '이것으로써 다 갚지 않았습니까? 자, 이렇습니다' 하고 말씀하십니다. 우리의 죄에 대해서 말하는 것이 마귀가 아니고 대언자로서 활동하시는 예수님이시라는 것입니다. 그러니까 마귀가 참소하던 그 위치가 사라져 버린 것입니다. 이런 점에서 그는 이제 하늘에서 쫓겨난 것입니다. 그런 권위의 위치에서 완전히 해제되고 말았습니다.

땅 위에서 마귀가 활동하는 독특한 방식

그러므로 이제 마귀가 활동할 수 있는 무대는 땅입니다. 하늘에서는 쫓아냈으니까 땅에서 활동을 합니다. 땅에 가서 핍박을 하고 작해를 할 것이니까 땅에 있는 자들은 그전보다 더 주의해야 합니다. 하나님 나라의 그 거룩한 진행의 양태에 있어서 마귀가 땅 위에서 이 현상 세계의 여러 가지 것을 상대로 하고 활동을 하기 때문에 빠져들 수 있는 여러 가지 위험이 과거보다 훨씬 증대했다는 이야기입니다. 그리고 마귀가 직접적으로 활용하려고 하는 사실들이 더 많다는 것입니다. 이것을 잘 알고 거기에 대비해서 하나님 나라의 전쟁 양식을 취해야 할 것입니다. 마귀가 땅에서 활동하는 사실을 잘 알고 거기에 대비해서 잘 준비하고 하나님 나라의 전투나 전쟁을 해 나가야 할 것입니다.

마귀가 이 땅 위에서 어떤 식으로 독특하게 활동을 하는가? 그것이 참 중요한 문제입니다. 하늘에서 땅으로 쫓겨나서 이제 그 활동이 효과를 발휘할 수 있는 땅에서 야단을 내는데 계시록은 대표적으로 격렬한 방식을 우리에게 생각할 수 있게 해 줍니다. 그것은 다름 아닌 교회를 대상으로 핍박을 하는 일입니다. 입에서 물을 강같이 쏟아서, 즉 거짓된 사상이나 잘못된 정신을 막 쏟아 넣어서 사람들이 그런 사조 속에 빠져 들어가게 하는 방식입니다. 주로 이단적인 것과 비신

국적인 사조의 큰 물결을 쏟아서 교회로 하여금 그릇된 정신 가운데 빠져 들어가게 하려는 것입니다. 그러나 그럴지라도 영광이 있는 교회, 발아래에는 달이 있고 해와 같이 빛나는 교회(참조. 계 12:1), 즉 본질의 교회는 하나님께서 끝까지 수호하신다고 하셨습니다. 그리고 그 교회가 있는 곳은 광야라고 하셨습니다. 그래서 광야로 가서 양육을 받는다고 한 것입니다(참조. 계 12:6). '마치 이스라엘 백성은 광야를 지나면서 광야의 교회 노릇을 한 것같이 오늘날 너희도 참으로 교회가 걸어가는 길은 광야의 길인 줄 알아라. 더불어 짝하고 즐길 것은 아무것도 없다. 그러나 목적을 향해서 매일 걸어가야 한다' 하고 가르쳐 주신 것입니다.

그다음에는 그 교회에 있는 여인의 자손, 교회의 분자들 개개인에 대해서 마귀와 그 모든 세력이 도전을 합니다. 그 도전의 양태에 있어서 가장 무서운 사실이 마지막에 나타나는데 그것은 13장에 정치적인 현실로 나타납니다. 이것이 13장에서 무서운 짐승으로 표시되어 있습니다. 그리고 마지막에는 정치와 종교가 혼연히 합해서 권력뿐 아니라 폭력과 모든 기적과 모든 거짓을 가지고 전 인류를 노예화하려고 하는 것입니다. 이런 무서운 사실이 앞으로 발생해 갈 것입니다. 이러한 것들이 계시록에서 가르친 마귀의 지상에서의 특성적인 활동 양태입니다. 계시록에서 가르치는 중요한 것들이 이와 같은 것들입니다. 이 땅 위에서 마귀가 활동하는 독특한 양태, 즉 정치나 문화적인 관점에서 물을 강같이 토하는 사실과 개인의 생활과의 관계, 역사의 종국에 전 세계 역사에 무서운 큰 힘이 조성되는 것과의 관계, 그다음에는 마지막에 나타날 힘으로 말미암은 강제 종교와 거짓 선지자와 무서운 권능과 아주 경이적인 활동, 이런 것들이 역사 위에서 죽 펼쳐져 나갈 것을 여기서 보게 됩니다.

기도

거룩하신 아버지시여, 마귀는 인류가 있어 온 이래로 자기의 나라를 가지고 이 땅을 정복이나 한 것같이 와서 발을 붙이고서 죄악으로 말미암아 한때 마귀의 올무에 걸려서 넘어진 인류 사회를 침범해서 늘 드나들며 이를 교란하되 천계에 있으면서 하나님의 무한하신 은혜가 사람 위에 내리려고 하는 것을 여러 가지의 방법으로 방해하고자 하더니, 오늘날에는 하나님의 은혜가 심히 풍성한 능력을 가지고 위대한 승전의 십자가를 통해서 우리에게 내리고 십자가의 사실로 말미암아서 우리가 하나님의 자녀와 후사(後嗣)로서 모든 특권을 누리는 가장 높은 위치를 가진 까닭에 다시 더 어찌하지 못하고 이제는 땅 위에서 가장 난포(亂暴)하고 교묘하고 그리고 또 궤계에 찬 모습으로써 하나님의 나라와 그 자녀와 또 그들의 모든 생활에 관여해서 여러 가지 혼란스런 작희를 하려고 하고 있는 것을 이제 저희가 잠깐 생각했사옵나이다. 이 오묘하고 깊은 역사를 통한 마귀의 작용과 하나님 나라의 진행의 사실에 대해서 바르게 깊이 깨달아 알게 하여 주시고 이로 인하여 저희가 이 세계와 인류의 역사를 바라볼 때에 좀 더 바르게 심오하게 통찰할 수 있게 하시며 저희들의 위치를 바르게 알고 저희들이 해야 할 것을 바르게 해 나가도록 은혜로 인도하여 주시옵소서. 저희의 사상을 깊게 하시고 더 신령하고 오묘하게 가르치시는 이 말씀의 뜻을 잘 깨달아 받게 하여 주옵소서.

우리 구주 예수의 이름으로 기도하옵나이다. 아멘.

1972년 2월 2일 수요 기도회

성구 색인

창세기
3:15/ 285

출애굽기
19:4-6/ 32
24:10/ 142

신명기
24:1-4/ 80
33:11/ 163

시편
1:3/ 227

전도서
8:11/ 250

이사야
13:13/ 197
24:19/ 197
42:3/ 26
53:2/ 24
53:7/ 26

에스겔
38:2/ 265

다니엘
7:2-3/ 228
7:25/ 292
9:21-23/ 293
9:23-27/ 292
10:12-14/ 294
10:20/ 294
12:7/ 292

요엘
1:4/ 241

2:25/ 241

마태복음
5:44/ 163
10:37/ 220
13장/ 139
13:40-42/ 271
17:6/ 23
19:3-9/ 83
24장/ 180
28:18/ 15

마가복음
9:48/ 271

누가복음
10:17-20/ 280
16:19-31/ 140
23:43/ 140
24:13-34/ 27
24:26/ 26
24:26-27/ 28
24:36/ 27
24:39/ 27

요한복음
6:19/ 23
8:38-44/ 164
14:2-3/ 141
18:36/ 127
18:36/ 286
20:11-18/ 26
20:19/ 27
20:27-28/ 27

사도행전
12:5/ 64
13:34/ 15

로마서
8:32/ 124
12:14/ 163
12:19/ 166, 167

고린도전서
3:13-18/ 161
6:3/ 160
12:26/ 62
13:8-12/ 161
15:14/ 139
15:24/ 16

에베소서
2:2/ 281
6:12/ 285

빌립보서
3:18/ 164

골로새서
2:14-15/ 285

데살로니가전서
5:4-5/ 43
5:10/ 216

디모데전서
3:15/ 125
6:16/ 162

히브리서
9:28/ 35

베드로전서
2:9/ 32
4:8/ 80

베드로후서
3:12/ 270

요한일서
2:1-2/ 300
4:20/ 61

유다서
9/ 294
10/ 295

요한계시록
1:1/ 14
1:1-20/ 12
1:3/ 30
1:4-5/ 31
1:5-6/ 32
1:7/ 33
1:9/ 34
1:10/ 35
1:14-16/ 14
1:16/ 13, 25
1:17/ 23, 25, 30
1:18-19/ 30
1:20/ 30
2장/ 47, 71, 97, 224
2:1-17/ 46
2:9/ 49, 96, 224
2:10/ 49, 96
2:11/ 49
2:12-29/ 70
2:18-29/ 94
2:22/ 96
2:22-23/ 72
2:24/ 72, 96, 224
3장/ 71, 97, 224
3:1/ 47
3:1-22/ 94
3:7/ 47
3:9/ 224
3:14/ 47
4장/ 137, 147, 148, 149, 157
4:1/ 159
4:1-3/ 149
4:1-11/122
4:2-3/ 141
4:3/ 157
4:4/ 157, 160
4:5상/ 161
4:5하/ 162
4:6/ 162
4:7/ 174
4:10/ 157, 161

4:10-12/ 158
5장/ 137, 148
5:1-14/ 148
5:2-4/ 173
5:5/ 174
5:8/ 174, 213
5:8-6:17/ 172
6:2/ 176, 194
6:4/ 176, 194
6:5/ 176
6:6/ 176, 194
6:8/ 176, 194
6:9-10/ 215
6:9-11/ 196
6:10/ 163
6:11/ 197, 215
6:12/ 197
6:12-17/ 205
7:1/ 206, 228
7:1-17/ 192
7:9-16/ 214
7:16/ 214
8:1-2/ 193
8:1-13/ 212
8:3/ 213
8:7/ 226
8:8-9/ 228
8:13/ 257
9:1-2/ 236
9:1-21/ 234
9:4/ 243
9:5-6/ 246
9:7/ 239
9:7-10/ 258
9:8/ 241
9:9/ 242
9:14/ 258
9:15/ 258
9:16/ 258
9:17/ 259, 268, 269
9:18/ 259, 270
9:19-21/ 272
10장/ 273
10:1-11/ 256
11장/ 292
12장/ 292

12:1/ 302
12:1-17/ 276
12:6/ 302
12:9/ 278
12:10/ 279, 290
12:10-11/ 279
12:13/ 279, 293
13장/ 39, 228, 292, 302
13:5/ 292
15:7/ 174
16:12/ 265
17:15/ 228
20:14/ 279
21:11/ 142